소쇄원을 통해서 본 16~17세기 호남의 역사

소쇄원 사람들

소쇄원을 통해서 본 16~17세기 호남의 역사

소쇄원 사람들

2007년 8월 25일 초판 1쇄 인쇄
2007년 10월 30일 초판 2쇄 발행

지은이 : 김덕진
펴낸이 : 김영애
펴낸곳 : **다홀미디어** / 전남대학교 호남학연구단

인쇄 · 제책 : 신진문화인쇄

등록일 : 1999년 11월 1일
등   록 : 제20-0169호

주   소 : (우) 135-010
          서울시 강남구 논현동 20번지 광윤빌딩 3층
          http://www.dahal.co.kr
전   화 : (02) 3446-5381~3
팩   스 : (02) 3446-5380
e-mail : dahal@dahal.co.kr
ISBN : 978-89-89988-42-7
        978-89-89988-41-0(세트)

값 18,000원

* 이 책은 2007년 광주광역시 북구청 특별교부세를 지원 받아 발간된 것입니다.
* 저작권자와의 협의하에 인지는 생략합니다.

소쇄원을 통해서 본 16~17세기 호남의 역사

소쇄원 사람들

김 덕 진 지음

다흘미디어

서 문

　소쇄원은 현재 TV이나 영화 촬영장으로 종종 등장하며 찾는 사람들의 발길이 줄을 잇는 전국적인 명소이다. 이러한 소쇄원을 처음 접한 계기는 아주 오래 전, 대학생 시절의 답사였다. 그 후 대학원에 진학하여 박사학위를 수여받고 '무등역사연구회' 회원들과 함께 지역사 연구 차원에서 소쇄원에 관심을 갖기 시작하였다. 그 당시 필자는 건축 · 조경 · 문학에 가리어 '베일' 속에 숨겨진 '소쇄원과 함께했던 사람들' 에 주목했다. 그리하여 역사학도들이 흔히 중얼거리는 "양산보란 어떤 인물이고", "그는 왜 소쇄원을 조성하였으며", "누가 주로 드나들었으며", "후손들은 어떻게 관리하였을까?"에 관심을 가졌으나, 기초 작업만 한 채 중단하고 말았다.

　필자는 몇 년 전에 조선에서 일본에 파견한 외교사절인 통신사를 한일공동으로 연구한 적이 있다. 연구를 진행하면서 사신들이 남긴 「사행록」이라는 기행문을 읽게 되었다. 그런데 그 속에서 정유재란 때에 양천경梁千頃(양산보의 손자)의 부인과 두 아들 및 딸 등 4명의 가족이 일본에 납치되어 갔다가 20년 만에 통신사 일행과 함께 돌아온 사실을 발견하였다. 양천경은 1589년에 일어난 기축옥사己丑獄事(정여립 사건) 때에 서인의 입장을 대변하여 동인을 처벌해야 한다는 상소를 올린 인물로 필자는 익히 알고 있었다. 양천경 가족의 납치 문제는 들어본 적이 없는 사실이었기에, 바로 그 순간 온몸에 전율이 돌았다. 먼지 낀 자료 속에서 숨은 사실을 발견한 그 순간은 별 내세울 것 없이 공부한 지난 세월이 결코 후회스럽지 않다는 생각으로 가득 찼다.

그 후 일본 규슈의 사가현에 있는 사가현립도서관을 방문하여 임진왜란 때에 우리나라에 들어온 일본 장수들이 남긴 문서를 뒤지기 시작하였다. 그곳에서 전라도를 고을별로 나누어 점령한 일본 장수들의 명단을 발견하였고, 양천경 가족을 인질로 붙잡고 있었던 수군 장수 와키자카 야스히로脇坂安治의 기록도 입수하였다. 와키자카는 TV 드라마에서 모 탤런트가 배역을 맡아 맹활약을 한 인물로 기억한다.

연구실로 돌아온 필자는 일본에서 입수한 자료와 그동안 모아 둔 자료를 정리하였다. 그리고 통신사 공동 연구가 일단락되자마자 '소쇄원 사람들' 연구에 착수하여 지금에 이르렀다. 따라서 이 책은 오래 전에 구상했던 것을 납치 관련 자료 발견을 계기로 본격적인 집필에 돌입한 결과인 셈이다.

이 책의 내용은 16~17세기 '소쇄원 사람들'의 역사적 활동을 밝히는 데에 초점을 두었다. 그러한 내용을 밝히는 과정에서 호남의 역사도 함께 다루어지게 되었다. 따라서 이 책은 제목과 부제에서 짐작할 수 있듯이, '소쇄원 사람들'에 관한 것이면서, 그들을 통해서 본 호남의 역사에 관한 것이다.

전문 연구자뿐만 아니라, 역사에 흥미를 가진 일반 독자들도 관심을 가져 주었으면 좋겠다는 의도로 이 책을 집필했지만, 아쉬움도 많고 미비한 점도 적지 않게 보인다. 그러한 점들은 모두 필자의 능력 부족과 게으름에서 나온 것이라고 여기고 나중에 추가 자료를 발굴하여 수정·보완하고자 한다.

하지만 이만한 성과도 문중 자료를 제공하고 답사 안내를 해 주신 소쇄원 지킴이 양재영 선생님, 연구비를 지원해 준 전남대학교 호남학 연구단, 출판을 맡은 다할미디어가 없었다면 불가능했을 것이다. 그리고 졸고를 읽어 주고 귀중한 사진이나 자료를 제공해 준 선후배 여러분에게도 감사하다는 인사를 올린다. 그러나 무엇보다 지도교수였던 윤희면 선생님, 그리고 늦게 귀가하는데다 주말마저 자주 비우는 필자를 묵묵히 지켜 보아 온 가족에게 감사한다.

2007년 8월, 소쇄원에서

김 덕 진

차 례

〈양산보 가계도〉

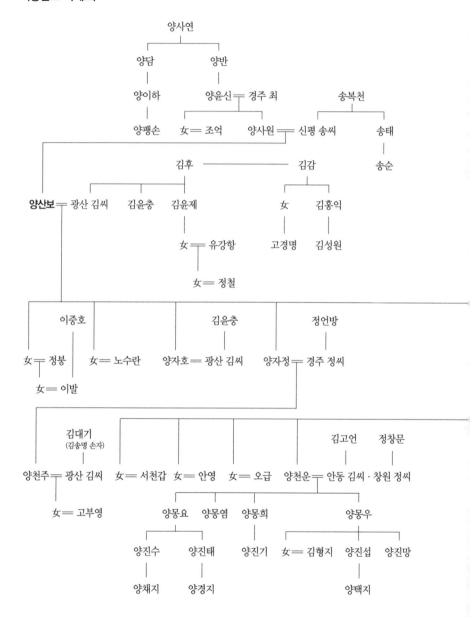

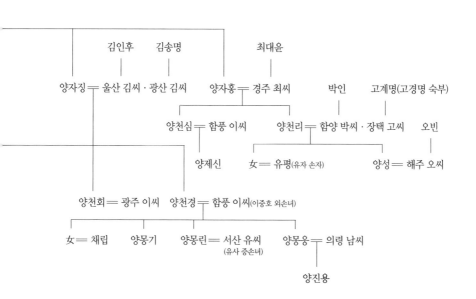

김인후　김송명　　　　　최대윤

양자징〓울산 김씨 · 광산 김씨　양자홍〓경주 최씨　　박인　고계명(고경명 숙부)

　　　　　　　　양천심〓함풍 이씨　　양천리〓함양 박씨 · 장택 고씨　오빈

　　　　　　　　　　양제신　　女〓유평(유자 손자)　　　양성〓해주 오씨

양천회〓광주 이씨　양천경〓함풍 이씨(이중호 외손녀)

女〓채립　양몽기　양몽린〓서산 유씨　양몽웅〓의령 남씨
　　　　　　　　　　　(유사 증손녀)
　　　　　　　　　　　　　　양진용

머리말

소쇄원瀟灑園은 지금으로부터 약 500년 전에 창평 출신의 양산보梁山甫 (1503~1557)라는 선비가 축조한 별서로, 당대 유명 인사들의 다양한 활동 공간이었다. 1972년에 전라남도 지방문화재 제5호로 지정되었다가, 1983년에 국가지정문화재 사적 제304호로 승격되었다. 축조 당시부터 현재까지 줄곧 양씨 문중에서 거주하며 관리하고 있다.

그동안 건축학이나 조경학 분야의 전문가들이 소쇄원의 공간 구성을 밝히기 위해 일찍부터 많은 관심과 노력을 기울여 왔다. 그 결과 소쇄원은 현존 한국 최고의 원림園林으로 알려져 사람들의 발길이 끊이지 않는 전국적인 명소가 되었다. 그렇지만 시공을 초월한 미학적인 면에 가리어 소쇄원 안에서 어떤 사람들이 무슨 일을 하며 살아왔는지에 대해서는 알려지지 않았다. 따라서 지금까지 일반인들에게 알려진 소쇄원은 그 진면

목은 숨겨진 채 겉모습만 보여진 것이고, 그처럼 인간을 배제한 문화 탐구는 자칫 잘못하면 절름발이 결과를 자아낼 수 있다. 역사란 인간이 걸어온 발자취이기 때문에, 인간을 이해한 다음에야 소쇄원의 진면목에 접근할 수 있지 않을까?

또 문학 분야에서는 호남의 시단詩壇이나 가단歌壇을 연구하는 과정에서 소쇄원에 주목하기도 하였다. 그 결과 소쇄원을 포함한 주변 정자들은 정치적 좌절을 겪고 낙향한 인사들에 의해 건립된 누정문학의 산실로 알려지게 되었다. 그러나 소쇄원은 조선 사회와 운명을 함께한 치열한 삶의 공간이었고, 그렇기 때문에 그곳을 드나든 사람들은 은둔하며 시가를 읊은 문학가이기 이전에, 늘 새로운 내일을 준비하며 시대적 '이슈'를 고민한 당대 최고의 정치가나 사상가 또는 사회활동가였다. 따라서 누정=은둔처=문학공간 또는 호남 사림=패배자=문학가 연구가 계속 진행된다면, 그것은 자칫 호남 문화에 대한 왜곡으로 번질 가능성마저 있다. 호남 문화의 정체성에 대한 이해가 정치적 패배자라는 잘못된 인식에 눌리고, 문학에 도취되었다는 자기 만족에 발목 잡히어 있는 상태라고 볼 수 있다.

이상의 연구로 인하여 소쇄원의 건축·조경·문학적인 아름다움은 어느 정도 드러났다고 볼 수 있다. 하지만 기존 연구는 『소쇄원 48영』이라는 문학작품과 「소쇄원도」 속의 공간 구성을 확인하는 정도에 그쳤을뿐더러, 그마저 소쇄원을 조성하고 관리한, 그리고 그곳을 출입한 사람들에 대한 역사적 고찰은 미약한 수준이다. 그러므로 '소쇄원 사람들'의 발자취와 함께 건축·조경·문학적 면이 부각되면 소쇄원의 실상, 더 나아가 호남 문화의 특성이 보다 분명하게 드러날 것으로 여겨진다. 따라서 이 책을 통해 필자는 일차적으로는 '소쇄원 사람들'에 대한 역사적 의미를 고찰하고, 이차적으로는 이를 토대로 호남 문화의 특성을 밝혀 보고자 한다.

『소쇄원 사람들』은 소쇄원을 짓고 그 속에서 살았던 사람들, 그리고 그곳을 출입했던 사람들을 추적한 것이다. '소쇄원 사람들'이 가정·학교·관직·사회에서 생활하면서 겪었던 희로애락이나 생로병사 및 충효우애에 관한 이야기인 셈이다. 그들 가운데 16~17세기에 살았던 양산보―양자징·자정―양천운 등 제주 양씨 3대를 중심으로 이 연구를 진행할 것이다. 이들은 소쇄원을 건설하고 가꾸고 중건한 인물로 '소쇄원가瀟灑園家'를 지역 명문가로 끌어올린 주역들이지만, 양산보를 제외하고는 알려진 바가 거의 없는 실정이다.

이를 위해 먼저 소쇄원이 등장하게 된 사회적 배경과 소쇄원의 실체를 알아보고, 둘째 제주 양씨 가문이 나주에서 광주를 거쳐 창평으로 이거해 온 후 정착해 가는 과정을 살펴볼 것이다. 셋째, 이주 1세대 만에 지역 명문가로 떠오른 양산보의 가족 관계와 기묘사화己卯士禍 후 낙향하여 소쇄원을 건립한 과정과 그곳에 담긴 그의 사상을 정리하고자 한다. 넷째, 양산보의 차남 양자징을 다룰 것이며, 그의 슬픈 자녀들과 왕성한 사회 활동 및 하서 김인후와의 관계를 함께 고찰하고, 다섯째, 3남 양자정의 풀리지 않은 사인과 활발한 지역 활동 및 친구들에 대해서도 알아볼 것이다. 여섯째, 두 차례의 왜란을 겪으면서 '소쇄원 사람들'이 겪은 참화와 희생을 추적하고, 마지막으로 왜란 후 '소쇄원가'의 중건에 나선 양천운의 여러 활동도 고찰할 것이다.

그런데 소쇄원을 가꾸고 지킨 사람이나 그곳을 출입한 사람 모두 호남이라는 지역적 기반을 토대로 활동하였다. 당시(16~17세기) 호남은 사림 활동과 성리학 연구, 동서 분당과 양란 극복 과정에서 전국적인 주목을 받았던 곳이다. 따라서 소쇄원과 관련된 사람들은 호남의 정치적 위상이나 사회적 지위와 함께 자신들의 위세를 과시하거나, 아니면 운명을 같이 할 수밖에 없었다. 그러므로 '소쇄원 사람들'에 대한 이야기는 곧 호남 사람들의 이야기인 셈이고, 부제에서 짐작할 수 있듯이 우리는 이 책을 통하여 소쇄원이라는 작은 바늘 구멍으로 호남이라는 넓은 바다를 바라볼 수 있을 것이다.

이번 연구를 진행하면서 필자는 미사여구를 동원하여 '소쇄원 사람들'을 굳이 아름답게만 보려고 하지 않았다. 숨겨진 사실과 아픈 과거마저, 심지어 추측을 동원하여 서슴없이 드러내고자 하였다. 양씨가와 임진왜란·정여립 사건의 관계, 양자정의 사인이 여기에 해당하지 않을까 한다. 행여 문중에 누가 되지 않을까 또는 기타 문중에서의 불만도 있지 않을까 걱정을 했지만, 그렇지 않으면 역사가의 책무를 저버리는 일이며 남의 입맛에 맞는 것만 쓰는 어용학자가 될 것 같아 용기를 냈다.

이 책에서 필자는 자료가 부족한 한계를 극복하기 위하여 새로운 자료를 발굴하기도 하였지만, 기존의 문집에 수록된 시詩를 많이 이용하였다. 시는 문학적인 표현이지만, 그 속에 풍부한 역사적 사실이 담겨 있다. 당대인들에게 시는 문학적 표현이기 이전에 언어적 표현이었던 것으로 보인다. 이러한 시는 문학 연구에서 많은 주목을 받았을 뿐, 역사 연구에서 크게 이용되지 않았다. 인용한 시를 읽어 내는 것이 어려운 작업이기도 하였지만, 그 의미를 혹 잘못 이해하지는 않았는지 두려움이 앞선 것도 부정할 수 없는 현실이다.

또한 이번 연구는 기존의 연구 성과에 힘입은 바가 적지 않지만, 기존 연구 결과에 배치되는 논지도 여러 곳에서 전개하였다. 누정, 누정문학, 호남 사림, 소쇄원의 성격을 정리하는 과정에서 그러한 논지가 주로 제시되었다. 그런데 논지를 펴는 과정에서 필자의 생각만 앞세운 나머지, 기존의 연구 성과를 잘못 이해하거나 오해하지는 않았는지 걱정도 된다. 따라서 이 책의 내용을 비판하는 연구가 나올 것으로 예상되고, 그러한 연구가 나오면 후속 글을 통하여 필자의 생각을 다시 한번 정리하고자 한다.

또한 필자는 지연·혈연·학연 등 기초적인 사실 규명에 많은 지면을 할애하였다. 그러한 점들은 '소쇄원 사람들'의 존립이나 대외 활동을 밝히는 데에 꼭 필요한 내용이다. 조선시대 사람들은 지연·혈연·학연으로 인한 '인적 네트워크'를 매우 중시하였고, 그것은 당대에 그치지 않고 후손들에게까지 계승되었다. 독자들에게 번잡함과 지루함을 제공할 것 같다는 우려를 알면서도 기초적인 사실 규명에 꼭 필요하여 양씨 일가의 인적 네트워크를 조금 상세히 다루었다.

아무쪼록 미흡한 점은 관련 연구가 진척되고, 새로운 자료가 발굴되면 수정·보완할 예정이다. 특히 이 책에서 다루지 못한 18세기 이후에 관한 내용도 후일을 기약하고자 한다. '소쇄원 사람들'이 18세기에 다시 한번 두드러진 활약을 펼쳤고, 20세기에 들어와서는 반대로 어려움을 겪었다는 전언도 있다. 바로 이 점을 나중에 밝혀보겠다는 것이다.

제 1 장

한국의 대표적 별서 소쇄원

소쇄원 배치도

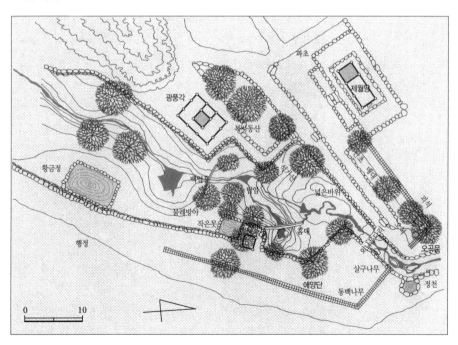

1 별서의 기능과 공간

(1) 별서의 증가

여말선초에 성리학性理學으로 무장한 사대부士大夫들은 전국 도처에 별서別墅를 건립하기 시작하였다. 별서는 자택과는 별도로 건립되어 부속 건물과 조경 시설을 갖추고 성리학에 기반을 둔 사대부들의 생활과 문화의 터전이었다.[1] 하지만 그 용례나 기능 및 공간 구성에 대해서는 밝혀진 바가 미흡한 실정이다. 이러한 점들을 여기에서 하나씩 검토해 보겠다. 소쇄원의 성격을 재정리하기 위해 이를 우선 검토하려는 것이다.

별서는 15세기 후반부터 부쩍 늘어났고, 그와 더불어 누정樓亭이라는

---

[1] 김영빈 외, 「별서에 관한 연구」(1), 『연구논문집』 30, 대구효성가톨릭대학교, 1985.
　양병이 외, 「선비문화가 조선시대 별서 정원에 미친 영향에 관한 연구」, 『한국정원학회지』 21-1, 한국정원학회, 2003.

이름으로 지리지地理志에 파악되기 시작하였다. 이는 사림파士林派라고 불리는 새로운 정치·사회 세력의 등장과 그로 인하여 잇따라 발생한 사화士禍와 관련되어 있을 것으로 추측된다. 호남 지역의 경우에는 16세기에 흔히 누정으로 불리는 별서들이 크게 증가하였는데, 이 또한 호남 사림의 성장과 관련되었을 것이다.[2] 이때 호남 지역에 건립된 별서 가운데 대표적인 것이 바로 소쇄원瀟灑園이다. 따라서 소쇄원은 사림 세력과 함께 등장하여 존재하였던 그들의 활동 공간이었다.

그동안 건축학이나 조경학 분야의 전문가들이 소쇄원의 공간 구성을 밝히기 위해 일찍부터 많은 관심과 노력을 기울여 왔다.[3] 그리고 문학 분야에서는 호남의 누정 시단詩壇이나 가단歌壇을 연구하는 과정에서 소쇄원에 주목하기도 하였다.[4] 이러한 결과 소쇄원에 대해서 상당히 많은 면이 알려졌지만, 조경·건축을 『소쇄원48영』이라는 시 속에서 확인한 수준에

■ ■ ■

2) 조원래, 「16세기 초 호남 사림의 형성과 사림정신」, 『금호문화』 8월호, 1989.
　　이해준, 「기묘사화와 16세기 전반의 호남학파」, 『전통과 현실』 2, 고봉학술원, 1991.
　　고영진, 「16세기 호남 사림의 활동과 학문」, 『남명학연구』 3, 경상대 남명학연구소, 1993(『조선시대 사상사를 어떻게 볼 것인가』, 풀빛, 1999).
　　조원래, 「사화기 호남 사림의 학맥과 김굉필의 도학사상」, 『동양학』 25, 단국대 동양학연구소, 1995.
　　고영진, 「17세기 전반 호남사족의 학문과 사상 — 안방준·고부천·정홍명을 중심으로 」, 『한국사학사연구』, 우송조동걸선생정년기념논총간행위원회, 1997.
　　김우기, 「16세기 호남 사림의 중앙정계 진출과 활동」, 『한국중세사논총 — 이수건교수정년기념』, 2000.
　　고영진, 「이황 학맥의 호남 전파와 유학사적 의의」, 『퇴계학과 한국문화』 32, 경북대 퇴계연구소, 2003.
3) 정동오, 『전남의 조경문화』, 전라남도, 1988.
　　정기호 외, 『소쇄원 긴 담에 걸린 노래』, 태림문화사, 1998.
　　천득염, 『한국의 명원 소쇄원』, 발언, 1999.
　　정재훈, 『소쇄원』, 대원사, 2000.
4) 정익섭, 『개고 호남가단연구』, 민문고, 1989.
　　박준규, 『호남시단의 연구』, 전남대 출판부, 1998.

머물고 있을 뿐, 널리 알려진 것에 비하여 여전히 역사학 분야의 연구는 소홀한 편이다. 이 점 또한 여기서 다루어 보겠고, 아울러 초입자들을 위해 소쇄원 둘러보기도 곁들이겠다.

어떠하든 여기에서는 소쇄원이란 무엇을 하는 곳이고, 어떤 사람들이 드나들었고, 그들은 어디 출신이었는가를 주로 언급하고자 한다. 그런데 이 점은 소쇄원의 성격을 규정하는 데에 매우 중요한 것으로 기존의 연구를 이으면서 한편으로는 새롭게 해석한 것이다.

(2) 조선 사대부의 문화 공간

성리학이 보급된 여말선초에 별서라고 불리는 일종의 별장이 유명 사대부들에 의해 전국에 들어서기 시작하였다. 별서는 실제에 있어서 누樓, 정亭, 원園, 당堂, 헌軒, 대臺, 장莊, 정사精舍 등 여러 명칭으로 사용되었다. 별서 이름은 별서 내의 대표적인 부속 건물 명칭을 따서 ○○정 혹은 △△당 등으로 붙여졌다. 그렇다고 모든 누·정 들이 모두 별서인 것은 아니다. 누·정의 명칭을 지닌 것 가운데 주거 공간과 조경 시설 및 산책 공간 등 복합적 공간을 갖춘 것이 별서이다. 우리가 여기서 살펴보는 소쇄원도 복합 공간을 지닌 별서였다.

그런데 이들 누·정에 관한 언급은 문종文宗(재위 1450~1452) 대에 발간된 『세종실록지리지』에는 특별히 보이지 않는다. 그러나 성종成宗(재위 1469~1494) 대에 편찬된 『경상도속찬지리지慶尙道續撰地理志』에서는 누대樓

臺라는 개념으로 최초로 파악되기 시작하였는데, 여기에는 전국 48개의 누대가 조사되어 있다.[5] 그리고 역시 성종 대에 편찬된 『동국여지승람東國興地勝覽』에서는 새로이 누정樓亭이라는 개념으로 누·정이 381개나 수록되어 있고, 중종中宗(재위 1506~1544) 대의 『신증동국여지승람』에는 이전보다 훨씬 많은 수가 수록되어 있다.

아마 『경상도속찬지리지』와 『동국여지승람』이 발간된 15세기 후반 성종 대 무렵이 되면 누·정이 속속 들어서고 있었을 뿐만 아니라, 그 존재가치가 더해졌기 때문에 지리지에서 전과는 달리 누대나 누정이라는 별도의 항목을 두어 그것들을 파악하였던 것 같다. 그리고 그것이 『신증동국여지승람』이 발간된 16세기 전반 중종 대에 이르면 주요한 사회적 관심사로 부각되었던 것으로 보이는데, 이 무렵에 누·정이 폭발적으로 증가한 것으로 보아 이를 짐작할 수 있다. 사실 『경상도속찬지리지』나 『동국여지승람』에 수록된 누대나 누정은 대부분 관아 부속 건물이지만, 『신증동국여지승람』에는 개인용 누정이 다수 들어 있다.

『동국여지승람』 발간 이후 모든 지리지에서 누정이라는 개념이 사용되었다. 그럼으로써 '누정' 속에 '별서'도 들어가고 말았다. 그리하여 현재 연구자들도 '누정'이라는 개념 속에서 '별서'를 취급하고 있는 형편이고, '별서'는 생소한 용어가 되고 말았다. 따라서 '별서' 속에서 누와 정을 찾는 것과, '누정' 속에서 별서를 찾는 것이 모두 어려운 작업일 수밖에 없다. 그러나 한 가지 분명한 것은 성리학으로 무장한 조선의 엘리트elite(일반적으

■ ■ ■

5) 정두희, 「조선초기 지리지의 편찬」, 『역사학보』 70, 역사학회, 1976, p.102.

로 양반으로 명명되고 있다)들은 복합적 공간으로 조성된 별서를 살림집과는 별도로 두어 그들의 또 다른 활동 공간(연구·교육·창작·회합)으로 삼았다.[6]

그럼 여기에서 별서의 용례를 먼저 검토해 보고, 이어서 별서의 용도와 공간 구성을 살펴보도록 하겠다.

이조 판서를 역임한 강희맹姜希孟(1424~1483)이 관직에서 밀려나 경기도 고양에 가 있는 곳을 별서라고 했는데,[7] 그는 도내 금양(시흥) 땅에 만송강萬松岡이라는 별서를 또 두었다.[8] 세조 대에 고위직을 역임한 이찬李讚이 도성 남쪽에서 몇 리 되지 않은 곳에 건설한 세심정洗心亭도 별서였다.[9] 따라서 조선 초기에 서울과 지방 가릴 것 없이 곳곳에 별서가 들어섰음을 알 수 있다.

별서는 별업別業 외에 흔히 촌서村墅라고도 불리었다. 서거정徐居正(1420~1488)이 노년의 여생을 보내기 위해 경치가 좋은 경기도 광주의 물가에 조그만 집을 지었는데 그 집을 촌서라고 호칭하였고,[10] 국초 인물인 윤예경尹禮卿과 김양신金良臣이 경기도 양근의 용문산 아래에 유유자적하게 은

■ ■ ■

6) 누정은 관아의 부속 건물이나 향교·서원·사찰의 문루로 건설되었다. 그런가 하면 유력 인사나 집단의 시단詩壇, 강학소講學所, 재실齋室, 별서別墅, 향약鄕約 시행처, 양로소養老所, 교화소敎化所, 사장射場, 종회소宗會所 용도로 사용되기도 하였다(김동수, 「전남지역의 누정조사 연구」(I), 『호남문화연구』 14, 전남대 호남문화연구소, 1985, p.64).
　　이러한 누정은 15세기 후반에서 16세기 사이에 사림 인사들에 의해 집중적으로 건립되었다. 그 정황은 『신증동국여지승람』에서 확인된 바 있다. 이때의 누정은 단순히 자연 경관의 아름다움을 감상하며 한가롭게 휴식을 취하는 곳은 결코 아니었다(홍성욱, 「선초 응제 누정기의 심미의식 연구」, 『한국 한문학 연구의 새 지평』(이혜순 외 엮음), 소명, 2005, p.142). 개인의 휴식과 수양을 도모하고, 지인을 만나 문학을 창작하고, 학문을 연구하며 제자를 가르치고, 동지들과 정치·사회적 문제를 논의하는 곳이었다.
7) 『사가집』 13, 시류, 「기강경순판서낙직왕고양별서」(『국역 사가집』 4, 민족문화추진회, p.323).
8) 이종묵, 『조선의 문화공간』 1, 휴머니스트, 2006, p.164.
9) 『동문선』 속13, 기, 「세심정기」.
10) 『사가집』 4, 시류, 「복축광빈촌서」(『국역 사가집』 2, p.77).

거한 곳도 역시 촌서라 했다.[11]

서거정은 별서를 촌장村莊이라고도 불렀다. 외가 조카가 깊은 겨울 눈 가득한 산속의 띠집에 찾아온 것을 기뻐하여 「외질 이생이 촌장으로 나를 방문하다」라는 시를 자신의 문집인 『사가집』에 남긴 것을 통하여 알 수 있다. 그는 산수가 좋은 그곳에서 차를 마시며 독서를 하고 있었다.

그런가 하면 최주경崔周卿이 전라도 전주의 향서鄕墅에 물러나 있는데, 향서 이름을 독수당獨秀堂이라 하였다.[12] 독수당 기문記文은 최주경의 30년 친구인 문필가 성현成俔(1439~1504)이 쓴 것이다. 또 별서는 농서農墅라고도 불리었는데, 신변申抃(1470~1521)의 전기에서 그 사실을 알 수 있다. 즉, 그는 기묘사화 후 경기도 지평에 있는 '농서'로 돌아가 벼슬을 주어도 다시 나가려 하지 않았다고 한다(『기묘록보유』).

이처럼 별서의 동의어는 한두 개가 아니었다. 아마 겸양의 뜻으로 별서를 촌서나 촌장 또는 향서나 농서로 명명한 것 같다. 어떻게 명명하든 이는 주거용 일반 주택과는 분명 다른 것이었다.

별서는 실제 누, 정, 원, 당, 헌, 대, 장, 정사 등 여러 명칭으로 사용되었다. 여러 이름의 별서를 『동국여지승람』에서 누정 조항에 수록한 이후, 조선시대 각 지방지에서도 한결같이 그렇게 하였다. 이로 인해 별서와 누정의 구분이 모호하게 되었던 것이다.

그러면 별서를 누, 정, 원, 당, 헌, 대, 장, 정사 등으로 명명했던 실례를

■ ■ ■

11) 『사가집』 13, 시류, 「기윤동년예경양근촌서」 「기김도연경양신양근촌서」(『국역 사가집』 4, pp.247~248).
12) 『허백당문집』 4, 기, 「독수당기」(『한국문집총간』 14, 민족문화추진회, p.450).

하나씩 들어보도록 하자. 가령, 경기도 광주에 있는 무진정無盡亭은 권반權
攀(1419~1472)의 별서라 하였고,[13] 신숙서申叔胥가 지은 죽당竹堂도 별서라
고 하였고,[14] 채자휴蔡子休가 살 집으로 충청도 음성에 지은 소산만계정사
梳山彎溪精舍를 역시 별서라 하였다.[15] 그리고 진잠 현감을 역임한 변卜씨가
경상도 산청에 지은 지락헌至樂軒도 별서였던 것으로 보이고,[16] 김인후金
麟厚(1510~1560)가 서울 근교에 건설했던 평천장平泉莊 또한 별서였다.[17]

  이러한 경향은 후대에도 이어졌다. 조선 후기 전라도 창평의 읍지邑誌
누정조 기록을 보면, 명옥헌鳴玉軒을 오이정吳以井(1619~1655)의 별서, 동강
정桐江亭을 오언석吳言錫의 별서라고 했다.[18] 이러한 기록은 당시 읍지에

명옥헌

■ ■ ■

13) 『신증동국여지승람』, 경기도, 광주, 누정.
14) 『동문선』 속13, 기, 「죽당기」.
15) 『동문선』 속13, 기, 「소산만계정사기」.
16) 『동문선』 속14, 기, 「지락헌기」.
17) 『하서전집』 11, 기, 「평천장기」(『한국문집총간』 33, p.236).

매우 풍부하게 수록되어 있다.

곧 별서는 통칭이고, 실제는 대표적 부속 건물 이름을 따서 명명되었던 것이 보통이지만, 정亭이라는 명칭이 가장 많이 사용되었다. 각각의 명칭에 따라 원칙적으로 건물 형태와 공간의 구성·기능이 달라야 하지만, 현실적으로는 별다른 차이가 없었다.

(3) 자연을 벗삼아 노니는 특별 거주지

별서의 용도는 주인이 거처하는 것이다. 그러나 별서는 단순히 잠자고 밥먹고 생계를 꾸리며 일상적인 삶을 누리는 공간이 아니었다. 한창 일할 젊은 나이에 정치적 갈등으로 낙향하여 은거하며 미래를 준비하기 위해, 또는 노년에 일선에서 은퇴하여 한가하게 휴식을 취하며 여생을 보내기 위해 별도로 건립된 것이다. 그러므로 별서는 주인이 자택(살림집)과는 별개로 한가롭게 노닐며 독서를 하고 후학을 기르거나 지인들을 접대하는 곳이었다.

따라서 이러한 특별 활동을 하기 위해서는 별서 안에 일정한 공간이 조성되어야 한다. 그러면 어떤 공간적 요건을 갖추어야 했는가를 알아보기 위해 송강 정철鄭澈(1536~1593)이 지은 다음의 「수월정기水月亭記」를 보도록 하자.

■ ■ ■
18) 『여지도서』, 전라도, 창평, 누정.

사대부士大夫로 이 사회에 진출하였으나 자기의 능력을 발휘할 기회를 얻지 못할 때에, 그 자리를 버리고 시골로 돌아가 거처하는 사람은 반드시 명산名山이나 여수麗水 근처에 자리를 잡고, 지관池館이나 원유園囿의 낙을 찾는 것에는 두 가지 까닭이 있다. 하나는 청한적막淸閑寂寞을 즐기기 위하여서이고, 또 하나는 우시연궐憂時戀闕을 펴기 위하여서이다.[19]

우선, 별서는 이름 높은 산이나 아름다운 물가에 존재해야 한다. 그리고 연못과 건물, 정원과 밭이 있어야 했다. 그래야만 깨끗하고 고요한 삶을 누리고, 시국을 걱정하고 임금을 그리워할 수 있다는 것이다.

정철의 글에는 별서의 공간 구성에 대해 개략적인 내용만 제시되어 있는데, 하서 김인후가 남긴 「평천장기」를 통해 좀 더 자세히 검토해 보자.

누樓를 일으키고 각閣을 세워 겨울에는 온돌에 거처하고 여름에는 높은 데서 휴식하고 봄과 가을에 따라 각기 적합한 곳을 마련해 놓으니, 사시의 기후와 조석의 경치가 읊조리고 소요하는 사이를 벗어남이 없어 풍랑월사風廊月榭와 우체화장雨砌花墻이 가히 긴 날을 한가롭게 보낼 만하였다. 이에 다시 여러 곳에서 탐문하여 꽃 한 포기 돌 한 덩이라도 아름다운 것을 가꾼 사람이 있다면 금백金帛을 싸가지고 가서 사들여 희완戱玩의 도구로 삼고, 심지어 진금기수珍禽奇獸로 아무리 먼 나라에서 태생난생胎生卵生한 것이라도 또한 반드시 힘을 다해 구하여 천 가지 형상과 만 가지 종자가 각기 소리와 빛깔은 다르나 다 족히 귀와 눈을 즐겁게 할 수 있으니, 몸은 비록 벼슬에 얽혔으나 그 정과 뜻을 마음껏 펴며 자유로이 흥을 부침에 있어서는 이 넓은 천지에 나와 같은 자 없다고 스스로 여기는 바이다. 때로는 술병을 벌여 놓고 친척·빈객들과 잔치하며 쟁을 타고 비파를 울리고 거문고를 퉁기고 요량遼梁의 가락을 노래하고 노자앵무鸕鶿鸚鵡의 잔에 실컷 취하며 밝은 촛불을 잡아 밤으로 낮을 이으니 진실로 아니 즐거우랴.

별서의 구성 건물로는 누樓와 각閣이 각각 있어 겨울에는 따뜻한 온돌에서, 여름에는 시원한 마루에서, 봄·가을에는 각지에서 사계절에 맞는 생활이 가능하였다. 그리고 정원庭園에는 맛있는 과일과 아름다운 꽃과 멋있는 돌과 진기한 동물이 있어 천 가지 형상과 만 가지 종류가 눈과 귀를 즐겁게 하도록 하였다. 그래야만 반가운 친척·친구들과 밤과 낮을 구애받지 않고 술자리를 펼치고, 쟁·비파·거문고로 음악을 듣고 글을 지으며, 긴 날을 여유있게 보낼 수 있다는 것이다.

성리학으로 무장한 조선의 엘리트들은 이러한 공간 구성을 갖춘 별서를 구축하면서 중국 명현들이 조성한 것을 따르고자 하였다. 송나라 주자朱子의 무이정사武夷精舍를 대표적인 이상으로 여기고 있었는데, 양산보는 이를 따라 소쇄원을 지었을 뿐만 아니라 당나라의 이덕유李德裕가 낙양 30리 밖에 세운 평천장平泉莊의 고사를 참고하여 소쇄원의 관리를 후손들에게 부탁하였다.[20] 그리고 당시 선비들은 당나라의 왕유王維가 말년에 장안 종남산의 망천에 세운 망천장輞川莊도 따르고자 한 대상이었던 것 같다. 서거정이 제부촌이라는 마을에 별서가 들어서는 것을 축하해 주기 위해 지은 시 가운데 있는, "별서를 경영하려면 왕유를 본받아야 한다"[21]는 구절을 통해 짐작할 수 있다.

이상에서 살핀 것과 같은 목적을 이루고 이상을 따르기 위해 공간을 갖추려면 그 규모가 제법 방대할 수밖에 없다. 앞서 언급한 경상도 산청의 지락헌은

> 그가 살고 있는 집이 잔산殘山과 단롱斷壟 사이에 있어서 상쾌하고 한가하지 못함을 한탄하여, 이제 옛 집 서쪽 3리쯤 되는 큰 강가 반석 위에 터를 잡아, 바위와 벼랑을 깎고 담장을 둘러 40여 칸의 집을 지었는데, 냉방과 온실을 각기 겨울과 여름에 편리하게 하였다. 그 남쪽에는 몇 길의 돌을 쌓아 높은 헌軒 세 칸을 세웠는데, 가히 30여 명이 앉을 수 있었다. 또 그 남쪽에 누樓를 세우니, 가히 10여 명이 앉을 수 있는데, 나는 듯한 기와와 공중에 솟은 듯한 높은 집, 굽은 난간과 가로 놓인 난간이 잔물결을 굽어본다. 또 그 동쪽에 바위가 높으면서도 평평하고 통창함이 망루와도 같았으므로 깎아서 대臺를 만들었다.

고 하여, 헌·누·대 등을 포함하여 무려 40여 칸의 위용을 자랑하였다. 채자휴가 충청도 음성에 지은 소산만계정사도 모두 30여 칸이었는데, 한

■ ■ ■

20) 『소쇄원사실』 2, 처사공, 「실기」, p.61.
　『소쇄원사실』은 여러 번 판각되었으나, 현재 1755년과 1903년 두 판각본만이 남아 있다(권수용, 「『소쇄원사실』을 통한 소쇄원 연구」, 전남대 석사학위논문, 2005). 본 연구에서는 1903년본을 이용하였고, 서술의 편의상 권두에 있는 「소쇄원사실서」부터 1페이지로 하였다.
21) 『동문선』 속7, 칠언율시, 「諸富村別墅將開遣僅起功有作」.

칸은 별도로 절벽 위에 세워 편히 쉬는 처소로 삼았다 한다.

그렇다고 모든 별서가 지락헌이나 소산만계정사처럼 대규모였던 것은 아니다. 바다 근처에서 은둔하고 있는 이군李君의 별서인 양호당養浩堂은 고작 작은 당 하나에 불과하였다.[22] 기와 건물이 아니라 모옥茅屋이라 하여 조그마한 움집을 지어놓고 별서라고 하는 경우도 있었다.

그렇지만 대부분의 별서는, 서거정이 지은 「죽당기」에서

숙서의 별서가 축성의 목촌에 있는데, 앞이 툭 트이고 좌우로 강과 산이 있어 한 지방의 경치를 독차지하였으며, 별서의 주위에는 과수와 화초를 심었는데, 대나무가 제일 많으므로 두어 칸 집을 짓고 편액을 죽당竹堂이라 이름하였다.

고 하였듯이, 두어 칸짜리의 단독 건물과 과수 · 화초 · 나무로 아담하게 조성된 정원을 곁들인 정도였다. 실제 오늘날 남아 있는 별서는 이런 정도의 것이 대부분이다.

그럼, 이종검李宗儉 · 종겸宗謙 형제가 경기도 용인에 지은 효우정孝友亭의 기문을 살펴보면서 별서의 구성 조건에 대해 정리해 보자. 서거정徐居正(1420~1488)이 1478년(성종 9)에 작성한 「효우정기」에 따르면

용구龍駒(용인) 남곡南谷의 별서는 이씨의 유물인데, 산이 아름답고 물이

■ ■ ■
22) 『동문선』 77, 기, 「양호당기」.

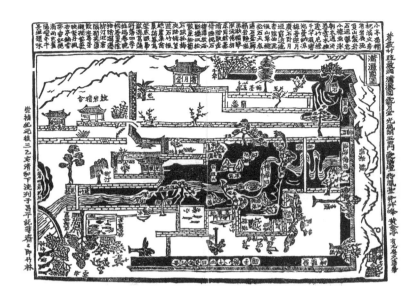

소쇄원의 공간 구성을 판각한 「소쇄원도」

맑으며 한 채의 저택이 있고 백경百頃의 밭이 있어, 뽕나무와 삼베를 심고
곡식을 많이 수확할 수 있고 물고기와 채소가 풍족하다. 천석泉石·화조花
鳥·풍우風雨·설월雪月로 무릇 마음과 눈을 즐겁게 할 만한 것에 이르러
서는 하나 둘 셀 수 없을 정도다. 형과 아우가 자기 취미를 즐기고 명예욕
은 전혀 없으며 일찍이 쌍계雙溪의 곁에 정자亭子를 지어 이름을 효우孝友
라 하였다.[23]

■ ■ ■

23) 『동문선』 속13, 기, 효우정기.
이 효우정은 이종검·종검 형제에 의해 본래 경기도 용인에 건립되었는데, 해가 오래 되어 헐어지자 그
후손이 전라도 광주(북쪽 40리)로 옮기고 명칭은 옛이름을 그대로 사용하였다 한다(『광주읍지』, 누정,
쌍계정). 효우정이 쌍계 옆에 있었기 때문에 후손들이 쌍계정이라고 명명한 것으로 보인다.

고 하여, 별서는 마음을 정결하게 다스릴 수 있도록 기본적으로 아름다운 산과 맑은 물을 끼고 있다. 율곡 이이李珥(1536~1584)도 윤두수가 황해도 연안 고을에 건립한 평원당平遠堂의 기문에서, 거처하는 환경이 맑고 환한 것도 수양을 돕는 한 가지 방법이라고 강조하였다.[24]

그리고 별서 가까운 거리에 살림집[第宅, 邸宅]이 있어 가사를 경영할 수 있었다. 별서와 살림집의 거리가 소쇄원처럼 인접한 경우가 있는가 하면, 앞서 살핀 지락헌은 3리였고 송순宋純(1493~1582)이 지은 면앙정俛仰亭은 2~3리였다. 별서 주위에 생계용 전답이 있어 먹을 곡식과 채소, 옷감을 짤 뽕나무와 삼베를 확보할 수 있었다. 따라서 별서와 가사 · 전답은 하나의 세트를 이루었는데, 황형黃衡(1459~1520)의 전사田舍가 강화도의 연미정燕尾亭에 있었다는 지적 그대로다.[25] 눌재 양성지梁誠之(1415~1482)가 경기도 통진 대포곡에 조성한 별서의 경우 이사里社의 왼편에 있고, 그곳 주위에 천백곡을 수확할 수 있는 수백 경의 전지田地가 있었다.[26]

또한 별서 안에는 방 · 마루 · 온돌이 딸린 정 · 당 · 각 등으로 불리는 건물이 있어 사시사철 거처할 수 있었다. 그러므로 정 · 당 · 각 등은 별서 그 자체를 의미하기도 하지만, 별서를 구성하는 하나의 건물을 의미하기도 한다. 가령, 서거정이 지은 양성지의 「별서 낙성기」에 따르면, 그가 사는 별서를 눌재訥齋라 하고 그 안에 지족헌止足軒이나 목안정木雁亭이라는 건물이 있었다. 우리가 살피고자 하는 소쇄원에도 초정, 광풍각,

■ ■ ■

24) 『율곡전서』 13, 기, 「평원당기」(『한국문집총간』 44, p.279).
25) 『국역 성소부부고』(민족문화추진회) 23, 설부, p.149.
26) 『눌재집』 6, 부록, 「통진현대포곡별서낙성기」(『한국문집총간』 9, p.370).

제월당 등의 건물이 있다.

그리고 별서 안에는 연못·천석·화초·수목 등으로 조영된 정원이 있고, 그곳에는 새가 찾아와 사시사철 늘 마음과 눈과 귀를 즐겁게 할 수 있고, 시원한 그늘 속에서 청량한 바람을 맞으며 한가하게 거닐며 사색을 즐길 수 있었다. 이러한 공간적 구성을 지닌 특별 거주지가 바로 별서인 것이다.

2 호남의 누정과 소쇄원

(1) 정치 · 사회 · 학문적 활동 공간

여말선초에 전국 도처의 경치 좋은 곳에 성리학으로 무장한 엘리트들에 의해 크고 작은 별서別墅가 들어서기 시작하였다. 별서는 일반 주택과는 달리 다양한 공간으로 구성되어 당시 엘리트들의 독립된 활동 장소로 활용되었다. 그러한 별서는 처음에 고위직을 역임하거나 높은 학식을 지닌 인사들에 의해 서울 · 경기 부근에 주로 등장하기 시작하였다. 그런데 15세기 후반에서 16세기에 이르러서는 사화士禍를 겪은 여러 사림파士林派 인사들에 의해 전국 곳곳에 건립되어 성리학 이해를 심화하고 사림 세력을 확장하는 데에 크게 기여하였다. 따라서 이러한 별서의 등장과 확산은 바로 시대적 산물이었다고 볼 수 있다.

영남嶺南의 경우, 학문과 덕행으로 관직에 나아가거나 산림처사로 이름을 알린 이언적李彦迪(1491~1553), 이황李滉(1501~1570), 조식曺植(1501~1572), 유성룡柳成龍(1542~1607) 등의 사림파는 대부분 정·당·암·헌·실 등의 명칭을 지닌 건물을 갖고, 강학·회합·연회·음영의 장소로 활용하였다.[27] 당시 사림파에 속한 유명 인사들은 거의 모두 이러한 별서를 지니고 있었던 것으로 파악된다. 별서 없는 사림파는 상상할 수 없는 실정이었다.

별서 건립은 당시 사림파들에게 열풍과도 같았다. 그들 가운데 하나만 아니라, 두 개나 세 개를 보유한 인물도 있었다. 가령, 기묘사림 일원이었던 김안국金安國(1478~1543)은 사화 후 이천利川의 주동注洞 집에 물러나 살다가 따로 작은 집을 지어서 은일재恩逸齋라는 현판을 붙이고 날마다 여러 학생과 강학을 하였고, 곧이어 여주驪州의 천녕川寧으로 옮겨 살면서 물가에 범사정泛槎亭이라는 작은 정자와 팔이당八怡堂이라는 당을 지었다. 역시 기묘사림이었던 이자李耔(1480~1533)도 사화 후 음성陰城 고을의 음애陰崖에 우거하면서 과정瓜亭이라는 조그마한 정자를 지었고, 나중에 충주忠州 토계兎溪로 이사하여 달천 상류의 인가가 드문 산속에 몽암정사夢庵精舍를 짓고 살다 일생을 보냈다.[28]

별서의 건립자나 그 후손, 또는 그곳에서 활동한 지인들은 건물의 유래와 주변의 경치를 기록한 기문記文이나 시詩를 적지 않게 남겨 놓았다. 그러한 기문이나 시에는 단지 건축 시말과 자신의 감회만 수록되어 있는 것이 아니라, 건립자나 출입자의 자연관·철학관·역사관도 담겨 있다. 따

■ ■ ■

27) 이수건, 『영남학파의 형성과 전개』, 일조각, 1997, pp.11~12.
28) 『기묘록보유』 상, 김안국전·이자전.

라서 우리는 별서 건물과 관련 글을 통해서 당시의 건축과 조경은 물론이고 인생관이나 우주관도 읽을 수 있다.

사림파는 청정한 강호江湖에 일신을 의탁하여 혼탁한 현실정치를 염려하면서 강호의 자연을 심성 수양의 가장 이상적인 대상으로 생각하고, 이를 통해 성리학적 세계관의 순수성과 정당성을 대외에 천명하고자 하였다. 즉, 사림파는 강호의 자연을 하나의 지고지선至高至善한 이상 세계로 인식하고 불합리한 인간은 자연을 매개로 하여 끊임없는 수양과 성찰을 통해 자연과 서로 보완적인 존재로 합일되는 경지에 이를 수 있다고 생각한 것이다.[29]

15세기 후반 이후는 조선에서 사림파라는 새로운 세력들이 대거 중앙 정계에 진출하고 향촌 주도권을 장악해 가는 시기였다.[30] 또한 사림파에 의해 성리학의 이해 수준이 심화되면서 성리학적 사회 윤리가 지배적인 이념으로 자리를 잡아갔던 시기였다.[31] 그런데 그러한 일련의 과정이 그들의 의도대로 순탄하게 전개되었던 것만은 아니다. 사림파는 훈구파勳舊派라는 기존 정치 세력과 사화라고 불리는 '정치적 갈등'을 크게 네 번이나 겪게 되었고, 그럴 때마다 그들은 낙향하여 별서를 건립한 후 그곳에서 재기를 기약하였다. 그러한 노력의 결과 그들은 마침내 16세기 후반

■ ■ ■

29) 이찬욱, 「16C 사림파 문학의 자연관」, 『인문학연구』 35, 중앙대, 2002, p.7.
30) 이수건, 『영남사림파의 형성』, 영남대 출판부, 1979.
   이병휴, 『조선전기 기호사림파연구』, 일조각, 1984.
   이태진, 『한국사회사연구』, 지식산업사, 1986.
31) 김항수, 「16세기 사림의 성리학 이해 — 서적의 간행·편찬을 중심으로」, 『한국사론』 7, 서울대 국사학과, 1981.
   고영진, 『조선중기 예학 사상사』, 한길사, 1995.

선조宣祖(재위 1567~1608) 초에 훈구파를 몰아내고 정치를 주도하게 되었다. 따라서 사림파의 등장과 정국 주도는 향약·농장·서원과 함께 별서가 있었기에 가능하였다고 볼 수 있다.

바로 이때에 호남 지방에도 사림파 출신 인사들에 의해 곳곳에 별서가 등장하였고, 그곳은 성리학적 사유에 바탕을 둔 현실관이나 문학관 또는 자연관이 담겨 있는 공간이었다. 호남 출신 사림은 영남이나 기호 출신에 비해 다소 뒤늦게 출발했지만, 활발한 정계 진출을 시도하였고 깊이 있는 성리학 이해에 이르기도 하였다. 특히 호남 사림은 1519년(중종 14)에 일어난 기묘사화己卯士禍를 전후하여 두드러진 활동을 펼치기 시작하였다.

이 당시 호남 지방에는 소쇄원을 포함하여 많은 별서가 들어섰다. 16세기에 발간된 『신증동국여지승람』에는 각 읍별로 누정이 소개되어 있는데, 그것을 도별로 정리해 보면 영남이 263개로 가장 많고, 그 다음이 호남으로 170개나 된다.[32] 이러한 누정의 도별 분포는 18세기에 편찬된 『여지도서』를 보아도 그대로 확인되는데, 그것들은 대부분 사림파 인사들의 별서였다.

별서라고 하든 누정이라고 하든 간에, 송순도 1563년(명종 18)에 김성원金成遠의 식영정息影亭에서 "남도에 승지勝地가 많아 가는 곳마다 임정林亭이 있다"[33]고 하였다. 송순의 지적처럼 호남에 그것들이 많았다는 것은, 영남의 예에서 증명되었듯이, 그만큼 사림파의 활동이 활발했다고 보아

■ ■ ■

32) 박준규, 「한국의 누정고」, 『호남문화연구』 17, 1987, p.10.
   『신증동국여지승람』 소재 각도별 누정수는 다음과 같다. 경상 263, 전라 170, 평안 100, 강원 81, 충청 80, 함경 56, 황해 50, 경기 34, 한성 24, 경도 14, 개성 13.
33) 『면앙집』 3, 시, 「차김상사성원식영정운」(『한국문집총간』 26, p.230).

도 큰 무리는 아닐 것이다.

그런데 이 당시에 건립된 호남의 많은 누정들의 기능은 호남을 기반으로 하는 고전문학 연구자들에 의해 문학 작품의 창작 공간으로 널리 알려지기 시작하였다. 그리고 16세기 사림파의 기문記文을 분석한 최근의 연구에 의하면, 근기近畿 사림파의 기문에는 언관言官 의식이 드러나고, 영남 사림파의 기문에는 수기修己 의식이 드러나지만, 호남 사림파의 기문에는 이와는 달리 정감과 문학적인 흥취가 그 특성으로 드러난다고 한다.[34] 이렇게 볼 때 소쇄원을 포함한 호남의 많은 유명 누정이 마치 문학적 창작 공간으로 이해될 수 있지만, 사실은 그보다는 건립자들의 정치적 활동 공간이나 사상적 연구 공간이었다.

호남 사림은 중종~명종 대의 사림 세력 확산과 선조 대의 사림 정권 수립에 크게 기여하였을 뿐만 아니라, 사림이 동인東人과 서인西人으로 분당된 후 펼쳐진 기축옥사(1589)에서 상호 격렬하게 대립을 벌이기도 하였다. 또한 호남 사림은 임진왜란(1592)과 병자호란(1636) 때에 의병 항쟁에 발벗고 나섰을뿐더러, 성리학을 깊이 연구하여 학문 수준을 심화시키기도 하였다.[35] 누정이 문학 창작 공간이고, 그러한 누정을 출입한 인사들이 문학적 흥취에 도취되었다면, 이상과 같은 호남 사림들의 활발한 정치·사회·학문적 활동은 아예 기대할 수 없었을 것이다.

따라서 16세기 호남 사림의 일련의 활동은 그들의 성장과 관련되어 있

■ ■ ■

34) 김정인, 「조선중기 사림기문의 지역별 성향」, 『조선중기 사림의 기문연구』, 국학자료원, 2003, p.159.
35) 배종호, 「한국 성리학에 기여한 호남문화」, 『호남문화연구』 9, 전남대 호남문화연구소, 1977.

다고 보이는데, 바로 그러한 호남 사림의 성장에 누정이 적지 않은 역할을 하였던 것으로 여겨진다. 왜냐하면 이 당시는 아직 서원書院이 일반화되기 이전이므로 사림들의 활동 공간으로 누정보다 더한 것이 없었을 것이다. 참고로 전국 최초의 서원은 1543년(중종 38) 경상도 풍기에 세워진 백운동서원白雲洞書院이고, 호남 최초의 서원은 1564년(명종 19) 순천에 설립된 옥천서원玉泉書院이다.

(2) 향촌 활동의 중심지

우리가 여기서 살펴보고자 하는 소쇄원도 앞에서 지적한 기능과 공간을 지닌 전형적인 별서다. 소쇄원의 건립자는 양산보梁山甫(1503~1557)이고, 그의 둘째 아들이 양자징梁子澂(1523~1594)이다. 양자징은 본인의 서재로 소쇄원 안에 고암정사鼓巖精舍를 두었는데, 동생 양자정梁子淳(1527~1597?)이 형 양자징에게 보낸 시에서, 고암정사를 별서 옆의 작은 집이라 하였다.[36] 윤운구尹雲衢라는 사람이 양산보의 손자 양천운梁千運(1568~1637)에게 보낸 시에 의하면, "연기와 먼지 없는 곳의 별업"이라 하여, 소쇄원을 별업, 즉 별서라 하였다.[37] 고경명高敬命(1533~1592)이 무등산을 유람한 후 남긴 『유서석록遊瑞石錄』을 보면, 소쇄원에 당도하여 "이곳은 양산

■ ■ ■

36) 『소쇄원사실』 9, 지암공, 「지가형고암정사」, p.252.
37) 『소쇄원사실』 4, 제현영고, 「차운봉정양상사사건회시동유자」, p.119.

보의 옛 별서다"라고 평한 바 있다. '소쇄원가' 사람이나 그 지인들도 모두 소쇄원을 별서라고 칭하였음을 알 수 있다.

따라서 소쇄원이란, 성리학을 연구한 사림파 출신 주인공이 살림집에서 그리 멀지 않으며 산수가 빼어난 곳에 지은 일종의 별장으로, 그곳에는 주거 공간과 조경 공간이 함께 조성되어 있었다. 따라서 소쇄원은 자연 속에 기거하며 본인의 사상관과 정치관을 실현하기 위해 지인들과 학문을 연구하고 문학을 창작하고 시대를 고민하는 공간이었다. 자세한 점에 대해서는 뒤에서 하나씩 이야기할 것이다.

소쇄원은 별서이기 때문에, 그것을 이해하기 위해서는 다음 세 가지 전제 조건을 고려해야 한다.

첫째, 소쇄원이 누구에 의해 건립되었고, 누가 출입하였느냐이다. 호남의 경우 사화나 당쟁에 쫓긴 암울한 인사들(양산보·송순·박상·고경명·임억령·정철 등)이 누정을 건립하고 출입하였기 때문에, 그들이 현실에서 도피하기 위해 그곳에서 은거하며 문학에 경도될 수밖에 없었다고 지적되었다. 그런데 당시 전국의 유명 인사들 중에 사화나 당쟁에 한 번쯤 연루되지 않은 사람이 거의 없을 정도였고, 그들 또한 대부분 누·정으로 표현되는 독립 공간을 두고 활동하다 일생을 마치거나 정치 일선에 복귀하였다. 그러므로 전국적인 현상을 가지고 유독 호남 출신만 그러했다는 것은 전혀 설득력이 없는 주장이다. 더군다나 호남 출신의 '암울한 인사들'은 문학가이기 이전에 뛰어난 정치가였고 사상가였을 뿐만 아니라 왕성한 사회활동가였다. 문학은 그러한 활동을 표현하는 하나의 언어이자 수단이었고, 그것이 전부이자 최후였던 것은 더더욱 아니다. 송강 정철의 경

소쇄원가의 시문을 수록한
『소쇄원사실』

우, 서울에선 '노련한 정치가'가 호남에선 '문학의 달인'으로 평가되고
있는 현실을 우리는 어떻게 해석해야 할까?

　따라서 소쇄원을 건립하거나 그곳을 드나든 사람들도 ─ 일시적일 수
는 있지만 ─ 실패하고 좌절한 '패배자'가 아닐뿐더러, 단壇이라는 일종
의 '문학 서클'(존재 여부 자체가 사료에서 확인되지 않음)을 만들어 시를 읊고 그
것을 기념하기 위해『소쇄원사실瀟灑園事實』이나 문집을 발간한 것도 절대
아니었다. 퇴계 이황도 출사와 낙향을 번갈아 하였으며「도덕가道德歌」라
는 가사歌辭를 짓기도 하였지만, 그를 '은둔지사'나 문학가로 아무도 평하
지 않고 있다. 수준 높은 시가 작품을 남긴 김정국·김안국·주세붕·이
이 등을 문학가로 분류하지 않고, 사림 출신의 대표적인 정치가나 성리학
자로 평가하는 것도 마찬가지 논리다.[38]

　둘째, 소쇄원의 용도가 무엇이었느냐이다. 양산보가 서울에서 기묘사

■ ■ ■

38) 이들의 시가 작품 분석에 관한 참고문헌, 최재남,『사림의 향촌생활과 시가문학』, 국학자료원, 1997.

화己卯士禍를 체험하고 낙향한 후 은거지로 삼기 위해 건립한 것이 소쇄원이라는 것은 부정할 수 없는 사실이다. 그렇다고 하여 그가 단지 세상과 담을 쌓고 숨어 살기 위해 소쇄원을 건립한 것은 결코 아니다. 때가 오지 않아 평생 처사로 보냈을 따름이다. '소쇄瀟灑'라는 단어의 의미가 단순히 "깨끗하다"가 아니라 "세속과의 단절을 전제로 하는 깨끗함"이라고 하는데,[39] 꼭 그런 것만은 아니었다. 세속과 단절된 공간이었다면 소쇄원은 진작 사라져 버렸을 것이고, 후손과 그들의 지인들에 의해 오늘까지 유지되어 올 리가 없다. 창건 당시 거창하였던 고관대작의 별서 가운데 현재 사라지고 흔적도 없는 것이 수를 셀 수 없을 정도로 많다.

양산보는 소쇄원에서 도학사상道學思想을 연구하고 실천하며 평생을 보냈다. 따라서 소쇄원은 세속과 단절되지 않은 채 성리학 이념을 자연에서 구현하기 위해 건립된 창조적 공간이었다. 그렇기 때문에 소쇄원은 주인공이 문학이나 일삼으며 혼자 조용히 지내는 죽어 있는 공간이 아니라, 주위의 사림파 인사들이 출입하며 성리학을 토대로 정치·사회·학문적 문제를 고민했던 살아 있는 공간이었던 것이다.

마지막으로, '소쇄원 사람들'이 활동한 영역을 어떻게 설정할까이다. 이 점은 소쇄원이 '문학적 연고'가 있는 사람들이 드나드는 '누정문학'의 산실로 그쳤던 것이 아니라, '지역적 연고'가 있는 사람들이 드나드는 '향촌 활동'의 중심지였다는 사실을 밝히는 데에 중요하다. 일반적으로 국문학이나 고전문학 연구자들은 소쇄원이 있는 일원을 성산星山이라는

■ ■ ■

39) 이향준, 「양산보의 소쇄기상론」, 『호남문화연구』 32·33, 전남대 호남문화연구소, 2003, p.241.

산 이름을 따서 '성산권'이라 하고, 이곳에 위치한 소쇄원·환벽당環碧堂·식영정息影亭을 한국 시가문학의 요람지라고 보고 있다.

한편, 소쇄원 앞에 흐르는 냇가를 증암천甑岩川이라 하는데, '증암'이란 이름은 지금의 광주 댐 둑 부근에 증암(시루바위)이라는 바위가 있어 유래한 것이라고 한다. 증암천은 무등산無等山 원효사 계곡에서 나와 흐르다가 소쇄원 아래 삼사계三槎溪라는 곳에서, 서봉사 계곡에서 내려오는 반석천盤石川 물줄기, 그리고 장원봉·소쇄원에서 내려오는 지석천(현재 도로 포장으로 매립) 물줄기와 만나 북쪽으로 흘러 용담대를 지나 읍내(현재의 고서면)를 안고 고산천과 합류하여 동강桐江을 이뤄 영산강으로 들어간다. 맑은 물, 넓은 반석과 우뚝 솟은 석벽, 깊은 못 등이 있어 창평현의 젖줄 역할을 하였던 물줄기가 바로 증암천이다. 증암천의 맑은 물은 호남의 명산 무등산과 장원봉壯元峯의 정기를 감싸고 있다. 장원봉은 창평의 진산鎭山(고을을 수호하는 뒷산)인 고산高山을 끼고 있어 창평현의 주맥이었고, 과거 급제자를 많이 배출했다 하여 장원봉이라 이름하였다. 일명 명봉산鳴鳳山이라고도 하는데, 창평의 별호를 명양鳴陽이라 한 것은 바로 여기에서 유래한 것이다.

이 증암천·무등산·장원봉 일원은 광주와 창평의 경계를 넘나드는 곳일 뿐만 아니라 당시 창평 치소와 인접해 있다. 또 이곳은 아름다운 산림과 맑은 물이 있어 고찰과 누정이 많이 들어섰는데, 16세기에 적지 않은 신진 엘리트들을 배출하였을 뿐만 아니라, 김인후·임억령·고경명·정철 등의 명사들을 불러들였다. 증암천 상류에는 독수정·서봉사·원효사, 중류에는 소쇄원·환벽당·식영정, 하류에는 학구당·관수정 · 죽림정사 · 환학당 · 명옥헌 · 용대 등이 있다. '증암천권'에 들어와 하나의 지연을 형성하여 산 사람들(창녕 조씨, 광산 김씨, 제주 양씨, 경주 정씨, 연일 정씨 등)은 이러한 명산과 사찰 및 정자를 바탕으로 상호 혈연 · 학연을 맺어 전국적인 인물로 부상하였다. 이들은 이른바 '광창' 光昌(광주와 창평) 사림의 핵심 인물로, 당시 호남 사림의 주요 축을 형성하고 있었다.

따라서 광주 · 창평 사림, 더 나아가 호남 사림의 대표적 배출지였던 이곳을 소쇄원과 환벽당 · 식영정이 있는 '성산권'으로 한정할 것이 아니라, '증암천권'으로 확대해야 할 것이다. 왜냐하면 '성산권'으로 한정하면, 이 지역 사림들의 주요한 활동 거점이었던 학구당이나 서봉사 등은 제외될 뿐만 아니라, 지역적 성격이 문학적으로 편향될 가능성이 높기 때문이다. 결국 증암천 주변과 연고가 있었던 사람들의 활동 범위는 성산 일원에 그치지 않았고, 증암천 전역까지 미쳤던 것이다.

3 한국의 명원 소쇄원

소쇄원은 현재 전라남도 담양군 남면 지곡리 지석 123번지에 있다. 당시의 주소는 전라도 창평현 내남면 지석리다. 조선시대에 창평昌平은 유명 인사를 다수 배출한 독립 고을이었지만, 일제강점기인 1914년에 행정 구역을 개편하면서 담양에 합속되었기 때문에, 현재 소쇄원은 담양 소속인 것이다.

소쇄원은 16세기 전반에 전라도 창평 출신의 양산보梁山甫라는 선비가 본인의 활동처로 건립한 별서다. 소쇄원은 이미 당대에도 유명하여 여러 사람들의 발길을 끌어들였을 뿐만 아니라 아낌없는 찬사를 얻기도 하였다.

소쇄원은 별서 가운데 최상급이었다. 앞서 언급한 별서의 이상적 공간 구성을 소쇄원은 완벽에 가까울 정도로 갖추었다. 뒤에서 자세히 언급하기로 하고, 부속 건물만 잠깐 예로 들어보겠다. 별서의 부속 건물로 평천장은 누와 각을, 지락헌은 누와 헌을 지녔는데, 소쇄원은 제월당과 광풍각, 그리고 초정을 갖추었다. 최상급 별서는 안채와 사랑채를 지니어 그것이 하나의 세트를 이루고 있는데, 소쇄원은 전형적인 형태를 띠었던 것이다.

소쇄원의 높은 이름은 당시 유명 인사들이 대거 출입하였던 사실만으로도 쉽게 추측할 수 있다. 전국적 명성을 날린 송순, 김인후, 임억령, 정철, 고경명 등 호남 출신 명사들이 소쇄원을 적지 않게 출입하였다. 그리고 전라도 관찰사, 주변 고을의 수령들이 소쇄원을 방문한 횟수도 열거하기가 번잡할 정도다. 가령, 1562년(명종 17)에 전라 감사에 재임 중인 윤인

서尹仁恕가 소쇄원을 방문하여 시를 남겼다.[40] 이 이전에 송순도 전라 감사로 창평을 순찰할 때에 소쇄원에 들른 적이 있었다.[41]

또 당시 소쇄원을 방문했던 인사들의 평가를 보아도 소쇄원의 이름값을 충분히 짐작할 수 있다. 가령, 지석동에서 '소쇄원가'와 함께 살고 있는 경주 정씨 정지유鄭之游가 남긴 「유서석산기遊瑞石山記」를 보면, 풍월風月의 아름다움

양씨 소유의 소쇄원이라는 표석

■ ■ ■

40) 『소쇄원사실』 5, 고암공, 저술, 「소쇄원차정윤감사」, p.163.
41) 『소쇄원사실』 4, 소쇄원제영, 「소쇄원소우방매」, p.111.
　『면앙집』 2, 시, 「소쇄원소우방매」(『한국문집총간』 26, p.203).

18세기 『해동지도』에 표시된 소쇄원

과 천석泉石의 기괴함 때문에 소쇄원을 남도 제일의 유명한 곳이라 하였
다.[42] 송순도 「김성원의 식영정에서 차운하다」라는 시에서 호남의 많은
누정을 지적하면서, 소쇄원을 환벽당·식영정과 함께 성산의 명승지로
꼽았다.

　고경명이 친구인 양자정(양산보의 셋째 아들)에게 준 시에도 소쇄원은 '지
석명원支石名園', 즉 지석동의 명원으로 표현되어 있다.[43] 양천운(양산보의
손자)의 친구 나주 출신 김선金璇(1568~1642)이 지석리 건너편에 있는 석보

■ ■ ■

42) 『월성세고』 2, 면와공유고, 「유서석산기」.
43) 『소쇄원사실』 9, 지암공, 제현수증, 「봉제지석명원겸시서하」, p.257.

촌을 회상하며 지은 시에서 양원梁園(양산보의 소쇄원)과 김정金亭(김성원의 식영정)은 승부를 가리기 어려울 정도로 아름답다 하였다.[44) 소쇄원의 명성이 사람들의 입에 제법 오르내렸음을 쉽게 확인할 수 있다.

당시의 창평 고지도에 소쇄원이 명기되어 있는 것으로도 소쇄원의 명성을 입증할 수 있다. 18세기 영조英祖(재위 1724~1776) 대에 발간된 『여지도서輿地圖書』와 『해동지도海東地圖』에 수록된 창평 지도에 소쇄원은 식영정 · 삼우헌과 함께 그 이름과 그림이 묘사되어 있다. 그리고 19세기 후반 고종高宗(재위 1863~1907) 대의 창평 지도에도 소쇄원은 식영정 · 학구당과 함께 묘사되어 있다.

당시 많았던 별서 가운데 대부분은 사라지고 현재는 일부만 남아 있다. 현존하는 것 중에서 소쇄원은 규모와 수준면에서 단연 손꼽을 정도다. 단일 건물에 간단한 조경만 조성된 여타 별서와는 달리 소쇄원은 여러 채의 건물과 자연 만상이 깃든 조경이 수반되어 지금까지 보존되고 있기 때문이다. 바로 그런 점에서 보는 이의 감정을 압도하여 발길을 붙잡아, 사람들은 소쇄원을 한국의 대표적인 별서 정원으로 입을 모아 꼽는다.

왜 사람들은 소쇄원을 한국의 대표적인 정원으로 꼽을까?

소쇄원의 경치는 철 따라 피는 각종 화초, 계곡을 흐르는 맑은 물, 대나무 숲속의 오솔길, 각종 새와 동물 등으로 어우러져 아름답기 그지없다. 그러한 유형물들이 물소리, 바람소리, 새소리, 상쾌한 바람, 그윽한 향기, 시원한 그늘, 따스한 햇살 등의 무형물과 서로 조화를 이루며 한 폭의 신

■ ■ ■

44) 『시서유고』, 「억광주석보촌」.

선 세계를 느끼게 한다.

그리고 소쇄원은 이 지역의 많은 인사들이 절의를 다짐하거나 풍류를 즐기고, 시서詩書를 지으며 교유하던 곳이기도 하다. 하서 김인후, 송강 정철, 석천 임억령, 면앙정 송순, 고봉 기대승, 서하당 김성원, 옥봉 백광훈, 제봉 고경명 등이 소쇄원을 출입한 대표적 인사들이라고 볼 수 있다. 이들은 모두 당대의 저명한 정치가이거나 성리학자 또는 문필가로서, 소쇄원을 건립한 양산보나 그 후손들과 두터운 친분 관계를 유지하며 소쇄원을 출입하였다. 소쇄원에서 이들은 문학 창작에만 그치지 않고, 조선의 정치와 사상을 논하면서 시대를 고민하고 미래를 설계하였다.

그러므로 '소쇄원 사람들' 은 물론이고 소쇄원에 모여든 사람들은 사림파의 시대적 좌표였던 도학사상道學思想 · 왕도정치王道政治를 실천하기 위

지석마을과 소쇄원을 알리는 표석

해 불의와 타협하지 않았다. 그렇기 때문에 '소인배小人輩'로 여겨지는 정치 세력에 대해서는 가차 없는 공격을 감행하여 뜻하지 않은 희생을 겪었다(기축옥사). 또 국가가 위기에 처했을 때에는 몸을 사리지 않고 구국 대열에 뛰어들기도 하였다(의병). 이런 일로 인해 촉망받는 인사들이 일찍 세상을 뜨는 바람에 지역 인재의 고갈이라는 부작용 현상이 나타나기도 하였다. '소쇄원 사람들'과 그 지인들이 문학에 전념했다면, 이러한 일을 기대하기가 애초부터 어려웠을 것이라는 점은 쉽게 짐작이 가고도 남을 것이다.

이렇듯 소쇄원에는 자연의 운치와 선비들의 체취가 조화를 유지하며 서려 있다. 소쇄원과 그 주변에는 자연과 인공, 현세와 내세, 현실과 이상이 함께 숨쉬고 있으며, 그 속에 우아한 풍류가 감돌고, 올곧은 절의가 서려 있고, 고요한 시정이 배어 있다. 바로 이러한 점 때문에 소쇄원을 우리나라 최고의 원림으로 평가하고 있으며, 그 소쇄원을 구경하기 위해 지금도 전국 각지에서 수많은 사람들이 끊임없이 찾아오고 있는 것이다.

4 소쇄원 둘러보기

소쇄瀟灑란 무슨 뜻일까? 일반 독자들이 "瀟灑"라는 한자를 읽기가 쉽지는 않지만, 소쇄란 맑을 소, 물 뿌릴 쇄로, 맑고 깨끗하게 한다는 말이다. 맑고 깨끗할 뿐만 아니라, 고상하고 소탈하여 세속을 벗어난 모양이라는 의미일 것이다. 그러므로 소쇄원을 둘러볼 사람은 우선 소쇄한 자세, 즉 맑고 깨끗한 자세를 가져야 할 것이다.

소쇄원의 아름다움은 일찍이 임란 의병장으로 유명한 제봉 고경명이 1574년(선조 7)에 무등산을 유람하고 내려오면서 아래와 같이 읊은 바가 있다.

신시(하오 3~4시)에 소쇄원에 당도했다. 이곳은 양산보의 옛 별서다. 시냇물이 집 동쪽에서 와 담장을 꿰뚫고 흐르는데, 물소리를 내며 굽이 돌아 내려간다. 그 위에는 약작略約(외나무다리)이 걸려 있고, 다리 밑의 바위 위에는 스스로 만들어진 절구통이 있는데 조담槽潭이라 한다. 물줄기가 쏟아져 내려 작은 폭포를 만들었으며, 그 물 떨어지는 소리가 거문고를 켜는 소리처럼 맑고 시원하다. 조담 위로는 노송이 걸쳐 있어서 마치 그 위에 덮개를 덮어놓은 것만 같고, 폭포의 서쪽에 있는 자그마한 집은 그림배畵舫(채색 치장을 한 유람선) 같으며, 그 남쪽에는 돌을 포개어 높이 쌓아 올렸고, 그 곁에 있는 작은 정자는 마치 일산日傘을 펴놓은 것만 같다. 정자의 처마 앞에 해묵은 큰 벽오동이 서 있고, 반쯤 허물어진 정자 밑에는 작은 못池이 패어 있는데 통나무에 홈통을 파서 골짜기의 물을 끌어들이고 있다. 못 서쪽에는 큰 대가 백여 그루나 옥돌을 꼿꼿이 세워 놓은 듯 서 있어서 참으로 아름답다. 이 대밭 서쪽에 있는 연못은 돌 벽돌로 된 수로를 통해서 물이 대밭 아래를 돌아 연못에 들어가게 되었으며, 여기에다 물레방아를 장치하여 움직이게 해 놓았으니 이 모두가 소쇄원이 아니고서는 볼 수 없는 절경이다. 당대의 석학 김하서는 시 48수로 이곳의 풍경을 자세히 그려 놓았다.[45]

이외에 소쇄원을 감상하는 데에 도움이 되는 대표적인 기본 자료로 『소쇄원48영』, 「소쇄원도」, 『소쇄원사실』이 있다.

『소쇄원48영』은 인근 장성 출신의 대학자 김인후가 1548년(명종 3) 무렵에 소쇄원의 자연 경관을 5언 절구의 48편 시로 읊은 것이다. 『소쇄원48영』에는 자연과 인공이 조화를 이룬 소쇄원의 건축물, 석조물, 계류, 조경식물, 사계절 들이 잘 묘사되어 있다.[46] 48이란 『주역』에서 유래한 숫자로

■ ■ ■

45) 『유서석록』.

「옥추횡금玉湫橫琴(맑은 물가에 거문고 비껴 안고)」, 심우재 그림, 45×60㎝, 수묵담채, 1999

우주만상의 이치가 담겨 있다는 뜻이다.

「소쇄원도」는 1755년(영조 31)에 소쇄원 동남쪽 절등재絶等齋라는 서재에서 판각된 양각 목판으로 소쇄원의 공간 구성이 새겨져 있다. 절등재는 이곳에 전에 죽림사竹林寺라는 절이 있었다 하여 죽림재라고도 불리었다. 「소쇄원도」에는 김인후의 『소쇄원48영』 시를 토대로 하여 각종 건축물, 연못, 조경식물, 축대, 오곡문, 바위 등이 새겨져 있다. 또한 여기에는 『소쇄원48영』 이후 건립된 고암정사와 부훤당, 그리고 소쇄원의 바깥 공간 구성도 새겨져 있다. 그런데 아쉽게도 「소쇄원도」 원판은 『소쇄원사실』과 함께 도난당하였고, 과거에 찍어 놓은 것만이 남아 있을 뿐이다.

『소쇄원사실』 또한 1755년에 간행된 문집으로 양산보와 그 후손 및 소쇄원과 인연을 맺은 사람들의 시문을 수록하고 있어, 소쇄원의 역사적 사실을 전해 주고 있다. 이 책 속에 수록된 시문을 발췌하여 양산보의 15대 손 양재영 씨가 번역하여 『소쇄원시선瀟灑園詩選』이라는 이름으로 1995년에 발간하였다.

이러한 기록물이 있지만, 이를 통하여서는 소쇄원을 제대로 이해하기가 어려울 것이다. 직접 방문하여 둘러보아야 그 참 맛을 느낄 수 있다. 그러나 여기에도 감상법이 있다. 원림의 순로順路를 따라 이동하며 둘러보아야 제 맛을 느낄 수 있다.

■ ■ ■

46) 천득염 · 한승훈, 「소쇄원의 구성요소 고찰 — 소쇄원도와 소쇄원48영을 중심으로」, 『전남문화재』 7, 전라남도, 1994.
　　정익섭, 「호남가단을 배경으로 한 하서 김인후 연구」, 『하서 김인후의 사상과 문학』, 하서기념회, 1994.
　　박준규 · 최한선, 「시와 그림으로 수놓은 소쇄원 사십팔경」, 태학사, 2000.

소쇄원 입구에 최근에 조성된 주차장이 있다. 주차장에서 길 건너 왼편 위쪽에 창암촌蒼巖村이라는 마을이 있었다. 사람들이 떠나거나 소쇄원 위로 옮기어 현재는 은행나무로 덮인 밭으로 변해 있다. 창암이란 마을 이름은 이곳에 처음 정착한 양사원梁泗源(양산보의 아버지)의 호이자, 이곳에 있는 시냇가 바위명에서 유래한 것이다. 양사원이 창암 가에 집을 짓고 한가한 세상을 지냈다는 자작시가 전해 온다.[47] 따라서 소쇄원과 창암촌은 서로 가까이 마주보고 있다. 고경명이 친구인 양자정에게 보낸 시에 의하면, "떠드는 소리는 마을에서 들려오고, 지팡이 소리는 오솔길에 또박또박"[48]이라 하여, 소쇄원이 인가 주변에 있었음을 알려 준다.

방문객은 소쇄원 입구에서 울창한 왕대숲을 맞게 된다. 대숲 입구에는 옛날에 사립문이 있었다 한다. 계곡의 양편에 난 터널 같은 대숲 길을 통해 소쇄원의 경내에 들어오게 된다. 예전에는 소쇄원을 출입하는 길이 이외에도 두세 개 더 있었다 한다. 숨어 사는 은자에게 외길은 어울리지 않는 것이다. 대숲은 바깥 세상을 막아 주는 장벽 역할을 한다. 불과 10~20여 년 전만 해도 주요 재산 증식원이었던 대나무가 값싼 수입품과 플라스틱 제품 때문에 요즘은 대부분 애물단지로 전락하고 말았다. 그럼에도 불구하고 대숲은 줄기차게 달리는 자동차의 소음과 매연을 걸러 주는 역할을 하고 있으니, 그 선견지명을 어디에서 찾으랴?

경내에 들어서면 소쇄원 건립 이후에 들어선 마을과 소쇄원을 나누는

■ ■ ■

47) 築室蒼巖畔 寒流自作溪 紅塵多事裏 誰憶此閑棲(『소쇄원사실』 1, 처사공, 세계, p.28).
48) 『소쇄원사실』 9, 지암공, 제현수증, 「봉제시석명원겸시하」, p.257.
   『제봉집』 4, 「봉정서하노형겸간계명구화」(『한국문집총간』 42, p.90).

흙돌담이 눈에 들어온다. 양천운이 정유재란 때에 불탄 광풍각光風閣을 다시 지으며 남긴 글에 의하면, "백척도 넘는 긴 울타리는 세상의 시끄러움을 막아 주어 고요하기 그지없다."고 하였다. 원래의 길이가 100자나 되었다는 흙돌담은 자연석과 흙을 섞어 2미터 높이로 쌓았다. 자연을 활용하고 방문객에게 위압감을 주지 않도록 배려하였으니, 자연과 인간이 조화를 이루어 운치를 더해 준다.

담장을 따라 올라가면 고경명이 일산日傘을 펴놓은 것 같다는 초정草亭이 보인다. 풀로 지붕을 올린 초정은 작은 정자라는 소정小亭이라고도 하는데, 중간에 없어지고 현재의 것은 1985년경에 재건된 것이다. 소쇄원 입구에서 가장 먼저 눈에 뜨이는 것이 바로 이 초정이고, 여기에 서면 소

김인후, 『소쇄원 48영』, 「소당어영小塘魚泳」

「소당어영小塘魚泳(작은 못에 물고기 노나니)」, 심우재 그림, 45×60㎝, 수묵담채, 1999

쇄원의 모든 정경이 한눈에 들어온다.

초정은 대봉대待鳳臺 위에 세워져 있다. 대봉대란 봉(귀한 손님)을 맞이하기 위해 양산보가 직접 쌓은 축대이다. 귀한 손님을 맞기 위한 공간으로 대봉대 위에 초정을 지었던 것이다. 대봉대 옆에는 봉황이 둥지를 틀고 산다는 오동나무를 심었다. 자연 오동나무도 손님을 상징한다. 그래서 대봉대를 동대桐臺라고도 불렀다. 현재 초정 옆에 심어진 오동나무는 태풍으로 중간에 없어졌고, 근래에 새로 심어 놓은 것이라 한다. 소쇄원을 방문하는 여러분을 원주園主가 바로 여기에서 맞이할 것이다.

초정 동쪽의 담장을 바라보면 '애양단愛陽壇'과 '오곡문五曲門'이라는 글씨가 담벽에 새겨져 있다. 담벽에 새긴 것이 특이하지만, 선비들의 우아한 면을 보여 준다. 그리고 담장에는 양산보의 사돈(아들 자징의 장인)인 하서 김인후의 『소쇄원48영』 시가 걸려 있었는데, 담장이 홍수로 유실되면서 이 또한 없어졌다.

애양단이 있는 곳은 단 앞의 계곡물은 얼어 있어도, 단 위의 눈은 모두 녹아 있을 정도로 햇빛이 잘 드는 곳이다. '애양'이라는 말은 부모에게 효도한다는 뜻이다. 소쇄원의 건립자인 양산보는 효행심이 매우 뛰어난 것으로 유명하다. 그런 효행심을 발휘하기 위해 소쇄원 안에 이러한 시설물로 구축하였을 것이다. 그는 「효부孝賦」라는 글에서 효는 덕과 도의 핵심이고, 교화는 모두 효에서 시작된다고 하였다. 송순이 이 글을 보고, "효하는 도리를 깊이 알고서, 몸소 행하여 독실히 좋아하는 자가 아니면 어찌 이에 미치랴. 읽어 보니 문득 사람으로 하여금 경각심을 갖게 한다. 자식된 자의 집에는 이 부가 없을 수 없다."고 평하였다.[49] 김인후도 사위

양자징(양산보의 아들)이 이를 가지고와 보여 주자 시로 화답하였다.[50]

애양단을 지나 돌면 물이 흐르는 계곡 위에 외나무다리略彴가 연결되어 있다. 위태로워 보이지만 간결하면서도 자연스럽게 느껴진다. 이 다리를 건너면 흙돌담과 연결된 오곡문이 나온다. 오곡문은 무이구곡武夷九曲에 빗댄 소쇄9곡에서 제5곡에 해당하는 것으로 보인다. 무이9곡에서 제5곡은 주자가 공부했던 무이정사가 있던 곳으로 9곡 가운데 가장 중심지였다. 따라서 오곡문은 소쇄9곡의 중심인 셈이다. 이러한 오곡문은 담 밖의 영역인 외원外園과 담 안의 영역인 내원內園을 이어주는 통로 역할을 한다. 원래는 오곡문을 통하여 원림의 안과 밖을 통행하였으나, 현재는 문이 없어지고 트여 있다.

오곡문 옆에는 담장을 떠받치고 있는 괸돌〔支石〕이 있고, 그 괸돌을 통하여 북동쪽 옹정봉에서 흘러내리는 계곡물이 암반을 타고 흘러 들어온다. 괸돌을 통하여 계곡물이 통과하도록 한 구조는 자연에 최소한의 인위를 가한 결과라고 한다.[51] 이 계곡물이 흐르는 골짜기를 중심으로 양쪽 언덕 동산에 소쇄원은 자리잡고 있다. 큰 장마가 와서 물이 오곡문을 넘치고, 담장이 무너져도 괸돌은 무너지지 않았다고 전한다.

계곡물은 굽이 돌며 흘러 내려가 십장폭포十丈瀑布라고 하는 폭포로 떨어진다. 폭포수가 떨어지는 곳에는 푹 패인 웅덩이가 있는데, 그것을 조담槽潭이라 한다. 조담에서 하는 여름철 목욕은 계절의 쾌감이다. 폭포가

■ ■ ■
49) 『소쇄원사실』 2, 처사공, 저술, 「효부」, pp.43~50.
50) 『하서전집』 1, 부, 「효부차양형언진산보운」(『한국문집총간』 33, p.16).
51) 천득염, 「한국의 명원 소쇄원」, 발언, 1999, p.64.

내려오는 바위를, 하서 김인후는 비단으로 수놓은 금수錦繡와 같다고 하였다. 이 계곡물을 지석천支石川이라 하는데, 증암천으로 흘러 들어간다.

계곡의 좌우에는 바위들이 곳곳에 산재해 있다. 계곡 북쪽으로 밤에 누워 달구경하는 바위 '광석廣石', 바둑을 두던 평상바위 '상암床嵒'이 있다. 남쪽으로 거문고를 타는 바위, 고요히 앉아 사색을 하거나 달구경을 하는 걸상바위 '탑암榻嵒'이 있다. 실제 거문고를 연주한 적이 시 속에서 확인된다. 윤운구가 양천운과 소쇄원에서 함께 거닐며 거문고를 퉁기었는데, 그 소리가 깊은 못에 반사되어 새소리와 같다고 하였다.[52] 전라감사 윤인서가 방문했을 때에도 거문고를 연주한 것으로 보인다. 또한 걸상바위에 둘러앉아 사람들이 모이곤 했다. 고경명이 남긴 시 가운데, 이 바위 위에 양자징을 비롯한 여러 인사들이 마주 앉아 흉금을 털어놓는 이야기꽃을 피운 적이 있었다.[53]

평상바위 아래에는 가산假山이 있다. 가산이란 계곡에서 내려온 흙과 돌을 옮겨 쌓아 인위적으로 만든 산으로, 여기에는 화초와 나무를 심어 인공 자연을 감상하게 하였다. 김인후와 정철의 시제詩題에 오를 정도로[54] 소쇄원의 가산은 아름다웠다. 가산이란 하늘이 내려준 자연이 부족하면, 인공의 산을 만들어 산속에 사는 듯한 느낌이 들도록 하기 위해 만든 것이다. 이러한 가산은 당시 별서에 흔히 있었던 것으로, 소쇄원 아래에 김성원金成遠(1525~1597)이 지은 서하당棲霞堂에도 있었다.[55]

■ ■ ■

52) 『소쇄원사실』 4, 제현영고, 「차운봉정양상사사건회시동유자」, p.119.
53) 『소쇄원사실』 7, 고암공, 제현증장, 「여중명제공환좌석상」, p.213.
54) 이종묵, 「집안으로 끌어들인 산수」, 『한국 한문학연구의 새 지평』, p.396.

김인후, 『소쇄원 48영』, 「투죽위교透竹危橋」

「투죽위교透竹危橋(대숲 사이로 위태로이 걸친 다리)」,
심우재 그림, 45×60cm, 수묵담채, 1999

    또한 개울가에는 철 따라 시샘하며 꽃피거나 색깔을 달리하였던 복숭
아, 백일홍, 단풍나무, 소나무, 오동나무, 은행나무, 대나무, 버드나무, 매
화, 파초, 국화, 창포, 치자 등의 각종 나무와 화초가 에워싸고 있었다.
「소쇄원도」와 『소쇄원48영』에 의하면, 조경식물이 나무 14종에 화초 15
종이나 되었다. 지금은 말라죽고 일부만 있어 아쉬울 따름이다. 이들 초

■ ■ ■

55) 석천 임억령이 지은 「서하당8영」에 서하당의 가산은 다음과 같이 표현되어 있다(『서하당유고』 상, 「서
하당팔영차하의선생운」, 『한국역대문집총서』 528, 경인문화사, p.11).

    섬돌 마주하여 조각 돌 쌓으니
    층계 꼭대기에 푸른 빛 몇 겹인가
    생각에 잠기다가 꿈 속의 학이 되니
    선계의 늙은이 날아가 찾는다네.

수草樹에는 새가 날아들고, 그들이 내는 바람소리와 새소리와 향기는 눈과 귀와 코를 즐겁게 한다.

이 가운데 대나무 사이로 부는 바람은 더 없이 시원하고, 대나무가 내는 바람소리는 찾는 이의 심금을 자극하여 시에 무수히 등장하였다. 소쇄원에는 왕대와 산죽이 있었는데, 산죽으로 지팡이를 만들어 선물로 증수되기도 하였다. 송강 정철이 우계 성혼成渾(1535~1598)에게 자죽장紫竹杖을 만들어 보냈는데, 자죽을 양원梁園에서 얻었다고 하였다.[56] 양원은 양산보의 소쇄원을 뜻한다. 또한 복숭아나무에 열린 복숭아는 술안주로도 종종 등장한다. 양천운은 할아버지 양산보와 하서 김인후가 오랜 만에 만나면 뜰에서 딴 복숭아를 안주삼아 쟁반에 놓인 술잔을 기울였다고 하였다.[57]

또한 소쇄원에는 왜철쭉도 있었던 것으로 보인다. 양산보가 일본 철쭉을 선물로 보내자, 김인후가 답례로 보낸 시에서 한가한 동산에서 몇 해나 가꿨느냐고 물으면서, 인재仁齋(강희안)라는 사람이 분배한 뒤로 퍼졌고 한강변의 침류당에서 본 적이 있다고 하였다.[58] 양산보가 소쇄원에서 기른 후 김인후에게 주었음을 알 수 있다. 당시 왜철쭉은 소쇄원 바로 아래에 있는 서하당에도 있었다. 고경명이 『유서석록』에서 무등산을 유람하며 들른 서하당의 모습을 서술하면서, 뒤뜰 돌담가에 모란·작약·해당화와 함께 왜철쭉이 빽빽이 심어져 있다 하였다. 하늘을 불타게 하는 왜철쭉을

■ ■ ■

56) 『송강집』 1, 5언절구, 「자죽장송우계」(『한국문집총간』 46, p.139).
57) 『소쇄원사실』 4, 술기, 「소쇄원계당중수상량문」, pp.123~126.
58) 『소쇄원사실』 4, 제현수증, 「차사양형언진송일본철축운」, p.94.
　　『하서전집』 6, 「차운사소쇄옹송일본철축」(『한국문집총간』 33, p.118).

「도오춘효桃塢春曉(복사꽃 언덕에 봄이 찾으니)」, 심우재 그림, 45×60cm, 수묵담채, 1999

김성원은 꽃 가운데 최고 귀한 것으로 평한 적이 있다.[59] 김인후가 지은 「평천장기」에 드러나 있듯이, 아름다운 것을 가꾼 사람이 있으면 거금을 들여서라도 그것을 입수했음을 확인할 수 있다.

계곡물이 흐르는 바위에서 계단을 따라 올라가면 맨 위에 제월당霽月堂이라는 건물이 우뚝 서 있다. 그 앞 화단은 파초와 함께 매화가 심어져 매대梅臺로 불리었으나, 지금은 측백나무와 산수유나무만이 서 있다. 파초 잎에 정철이 시를 지어 쓰기도 하였다. 매대 뒤쪽 담장에는 조선의 대학자 우암 송시열宋時烈(1607~1689)이 쓴 "소쇄처사양공지려瀟灑處士梁公之廬"라는 글이 새겨져 있다. 이 글씨는 양산보의 5대손 양택지梁擇之가 제월당·광풍각 글씨와 함께 받아온 것이라고 한다. 우암은 양산보의 행장行狀(사람이 죽은 뒤에 그 사람의 평생 행적을 적은 글)을 쓴 인물이기도 하다.

제월당은 주인이 거처하며 조용히 책을 읽는 안채 격으로 보여진다. 제월당 벽에는 자연을 노래한 도연명陶淵明의 시가 걸려 있었다 한다. 제월당과 광풍각은 중국 사람이 지은 시, "흉회쇄락 여광풍제월胸懷灑落 如光風霽月(가슴에 품은 뜻의 맑고 맑음이 마치 비 갠 뒤 해가 뜨며 부는 청량한 바람과 같고 비 개인 하늘의 상쾌한 달빛과도 같다)"에서 따온 이름이다. 이곳의 운치를 가히 짐작하고도 남겠다.

「소쇄원도」에 의하면, 원래 제월당 서쪽 옆에는 담장이 있었고, 담장 너머에 지금은 남아 있지 않은 고암정사鼓岩精舍와 부훤당負暄堂이 있었다. 고암정사와 부훤당은 양산보의 둘째 아들과 막내 아들인 고암 양자징과

■ ■ ■

59) 『서하당유고』 상, 「왜철쭉」(『한국역대문집총서』 528, 경인문화사, p.68).

지암 양자정이 각각 1570년 전후에 세운 서재다. 앞으로 고암정사와 부훤당을 복원할 계획이라고 한다.

제월당 밑에는 광풍각光風閣이라는 건물이 소쇄원 원림의 한복판에 있는데, 이를 고경명이 물 위에 뜬 배와 같다 하였다. 김인후가 지은 『소쇄원48영』에 '침계문방枕溪文房', 고경명이 지은 『유서석록』에 '소재小齋', 양천운이 지은 「소쇄원계당중수상량문」에 계당溪堂이라고 광풍각을 기록한 것으로 보아, 창건 초기에 특별한 건물명은 없었던 것으로 보이며, 글방이나 사랑방 용도로 이용되었던 것 같다. 조선의 선비들에게 '접빈객接賓客(손님을 공손히 접대하는 것)'은 '봉제사奉祭祀(조상에 대한 제사를 올리는 것)'와 함께 매우 중요한 일이었기에, 광풍각 같은 건물은 꼭 있어야 하였다. 현재는 사라졌지만, 광풍각 옆에는 손님을 맞고 보내는 버드나무가 있었다. 광풍각은 왜란 때인 1597년(선조 30)에 불타 없어졌다가, 1614년(광해군 6)에 양산보의 손자 양천운에 의해 중수되었다.

광풍각 아래 쪽 계곡으로는 대나무를 엮어 만든 죽교竹橋가 놓여 있다. 죽교를 건너려면 마음과 몸이 흔들림이 없어야 한다. 균형을 이루어야 한다는 것이다. 죽교를 통하여 계곡을 건너 올라가면 연못이 보인다.

계곡의 동쪽에는 상하로 두 개의 장방형 연못이 있다. 연못에 물고기를 기르고 연꽃을 심었을 것이다. 그리고 옛날에는 두 연못 사이에 물레방아가 있었다 한다. 계곡 물을 나무 홈대와 바위 홈으로 연결하여 연못의 물을 확보하였고, 그 호안護岸을 인공석을 쓰지 않고 천연석(막돌)을 사용하여 쌓았다. 자연의 순리를 그대로 이용하여 연못을 조성한 것이다. 연못을 마지막으로 '소쇄' 함을 간직한 채 대숲으로 발길을 옮겨 내려간다.

「복류전배伏流傳盃(돌며 흐르는 물길 따라 술잔을 돌리니)」, 심우재 그림, 45×60㎝, 수묵담채, 1999

소쇄원의 건물과 건물 사이는 계단으로 연결되어 있다. 계단을 오르내리면서 상념에 젖고 속세에서 벗어나도록 하기 위한 배려였다. 소쇄원은 우거진 산림으로 덮여 있어 혼탁한 세상과 나누어져 있다. 소쇄원 안의 맑은 물, 깨끗한 바람, 고요한 적막은 '소쇄(맑고 깨끗함)' 함을 더해 준다. 그 속에서 '소쇄원 사람들'은 계단을 천천히 거닐며, 또는 건물이나 바위에 고요히 앉아 성리학의 이상 세계를 설계했는가 보다.

이처럼 소쇄원은 인간을 위압하지 않고 자연의 섭리를 따랐다. 그러면서 '소쇄'한 인간을 위하여 자연을 자연 그대로 배열하였다. 인간과 자연의 조화를 추구한 것이다. 바로 그 속에서 현실과 속세를 떠나 은거하며 이상을 꿈꾸었다. 이를 두고 면앙정 송순이 다음과 같이 노래하였다.

신선이 사는 곳을 찾기 어렵다고 무엇이 아쉬우랴
참으로 좋은 경치 이곳이 분명하다.

돌 하나, 나무 한 그루에 '소쇄원 사람들'의 정성과 철학이 담겨 있지 않은 것이 없다. 그 넓고 높은 뜻은 바쁜 생활에 지친 오늘의 우리에게 참된 삶이 무엇인가를 가르쳐 주고 있다. 오늘날 우리는 인간의 본심을 너무 망각하여 참된 삶을 잃어가고 있다. 인간의 본심은 자연에서 나와 자연으로 돌아가는 것이다. 자연이 곧 본심인 셈인데 자연마저 망가져 가고 있다. '소쇄원'이 이 세상에 영원히 살아 있어 자연과 본심이 친화된 사회가 되도록 가슴속에 고이 간직하자. 또 찾아가고 싶은 '아름다운 소쇄원'이 되도록 지혜를 모으는 일도 필요하다.

제 2 장

제주 양씨의 가계와 창평 정착

1 제주 양씨의 기원과 분파

소쇄원瀟灑園은 현재 전라남도 담양군(건립 당시에는 창평현)에 있는 우리나라의 대표적인 별서 원림 중의 하나이다. 별서란 오늘날로 말하면 일종의 별장과 같은 것이다. 이러한 소쇄원을 지금으로부터 약 500년 전인 1520년대 중반에 양산보梁山甫(1503~1557)라는 선비가 지었고, 그 후손들이 지금까지 관리해 오고 있다. 그리고 인근 지역 엘리트들이 소쇄원을 출입하며 세상일을 논하고 시서를 교환하기도 하였다. 그러므로 소쇄원은 양산보 일족의 생활처이자, 이 지역 유명 인사들의 교유처이기도 한 곳이다.

그러면 양산보의 일가들이 언제부터 어떻게 이곳에서 살았으며, 그들의 문중 기반이 어느 정도였기에 이러한 원림을 운영하고 있었는가가 궁금하지 않을 수 없다. 이를 위해 우선, 양산보의 가계부터 알아볼 필요가 있다. 그리고 양산보의 선대들이 어디에서 어떻게 살았는가도 추적할 것인데, 특히 잠시 거주했던 광주光州 서쪽 지역의 유력 인사들과의 짧은 만남이 깊고도 긴 인연이 되었던 점도 아울러 살펴보겠다. 마지막으로 광주에서 창평昌平으로 이주하여 정착해 가는 과정도 알아볼 것이다.

이번 장에서는 양산보의 조상들이 어디에서, 어떻게 살았는가를 추적하고자 한다. 특히 광주 '양과동良苽洞' 사람들과의 잠깐 동안 접촉했던 인연이 '소쇄원가瀟灑園家'의 초기 활동에 큰 디딤돌이 되었던 점이 여기에서 드러날 것이다.

양산보의 본관은 제주濟州이다. 제주 양씨의 시조는 양을나良乙那이다. 양을나는 고을나高乙那, 부을나夫乙那와 함께 모흥혈에서 나와 제주를 개척한 3신이라고 한다. 제주를 본관으로 하는 대표적 성씨가 바로 이 양, 고, 부이다.

양을나의 후손 가운데 양순梁洵이 삼국 통일 이후인 682년(신문왕 2)에 제주에서 신라에 들어갔고, 그는 신라에 들어와 학교(국학)에 입학한 후 독서를 열심히 하여 뛰어난 문장 솜씨를 발휘했다. 그로 인하여 한림학사라는 관직에 임명되었고, 재주가 출중하고 명성이 높아 한라군에 봉해짐으로써, 그의 후손들이 제주를 본관으로 삼게 되었다.

이상의 양순에 관한 내용은 1755년(영조 31)에 간행된 『소쇄원사실瀟灑園事實』「세계世系」편에 수록된 것이지만, 삼국시대의 역사를 기록한 『삼국사기三國史記』에는 보이지 않는다. 족보나 문집에 들어 있는 내용이 역사기록에 나타나지 않거나 사실과 상이한 경우는 일반적으로 흔히 보이는 현상이다. 그러한 현상은 보통 족보나 문집의 내용이 역사를 기록할 때에 누락되어 나타나기도 하지만, 자기의 조상을 미화하거나 없는 조상을 일부러 만들어 넣어 발생하기도 한다. 양순 관련 내용이 어떤 경우에 속하는지는 현재 속단할 수 없다.

제주 삼성지

　특히 어느 씨족이나 가문을 막론하고 직계 조상이 여러 대에 걸쳐 고관 대작을 역임한 경우는 거의 없다. 그럼에도 불구하고 조선 중기 이후에 편찬된 족보 가운데 고관을 여러 대 세습한 양 조상 세계가 정리되어 있는 것이 대부분이다.[60] 이는 부계 중심의 가족 질서를 숭상한 결과 나타난 현상이다. 그렇다고 양산보의 선대 기록도 꼭 그렇다는 뜻은 아니다.

　하나의 동족은 점차 몇 개의 분파로 나누어진다. 제주 양씨는 크게 보숭, 유침, 중덕, 홍, 희를 조상으로 하여 유격장군파, 사직공파, 천호공파, 중랑장공파, 서두봉관파라는 다섯 파派를 각각 이루고 있다.

■ ■ ■

60) 이수건, 「조선전기 성관체계와 족보의 편찬체제」, 『수촌박영석교수화갑기념한국사학논총』 상, 1992, p.755.

〈표 1〉 제주 양씨의 계파

양을나 ┬── **유격장군파(보숭)**
├── 사직공파(유침)
├── 천호공파(중덕)
├── 중랑장공파(홍)
└── 서두봉관파(희)

이 다섯 계파 가운데 양산보의 가계는 보숭保崇을 시조로 하는 유격장군파遊擊將軍派에 속한다. 유격장군파는 한림공파翰林公派라고도 하는데, 양순이 신라 조정에 들어와 한림직에 진출하였기 때문에 그렇게 부르는 것이다. 보숭은 양산보의 11대조에 해당하는데, 고려 초에 제주에서 바다를 건너 조정에 들어와 성주星主의 호칭을 받았다. 성주란 신라~고려시대에 제주의 세력자에게 주었던 칭호이다.

2 족보와 가계 기록

가계의 내용을 가장 잘 알려 주는 것이 바로 족보族譜다. 족보는 그곳에 수록되는 친족의 범위에 따라 크게 대동보, 가승, 내외보, 8고조도, 16조도, 10세보 등으로 나누어진다. 이 가운데 대동보와 가승이 가장 널리 이용되는 것이다.

대동보大同譜(일명 합동가승보)란 한 동족 전체를 수록하는 것으로, 대체로 17세기 후반부터 일반화된다. 가승家乘이란 자기 부계의 직계 조상과 그 배우자, 그리고 그들에 대한 전기 사항만을 기록하는 것으로 가장 단순한 계보 기록이다.[61] 우리가 여기서 주로 인용하는 『소쇄원사실』의 「세계」는 일종의 가승에 해당한다고 볼 수 있다.

우리나라에서 족보는 일찍부터 등장하였으나, 그것들은 대부분 왕실의

■ ■ ■
61) 송준호, 「한국에 있어서의 가계기록의 역사와 그 해석」, 『조선사회사연구』, 일조각, 1987, p.19.

혈통을 정리하려는 까닭에서 출발하였다. 고려시대의 족보는 현재 전해
지는 것이 없지만, 거기에는 아들·친손 등 부계 친족원뿐만 아니라 딸(사
위)·외손 등 처가나 외가 구성원도 차별없이 기재되었을 것으로 추정하
고 있다.[62] 한 동족 또는 한 분파 전체를 포함하는 족보는 15세기에 이르
러서야 출현하게 된다.

현재까지 알려진 바에 의하면, 우리나라에서 최초로 발간된 족보는
1423년(세종 5)에 간행된 『문화 유씨 영락보』이며, 이 밖에 남양 홍씨(1454
년), 안동 권씨(1476년), 전의 이씨(1476년), 여흥 민씨(1478년), 창녕 성씨(1493
년) 등의 족보가 이 무렵에 작성된 것으로 알려지고 있다.[63]

조선의 양반들은 유교적 종법宗法 질서에 따라 조상을 숭배하고, 가계를

■ ■ ■

62) 김용선, 「고려시대의 가계기록과 '족보'」, 『이기백선생고희기념 한국사학론총』, 일조각, 1994.
63) 최재석, 「가족제도」, 『한국사』 25, 국사편찬위원회, 1994, p.282.

계승하고, 동족을 단합시키기 위해 족보를 만드는 데에 열중하였다. 그리하여 15~16세기 이후에 이르면 족보를 가진 명문거족들이 늘어나게 된다. 그런데 족보를 만들 때 시조로 삼는 이가 있는데, 그들은 모두 고관대작을 역임한 사람이다. 시조로 삼는 이의 선대가 있음에도 불구하고 다른 사람을 시조로 삼은 이유는 그가 두드러진 실적이 있는 현조顯祖이기 때문이다. 현조의 명망을 앞세워 동족 집단의 결속과 사회적 위세를 강조하기 위해서였다.

제주 양씨 문중도 이러한 범주에서 벗어날 수가 없었다. 학덕을 지니고 고위 관직을 역임한 양순을 기점으로 하여 제주라는 본관을 사용하였다. 또 파조(중시조)로 삼은 양보숭은 성주라고 칭할 만큼 상당한 세력을 지니고 있었다. 그러므로 제주 양씨의 경우에도 다른 가문들처럼 현조를 앞세워 본관을 삼고 시조로 받들었던 것이다.

조선시대에는 족보의 제작과 함께 보학譜學이 발달하게 된다. 사회생활에서 유교적 예절이 존중됨에 따라 보학이 예학禮學과 더불어 중요시되었기 때문이다. 보학은 가족과 친족의 혈통 관계를 다루는 학문이다. 족보를 암기하는 것은 양반들이 구비해야 할 필수적인 교양이었다. 따라서 양반들은 친족의 역사를 모르는 것을 큰 수치로 여겼다. 친족 관계를 잘 모르는 오늘날 사람들이 조선시대에 태어났다면 '왕따'를 당하기에 충분했을 것이다.

하지만 족보의 편찬도 시간이 지나면서 그 기재 방식과 내용이 변할 수밖에 없었다. 그리고 족보를 편찬하는 사람이 늘어나면서 그 폐단 또한 나타났다.

그와 관련하여 시조나 파조의 성향이 변한 점을 들 수 있다. 본래 조선의 양반은 문관과 무관을 역임하였거나 재임 중인 사람을 지칭하였다. 그러나 양반의 개념이 문무 관직에 진출할 수 있는 신분 계층으로 변하면서, 벼슬을 하지 않았어도 양반으로 행세할 수 있었다. 사림파들이 도학道學을 강조하고, 네 차례의 사화士禍와 연산군·광해군 대 두 번의 '난정亂政'을 겪고, 왜란과 호란을 겪으면서 학문·절의·충효는 양반의 덕목으로 크게 강조되었다. 그리하여 고위 관직자가 아니더라도 학자, 군자, 충신, 절의자들도 주요 인물로 받들어지기 시작하였다. 그리하여 그러한 인물들이 문중의 시조나 파조로 받들어지고, 서원에 배향되기도 하였다.

족보의 기재 양식도 변하게 된다. 족보에 인명을 기재할 때에 동족 간의 서열을 구분하기 위해 항렬行列을 쓰는데, 전기에는 4촌 정도까지 쓰다가 후기에는 10촌까지 쓰기도 하였다. 제사를 제주祭主의 4대조인 고조까지 지내기 때문에, 고조의 후손인 10촌까지 동일 항렬을 사용하였다. 그리고 전기에는 사위와 외손자녀까지 족보에 수록되는데, 후기에는 사위만 또는 사위와 외손자(외손녀 제외)만 기록되었다. 또한 전기에는 자녀를 출생순으로 기록하였는데, 후기에는 아들과 딸 순으로 기록하였다. 이러한 변화는 부계 중심과 동족의식이 강화된 결과였다.[64]

제주 양씨 족보가 언제 처음 발간되었는지에 대해서는 현재 확인할 길이 없다. 그런데 양산보의 고손자 양진태梁晉泰(1649~1714)가 족보(대동보)가 전하지 않는 것을 심히 애통히 여겨, 1686년(숙종 12)에 능주綾州의 여러 친

■ ■ ■

64) 족보에 관해 더 많은 것을 알고 싶으면 『한국사시민강좌』 24(일조각, 1999)를 보면 좋을 것이다.

족들과 함께 각 파보를 모아 족보를 편찬하여 간행했다. 『제주양씨족보』양진태 편에 수록된 이 기록으로 볼 때 각 파보는 오래 전부터 있어 왔지만, 대동보는 이때에 처음 편찬되었음을 추측할 수 있다. 이후 제주 양씨는 「대동보」와 「파보」를 현재까지 계속 발간해 오고 있다.

명문 양반들이 족보를 편찬하자 그 영향을 받아 새로이 족보를 간행하는 성씨들이 나오게 되었다. 그리하여 18~19세기가 되면 족보를 만드는 사업이 큰 유행으로 나타나게 된다. 현재 국립중앙도서관에는 300개 가까운 성씨의 족보가 있는데, 이 중 28%가 18세기에, 37%가 19세기에 각각 편찬되었다. 족보를 편찬하는 성씨가 늘어나는 것은 성姓을 새로이 사용하는 사람들이 늘어나는 것과 무관하지 않다. 성씨의 수가 15세기에 265성이었는데, 18~19세기에 455~486성으로 크게 증가하였다. 이렇게 성씨를 새로 사용하게 된 사람들이 양반들처럼 족보를 만들었기 때문에 족보의 간행이 늘어났던 것이다.

새로이 성을 사용하고, 그것을 합리화하기 위해 족보를 만들어 양반을 칭했던 행위는 사회적 위세를 세우기 위해서 필요했지만, 현실적인 이익을 위한 점도 있었다. 조선시대에 양반은 군역軍役에서 면제되고, 평민만이 군역을 부담하였다. 직접 복무하던 군역은 군포軍布라 하여 면포를 대납하는 체제로 바뀌었는데, 2~3인 또는 3~4인의 일가족이 부담해야 하는 몫은 자못 무거운 것이었다. 그래서 평민들은 군포를 모면하기 위해 갖은 방법을 쓰면서, '환부역조換父易祖'라 하여 '조상을 바꾸는' 일도 서슴지 않았다. 바로 이러한 사정에서 벼슬을 돈으로 산다든지, 족보를 위조하는 행위가 군역 면제의 대표적인 방법으로 이용되었다.

이 가운데 없는 족보를 새로 만들어 양반 대열에 들어서거나, 아니면 명문가의 족보가 편찬될 때에 거기에 슬쩍 들어가는 것이 가장 손쉽고 일반적인 일이었다. 여기에서 "양반을 팔아 먹는다"든가, "족보를 팔아 먹는다"는 말이 나오게 되었다.[65] 족보가 유행하고 너도나도 양반이라면서 군포를 내지 않으니, 국가 재정 확보를 위해 양반 상놈 가릴 것 없이 군포를 내도록 하는 동포洞布 또는 호포戶布 제도가 등장할 수밖에 없었다.

우리는 앞에서 제주 양씨의 가계 내력, 그리고 먼 시조에 해당되는 양순과 유격장군파 파조인 양보숭에 대해서 살펴보았다. 그 결과 양산보의 문중이 뿌리가 깊고 근원이 먼 혈통을 타고났을 뿐만 아니라, 그의 먼 시조와 중시조인 양순과 양보숭의 세력 기반이 신라~고려시대에 상당하였음을 알게 되었다. 그러면 이어서 양보숭의 후손들은 어디에서 어떻게 살았는가를 알아보도록 하겠다.

■ ■ ■

65) 윤학준, 『나의 양반문화 탐방기』 1, 길안사, 1994, p.96.

3 나주에서 광주로 이주

하나의 동족이 비대해지면, 여러 분파로 갈라지며 각 분파마다 또 다른 여러 분파로 세분화되는 것은 일반적 현상이다. 대성大姓의 경우 아주 복잡할 정도로 분파 현상이 나타난다. 그리하여 전체 동족별로 문중 활동이 전개되기도 하지만, 분파별로 별도의 문중 활동이 이루어지기도 한다. 전자를 대문중, 후자를 소문중이라고 보통 말한다. 제주 양씨도 마찬가지여서, 제주 양씨 본체에서 유격장군파가 떨어져 나갔다. 따라서 소쇄원을 건립하고 운영한 주체는 양산보의 직계 후손들이지만, 유격장군파 전체 구성원들의 영향력도 무시할 수 없을 것 같아 함께 살펴보고자 한다.

양산보 일족의 활동상을 보여 주는 자료로는 『소쇄원사실』(1755년)에 수록된 「세계」 편이 있다. 그리고 『제주양씨족보』와 양씨가의 『문집』 등이 있다. 이들 자료에 의해 유격장군파의 가계도家系圖를 작성해 보면 다음과 같다.

양산보의 10대조는 고려 초에 검교 예빈경을 역임한 양준梁峻으로, 아버지의 성주星主 호칭을 이어받았다. 아버지가 성주이면 그 아들도 칭호를 받아 성주를 세습하는 것이 당시의 일반적인 일이었다. 그런 연유로 양준도 성주를 역임하였던 것이다.

9대조는 찬성사를 역임한 양순梁淳으로, 원종 대에 과거에 장원 급제하여 고위 요직을 거친 바가 있다.

8대조 양준梁遵은 문과 출신으로 요직인 직문한서라는 직책을 역임하였다.

7대조는 전직사서를 역임한 양봉梁鳳으로 문과에 급제하여 역시 문한의 직책을 거쳤는데, 나중에 이름을 석재碩材로

<표 2> 제주 양씨 유격장군파의 계보

保崇(11대조)
|
峻(10대조)
|
淳(9대조)
|
遵(8대조)
|
鳳(7대조)
|
漢賢(6대조)
|
悌(5대조)
|
思渭(고조)
|
潑(증조)
|
允信(조)
|
泗源(부)
|
山甫

바꾸었다.[66] 그의 동생 동재棟材도 문과에 급제하여 개성 유수를 역임하였고, 금성군錦城君에 봉해졌다. 그가 금성군에 봉해졌다는 사실로 보아, 이들이 당시 나주 일원에 거주하였음을 알 수 있다. 금성은 나주의 별칭 가운데 하나이다.

6대조 양한현梁漢賢은 성균관 생원으로 관직에 천거되었으나 나아가지

■ ■ ■

66) 『학포선생문집』 3, 부록, 세계원류(『한국문집총간』 21, p.175).

않았다. 성균관은 고려 후기에 처음 등장한 교육기관이다. 그의 형 양한충梁漢忠은 고려시대에 과거에 합격하여 조선 왕조에서 종부시정이란 관직에 이르렀는데, 이 사실은 『광주읍지』 인물조에도 수록되어 있다.

5대조는 판서와 서운관사를 역임한 양제梁悌이다. 이상은 고려시대에 활동한 인물이다.

그 다음은 양산보의 고조 때부터 조선시대에 활동한 인물들이다. 고조는 유학교도를 역임한 양사위梁思渭로, 덕행이 있고 문장이 뛰어나 세상 사람들로부터 칭송받았다. 그의 부인은 탐진 최씨로 별장을 역임한 최인해崔仁海의 딸이다. 당시 탐진 최씨는 나주와 광주 일원에 거주하고 있었기 때문에, 양사위 또한 이 지역에 거주하였을 것으로 짐작된다.

증조 양발梁潑은 관직에 추천되었으나 조상에 대한 제사를 받들기 위해 나아가지 않고 동생에게 추천장을 양보하고, 나주 읍치 북쪽 복룡동伏龍洞에서 처가살이를 하였다. 제사를 받들기 위해 관직에 나아가지 않았다는 기록을 통하여, 그가 유학을 상당히 깊이 이해하고 있었던 것으로 보인다. 나주 북쪽에 복룡산伏龍山이 있는데, 19세기에 제작된 『대동여지도』에 따르면 복룡동은 복룡산 바로 아래에 있다. 18세기의 호구 조사서인 『호구총수』와 19세기의 지리지인 『나주읍지』를 보면, 당시 복룡동은 나주 북쪽 25리 관질동면(혹은 관동면) 소속이었다. 이곳은 광주와 접경한 황룡강 서쪽 지역으로, 현재는 일제강점기 편입 이후 광주광역시 소속이다.[67]

■ ■ ■

67) 복룡동은 백제 때에 복룡현, 고려 때에 평구부곡이 있었던 곳이다(김경수, 『광주 땅 이야기』, 향지사, 2006, p.232).

그의 부인은 광산 김씨로 병사兵使를 지낸 수연의 딸이자 예조 판서를 지낸 탁의 손녀이다. 김수연金壽延은 1434년(세종 16)에 무과에 합격하여[68] 함경도의 경흥 부사와 평안도의 영변 부사, 그리고 동지중추원사를 역임한 후[69] 1455년(세조 1)에 사망한 것으로 『조선왕조실록』에는 기록되어 있다.[70] 이런 정도의 고위직을 역임했으면, 『나주읍지』나 『광주읍지』에 그 이름이 있을 법도 한데, 전혀 발견되지 않는다.

양발의 동생으로 양담梁湛이 있다. 그의 묘가 당시 능주(인조 대에 능성에서 능주로 개칭) 춘부면 지동에 있다고 한 것으로 보아, 양담은 나주에서 능주로 이주한 것으로 보인다. 그의 손자가 문과에 급제하고 홍문관 교리를 지낸 학포 양팽손梁彭孫(1488~1545)이다. 그는 정암 조광조와 함께 수학하고 문장이 뛰어났고, 능주로 유배온 정암의 시신을 거둔 인연으로 능주 소재 죽수서원에 배향되었다. 그의 후손은 능주에 세거하며 유력 가문으로 부상하였다. 양산보의 고손자 양진태가 전하지 않은 족보를 함께 발간한 친족이 바로 이 능주 양팽손 후손일 것이다. 그런데 『학포선생문집』에 수록된 양팽손의 연보에 따르면, 그가 능주 쌍봉리 혹은 광주 이장에서 출생했다고 한다. 광주 유곡면柳谷面(혹은 유등곡면) 이장동泥場洞은 황룡강을 사이에 두고 나주 복룡동과 가까운 거리에 있다. 이렇게 볼 때에 이들 양씨가는 광주와 나주 접경 지역에 연고가 있었음을 쉽게 짐작할 수 있다.

■ ■ ■

68) 『세종실록』 63, 세종 16년 3월 9일(병술), 3-548.
69) 『세종실록』 80, 세종 20년 3월 18일(임인), 4-136.
　　『문종실록』 2, 문종 즉위년 7월 16일(무오), 6-257.
　　『문종실록』 10, 문종 1년 10월 6일(신미), 6-444.
70) 『세조실록』 2, 세조 1년 8월 19일(임술), 7-81.

〈표 3〉 양윤신의 가계

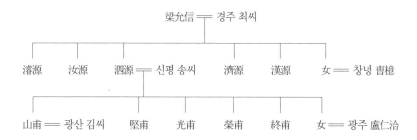

양팽손의 아들로는 양응태梁應台(문과 급제·참의 역임)와 양응정梁應井(문과 급제·대사성 역임, 호 송천)이 있다. 이 가운데 송천 양응정은 능주에서 다시 나주 박산朴山(현재 광주광역시 소속)으로 이주하였다. 나주 북쪽 오산면에 소 재한 박산은 양발이 거주한 복룡동보다 약간 위에 있지만 역시 광주와 인 접한 지역이다. 양응정은 송강 정철의 스승으로도 유명하다.

양산보의 조부는 양윤신梁允信으로 부인 최씨와의 사이에서 5남 1녀를 낳았다. 『소쇄원사실』 「세계」 편에는 그녀의 본관을 알 수 없다고 기록되 어 있지만, 후대의 『족보』에는 경주라고 기록되어 있다. 여러 정황으로 보 아, 양윤신의 부인 최씨의 본은 경주로 여겨진다.

5남 1녀 가운데 장자는 준원濬源으로 후사가 없었고, 차자는 여원汝源이 고, 3자는 사원泗源이고, 4자는 제원濟源이고, 말자는 한원漢源인데 후사가 없었다. 후사가 없었다는 기록으로 보아 첫째와 다섯째는 일찍 죽은 것 같다. 나머지 아들 가운데 둘째와 넷째는 아버지와 함께 평안도로 이주하 여 생을 마쳤다. 그렇다면 고향에 남은 사람은 최씨 부인과 양사원, 그리 고 딸(사위 조억) 등 세 사람뿐인 셈이다.

양씨가가 한때 살았던 나주
복룡동(『대동여지도』 부분)

　　양윤신은 부사직(종 5품)이라는 관직을 받았는데, 이는 1502년(연산군 8)에
북쪽 변방에 변고가 있자 평안도 영변寧邊으로 두 아들(여원과 제원)과 함께
종군한 공로로 얻은 것이다. 최씨의 묘가 광주 서쪽 50리 동각면東角面 창
교촌滄橋村에 있다고 한 것으로 보아,[71) 3부자만 영변으로 이주하였음이
분명해 보인다. 최씨 부인이 나머지 자녀들을 거느리고 나주 복룡동에서
광주 창교촌으로 거처를 옮겼다는 사실도 짐작할 수 있을 것 같다. 창교
촌은 위치상 복룡동 바로 아래에 있고, 최씨 부인의 친정으로 짐작된다.
복룡동과 창교촌은 각각 나주와 광주 소속이지만, 모두 황룡강 서쪽 유역
에 위치할뿐더러 일제강점기 행정구역 개편 때에 함께 광주 동곡면東谷面
으로 편제되었던 것으로 보아, 당시에도 하나의 생활권이었던 것 같다.

■ ■ ■

71) 『소쇄원사실』 1, 처사공, 세계, p.27.

그렇다 하더라도 행정 구역상 양씨가는 이제 나주 사람에서 광주 사람이 된 것이다.

세종 대의 4군 6진 개척으로 잠잠하던 여진족女眞族이 15세기 후반 무렵 함경도와 평안도 변경을 자주 침략하였다. 이에 조정에서는 여진족 토벌의 계책을 세우면서 남쪽의 주민을 북쪽으로 옮기는 사민정책徙民政策을 병행하여 추진하였다. 그에 따라 1499년에 남쪽 충청 · 전라 · 경상 3도의 부유한 백성들을 인구가 희박한 북쪽으로 이주시키는 방침을 세웠고,[72] 마침내 1502년 5월 13일에

> 전라도에서 입거시키기로 초정한 호수가 평안도에 450호, 황해도에 40호, 함경도에 150호이고, 경상도에서 입거시키기로 초정한 호수가 평안도에 400호, 황해도에 40호, 함경도 200호이고, 충청도에서 입거시키기로 초정한 호수가 평안도에 250호, 황해도에 20호, 함경도에 50호로 합계 1,600호인데, 장정 · 노인 · 어린이 · 남녀를 합하면 2만 1,061명이었다.[73]

고 하여, 평안 · 황해 · 함경 3도로 이주하는 남쪽 주민들의 수가 발표되었다. 따라서 양윤신은 족보의 기록처럼 바로 이때에 영변으로 이주하였고, 그의 가족은 전라도에서 평안도로 이주하는 450호에 포함되었던 것 같다.

양윤신이 어떤 이유로 정부의 사민정책에 따랐는지는 정확히 알 수 없

■ ■ ■

72) 『연산군일기』 35, 연산군 5년 9월 19일(병자), 13-378.
73) 『연산군일기』 44, 연산군 8년 5월 13일(갑신), 13-491.

다. 당시 사민은 본인이 자원하는 경우보다는 정부에서 당사자의 약점을 잡고 강제로 결정하는 경우가 더 많았다.[74] 그런가 하면 영변은 그의 외조부 김수연이 수령을 역임한 곳이기 때문에, 그의 외조부의 행적과도 연관이 있을 것 같다. 또한 『소쇄원사실』에는 양반과 상민을 불문하고 아들이 다섯인 자는 모두 종군하라고 하여, 양사원이 벗어나지 못했다고 기록되어 있다.[75]

어떤 사연이었던 간에 양윤신은 함께 간 두 아들에게 선조의 행적과 고향을 잊지 말고 먼 객지에서 형제간에 우애를 지키라는 글을 남긴 후, 영변으로 이주한 지 9년 만인 1511년(중종 6)에 그곳에서 세상을 뜨고 말았다. 그의 묘는 영변에 있는데, 객지에서 갑자기 상을 당하여 관棺(시체를 담는 궤)은 있으나 곽槨(관을 담는 궤)을 준비하지 못한 채 장례를 치렀던 것 같다. 그의 아들 양사원이 이를 비통하게 여겨 자신의 묘에도 곽을 쓰지 말라고 유언을 남기니, 양사원의 아들 양산보도 자손들에게 곽을 사용하지 말도록 당부하였다 한다.

나중에 창평으로 거주지를 옮긴 양윤신의 후손들은 오랑캐 땅과 인접하여 사람 살기가 어려운 영변으로 간 선대들에 대해 애석함을 잊지 못하였다.[76] 그리고 양윤신의 5대손 제신濟臣(양윤신→양사원→양산보→양자홍→양천

■ ■ ■

74) 당시 사민 관련 법은 다음과 같다. "이번 사죄死罪를 범하고 사형에서 감면된 사람과 유형流刑의 조를 범한 사람을 모두 평안·황해도에 온 집안이 들어가 살게 하고, 원악향리元惡鄕吏로 도형 유배의 죄를 범한 자는 영구히 두 도 역리驛吏에 속하게 하고, 공사천인으로서 전가입거全家入居의 죄를 범한 자는 속 바치는 것을 제하여 온 집안이 들어가서 산다."
75) 『소쇄원사실』 1, 「동성삼촌숙승사랑전훈도양제원서」, p.30.
76) 『소쇄원사실』 1, 「유서」, p.29.

심一양제신)이 평안도 정주定州로 유배를 갔다가, 1674년(현종 15)에 영변에 들러 성묘를 하고 표석과 신도비를 세웠다. 이때 양여원·제원의 후손들이 수백 명으로 번창하여 그들과 함께 묘지 정비를 했다. 의관醫官으로 출세한 양제신은 국왕의 총애를 받아 내외직을 두루 역임하다, 1672년(현종 13)에 연행사에 끼여 중국 청나라 수도 북경에 가려다 물의를 일으켜 평안도 정주에 유배를 간 것이다.[77]

양윤신의 두 아들(여원과 제원)도 그곳에서 결혼하여 자녀를 두고 일생을 보낸 것으로 보인다. 『영변읍지』를 보면 양제세, 양성시, 양성익, 양재창, 양재태, 양견룡 등이 과거에 합격하거나 유명한 인물로 기록되어 있다. 구체적인 확인 작업은 행하지 않았지만, 이들 가운데 양여원·제원의 후손이 존재할 가능성이 많다.

이처럼 양산보의 직계 조상인 유격장군파는 고려 초기부터 고위 관직을 역임하여 상당한 세력을 형성하고 있었던 것으로 보인다. 뿐만 아니라 조선시대에 들어와서도 상당한 세력을 형성한 명문 가문이었다는 것도 문족門族들의 경력을 살펴서 역시 알아보았다. 그리고 그들은 대체로 나주 동북쪽 복룡동에서 거주하였던 것 같다. 그런데 양산보의 조부 때에 3부자가 16세기에 들어서자마자 평안도 영변으로 이주한 후 돌아오지 않아, 가문이 위기를 맞았다. 이 위기를 타개하기 위해 최씨 부인은 남은 자녀들을 거느리고 복룡동에서 가까우며 친정으로 추정되는 광주 창교촌으

■ ■ ■

77) 『현종실록』 20, 현종 13년 10월 26일(정묘), 37-27.
　　『현종실록』 20, 현종 13년 11월 18일(기축), 37-28.

로 이주한 것으로 보인다. 이로 인하여 양산보 가계의 광주 생활이 시작된다. 양씨가들이 살아온 나주 복룡동이나 새로 이주한 광주 창교촌은 상호 인접한 영산강의 지류 황룡강 서쪽 유역이고, 나중에 모두 광주로 편입될 정도로 하나의 생활권이었다.

4 짧은 만남, 긴 인연

양산보 가계가 광주에서 생활했던 기간은 짧았지만, 그곳에서 만난 사람들과 맺은 인연은 깊고도 길어 문중의 활동에 큰 바탕이 되었다. 제주 양씨 가운데 양팽손이 태어났다고 하는 광주의 이장泥場 마을은 일찍부터 유력자들이 자리를 잡아 동약洞約을 실시했던 '양과동良苽洞' 일원이고, 양산보의 할머니가 거주한 창교 마을은 황룡강을 사이에 두고 그 건너편이다. 따라서 '양과동'은 양산보 집안의 성장에 매우 중요한 곳이었다고 볼 수 있다.

'양과동'은 옛날 양과부곡良苽部曲이 있었던 곳이다. 『동국여지승람』에 따르면, 양과부곡 부근에는 경지부곡慶旨部曲과 벽진부곡碧津部曲도 있었다. 조선 초기에 향·소·부곡을 정리하면서 부곡은 현으로 승격되거나 다른 곳에 합쳐졌고, 아니면 혁파되어 독립 마을로 되기도 하였다.[78] 이 중에서 양과부곡은 직촌화直村化되어 '양과동'으로 바뀌었다. 따라서 '양과동'은 단일 자연촌이 아니라 여러 자연촌을 거느린 지역촌인 것이다.

부곡의 소멸은 이제까지 이곳을 지배했던 토착세력을 도태시키고 그들의 향촌 지배 기반을 박탈하는 계기가 되었다. 양과 · 경지 · 벽진 부곡의 토성土姓으로 토착세력이었던 김씨[79]가 이후 종적을 감춘 것은 이와 연관이 있을 것이다. 그리고 부곡 지역은 본래 관권과 세력가의 손길이 미치지 않아 주민이 희소하고 농지 개발이 더디어 영세한 곳이었다. 바로 이러한 곳에 새로 성장한 재지사족과 기성 관인들이 이주 · 정착하면서 개발이 진척되기 시작하였다.[80] 특히 '양과동' 일원은 영산강의 양대 지류인 황룡강과 지석강의 사이에 있어 저습지가 많기 때문에, 농토로 개간할 땅이 풍부한 곳이다. 15세기까지 전국 3위 정도의 농지를 보유하고 있던 전라도가 16세기부터 부동의 1위를 차지하였던 것은 이러한 개간의 결과였을 것이다.[81]

'양과동' 일원에 어떤 사람들이 살아왔는지에 대해서는 자세히 알 수 없다. 다만 15~16세기에 '양과동'에서 살았던 사람들로는 함양 박씨, 음성 박씨, 경주 최씨, 서산 유씨, 광산 이씨, 장택 고씨, 김씨, 조씨 등이 보이고 있다. 이는 1716년(숙종 42)에 작성된 260여 년 동안의 계원 명단(「동계좌목」)의 초기 부분을 통해서 확인한 것이다. 이들이 당시 거주했던 자연마을에 대해서는 자료가 남아 있지 않아 알 수 없지만, 후대의 기록을 토대로 추적해 보면, 양과촌 · 압보촌 · 이장촌 · 지산촌 · 순생촌 · 수하촌 · 응남촌 · 입암촌 · 칠석촌 등이 '양과동' 일원이었던 것으로 보인다.[82] 여기

■■■

78) 이수건, 「조선초기 군현제정비와 지방통치체제」, 『한국중세사회사연구』, 일조각, 1984, p.394.
79) 『세종실록지리지』, 전라도, 무진군.
80) 이수건, 「여말선초 재지사족의 성장과 향촌개발」, 『영남학파의 형성과 전개』, 일조각, 1995, p.71.
81) 김덕진, 「조선의 곡창」, 『광주 · 전남의 역사』(무등역사연구회), 태학사, 2001, p.163.
82) 『광주양과동향약』, 광주민속박물관, 1996.

에는 보이지 않지만, 이선제를 포함한 광주 이씨가 살았다는 만산촌도
'양과동' 일원이었을 것이다.

'양과동'에 터전을 잡았던 사람들은 15세기 후반에 신진사류로 활동하
면서, 홍치 연간(1488~1505)에 양과동약良苽洞約을 실시하여 향촌 지배권을
강화하였다. 이때에 등장한 양과동약은 다른 지역보다 상당히 이른 시기
에 조직된 것으로 보인다. 이 사실은 전라도 지방에서 빨리 등장한 것으
로 알려진 태인의 고현향약이 1475년(성종 6)에,[83] 영암의 구림대동계가
1565년(명종 20)에[84] 각각 실시된 것으로 보아 알 수 있다. 이러한 동약의
조직은 '양과동' 사람들의 사회 진출을 활발하게 하여 과거 급제자와 관
직 진출자를 연이어 배출하는 발판이 되었다.

이 무렵 광주에는 다른 지역보다는 빨리 향약鄕約이 조직되고 향안鄕案
이 작성되어 있어 양과동약 또한 그러한 영향 속에서 등장하였을 것이다.
향약이나 동약은 유교적 규범을 토대로 한 자치 조직이라는 점에서 공통
점이 있지만, 그 대상이 향약은 고을 전체이나 동약은 거주 동리라는 점
에서 차이점이 있다. 반면에 향안은 고을의 양반 명부에 해당하는 것으
로, 향안에 이름을 올려야 자타가 공인한 양반 행세를 할 수 있다.

광주향약은 세종 연간에 김문발金文發이 실시했고, 광주향안은 1451년
(문종 1)에 이선제李先齊(1399~1484)와 수령 안철석이 조목을 제정하고 인원
(30명)을 선정하여 조직했다.[85] 향안의 서문은 1516년(중종 11)에 박상朴祥

---

83) 이강오, 「태인 고현향약에 대한 소고」, 『향토사연구』 4, 한국향토사연구전국협의회, 1992.
84) 이해준, 「조선후기 영암지방 동계의 성립배경과 성격」, 『전남사학』 2, 전남사학회, 1988.

(1478~1530)이 지었고,[86] 좌목(명부)은 1560년에 박순·기대승·유경심(목사)이 30명을 정원으로 작성하였으나 정유재란 때에 불타버리고 그것을 고용후高用厚가 1619년(광해군 11)에 복구하였다.[87]

이처럼 '양과동' 사람들은 미간지에 정착하여 개간 사업을 펼쳐 경제 기반을 다진 후 동약을 조직하여 향촌 지배를 굳게 다졌고, 그러한 역량을 발판으로 과거에 급제하고 관직에 진출하여 광주의 명문가로 부상하였다. 그러한 가문 가운데 서산 유씨, 경주 최씨, 장택 고씨, 함양 박씨, 광산 이씨 등이 소쇄원 사람들과 교유하였다. 하나씩 살펴보자.

사림파의 일원으로 문과에 급제한 후 내외 관직을 역임하였으며, 양산보의 만장挽章(죽은 이를 애도하여 지은 글)을 쓴 유사柳泗(1503~1571)가 태어난 곳이 유곡리柳谷里다.[88] 유곡리는 유곡면의 중심지이자 '양과동' 의 중심지이기도 하다. 그런데 그의 손자 유평柳玶(1577~1645, 여섯째 아들 景進의 넷째 아들)의 행장에 의하면, 그는 유곡리의 서쪽에 있는 황룡강 건너편 창교리 滄橋里에서 태어났다.[89] 황룡강 바로 서편에 유사가 1548년(명종 3)에 호가 정浩歌亭을 지은 것은 이와 관련되어 있을 것이다. 따라서 서산 유씨 사람들이 황룡강 동쪽 유곡면 유곡이나 서쪽 동각면 창교 부근에서 살았다고 볼 수 있다.[90]

▦ ■ ▦

85) 박익환, 「15세기 광주향약의 향규약적 성격」, 『김창수교수화갑기념사학론총』, 1991.
　　박순, 「조선전기 광주지방의 향약과 동계」, 『동서사학』 5, 한국동서사학회, 1999.
86) 『눌재집』 속4, 「광주향안서」(『한국문집총간』 19, p.66).
87) 『광주향교지』 건, 「향안좌목서」, 광주향교, 2003, p.613.
　　『광주읍지』, 고적, 향강.
88) 『설강유고』, 가장.
89) 『송암유고』, 행장.

〈표 4〉 서산 유씨 유희송의 가계

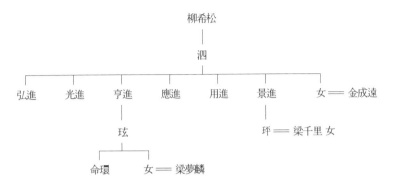

그런데 양산보의 아버지 양사원은 비록 짧은 기간이나마 창교에서 살다 창평으로 이주하였다. 양사원의 6촌 양팽손은 유곡면 이장리와 연관이있다. 이로 보아 양씨가와 유씨가는 지역적 연고가 있었음을 알 수 있다. 이런 인연 때문에 유사는 양산보와 교유하였으며, 그가 죽자 만장을 짓기도 하였던 것이다.[91] 그리고 유평의 계배繼配가 양산보의 증손녀(양산보→양자홍→양천리→여)였고, 뒤에서 자세히 나오겠지만 양산보의 증손자 양몽린梁夢麟이 정유재란 때에 일본군에 납치되어 일본에 끌려갔다가 20년 만에 유사의 증손자 유명환柳命環과 함께 돌아온 후 그의 누이와 혼인하였던 것도 유씨가와 양씨가의 오랜 인연에서 유래한다. 광주 석저촌 출신의 서하당 김성원이 유사의 사위가 되었던 것도 유씨가와 양씨가가 맺은 인연과

■ ■ ■

90) 창교는 동곡면 관내에서 가장 오래된 마을로, 마을 앞에 '창다리'란 다리가 있어 붙여진 이름이라고 한다. 최근 조사에 의하면, 총 27호 가운데 서산 유씨가 9호나 된다. 그리고 그 옆의 분토라는 마을을 유사의 후손들이 열었는데, 총 80호 가운데 서산 유씨가 70호로 집성촌을 이루고 있다(김정호 편저, 『광주동연혁지』, 한국향토문화진흥원, 1991, p.309).

91) 『소쇄원사실』 3, 처사공, 만장, p.88.
『설강유고』, 칠언율시.

무관하지 않을 것이다.

이어 소쇄원 양씨가와 경주 최씨의 혼맥을 살펴보자.

『제주양씨족보』에 따르면, 양산보의 장자는 자홍子洪(1521~?)으로 현령을 역임한 최대윤崔大潤(본관 경주)의 딸과 결혼하였다. 그런데 『광주읍지』에 따르면, 최대윤崔大胤(본관 경주)은 무과 출신으로 현령을 역임하였고, 부사직을 역임한 종직宗直의 아버지다. 한편, 1716년에 작성된 양과동약의 『동계좌목』이라는 명부에는 남해 현령을 역임한 최대윤崔大潤과 부사직을 역임한 최종직崔宗直이 수록되어 있다. 이렇게 볼 때 『족보』, 『읍지』, 『좌목』의 최대윤은 '윤' 자의 한자漢字만 다를 뿐 동일인으로 보이고, 양산보의 장자 양자홍은 광주 서쪽 '양과동' 출신 최대윤의 딸과 혼인하였음을 알 수 있다. 이 경주 최씨가 바로 양윤신의 처가 사람으로 추정된다.

또 지역촌 '양과동' 가운데 자연촌 압보촌이 있다. 뒤에서 상세히 언급되겠지만, 그곳 출신인 고경명高敬命(1533~1592)은 소쇄원을 출입하며 양산보의 제문과 만장을 지었을 뿐만 아니라, 양산보의 2·3남 자징·자정과 깊이 교유하였다. 그리고 양자홍(양산보의 장자)의 장자 천리는 고경명의 숙부(고계명) 딸을 후배後配로 맞이하였으며, 차남 천심은 고경명의 문하생이기도 하였다. 또한 양자징의 장남 천경은 고경명에게서 공부하였으며, 사위 안영安瑛은 임진왜란 때에 고경명과 함께 의병을 일으켜 금산 전투에서 순절하기도 하였다. 이러한 교유와 혼인을 통하여 양산보가와 장택고씨가의 인연이 깊었음을 알 수 있는데, 그것은 기본적으로 '양과동'에서의 짧은 만남에서 유래하였던 것으로 보인다.

'양과동' 출신의 함양 박씨도 소쇄원가와 혼인 관계를 맺었다. 양산보

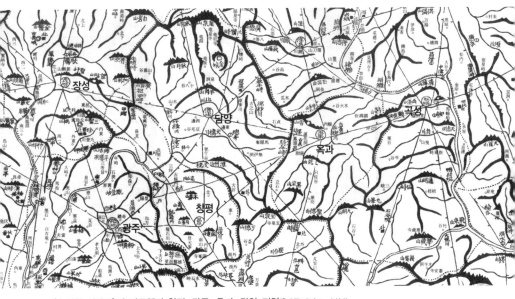

'소쇄원 사람들'이 거주했던 창평, 광주, 옥과, 담양 지역(「대동여지도」 부분)

의 손자 양천리의 전배前配가 박인朴訒(본관 함양)의 딸인데, 박인 또한 양과
동약의 『좌목』에 수록된 '양과동' 출신이다. 박인은 향교 교수를 역임한
박후생의 아들로 훈도를 역임했다 한다. 이외에 '양과동' 출신으로 15세
기 전국적인 명문가였던 광산 이씨와 소쇄원가의 혼인도 있었는데, 자세
한 내용은 다음 장에서 서술하겠다.

　이처럼, 소쇄원 사람들은 본래 나주에서 살다 바로 인근의 광주 '양과
동' 일원으로 이주하였다가 다시 창평으로 옮겼다. 그리고 '양과동'에는
서산 유씨, 경주 최씨, 장택 고씨, 함양 박씨, 광산 이씨 등 신진사류들이
터를 잡고 있었다. 이러한 인연으로 인해 소쇄원 사람들과 '양과동' 사람
들은 긴밀히 교유하거나 중첩된 혼인 관계를 맺었던 것이다.

5 창평 정착

광주 창교에서 새로운 생활을 시작한 양씨가는 오래 머물지 않고 창평으로 다시 이주하였다. 창평으로 이주를 단행한 사람은 양산보의 부친 양사원梁泗源이다.

『소쇄원사실』에 수록된 기록을 보면, 그는 광주 창교에서 창평 지석동支石洞으로 이주했다. 그리고 혹자는 "그가 나주 복룡에서 창평 지석으로 이거했다고 말한다"는 기록도 함께 수록되어 있다. 이러한 두 기록을 통하여 양사원이 나주 복룡에서 출생한 후 광주 창교에서 성장하다, 창평 지석으로 이주했음을 짐작할 수 있다. 따라서 그가 복룡에서 이주해 왔든, 창교에서 이주해 왔든, 모두 그릇된 사실은 아니라고 볼 수 있다.

한편, 문중의 일부 『족보』에는 양사원이 광주 서창西倉에서 살았다고 기록되어 있다. 『광주읍지』에 따르면, 서창은 읍치 서쪽 30리 극락강변 방하동면方下洞面에 있으며 황룡강을 사이에 두고 창교와 마주보고 있다. 어떤 기록이 사실인지 정확하게 분별하기는 어렵지만, 그가 최소한 나주와 광주의 접경 지역이자 황룡강의 좌우 지역에서 살다 창평으로 이주했다고 정리할 수 있다. 여러 정황을 토대로 보다 사실에 가까운 기록을 굳이 들자면, 광주 창교에 거주했다는 것이 아닌가 한다.

양사원은 자가 희성希聖이고 호가 창암蒼巖이고, 중종 초기에 6행(孝·友·睦·姻·任·恤)으로 여러 번 천거되어 관직이 종부시宗簿寺 주부主簿(1원)에 이르렀다. 종부시는 이조의 속사로 선원록을 편찬하고 종실을 규찰하는 일을 관장하는 곳으로, 주부는 그곳의 종6품 관직이다(『경국대전』). 양사원의 저술이 꽤 있었던 것 같은데, 1597년 정유재란 때에 소실되고 시 1수만이 가문에 전하여 『소쇄원사실』에 수록되어 있다.

양사원이 광주 창교에서 창평 지석으로 이사해옴에 따라, 그 후손들도 그곳에서 계속 거주하게 되었다. 18세기에 간행된 『소쇄원사실』의 「소쇄원사실서」에 따르면, 그의 아들 양산보의 후손들은 소쇄원 근처에서 흩어져 살고 있었다. 지석동을 줄여서 석촌石村이나 석동石洞, 또는 그의 호를 따서 창암동蒼巖洞이라고도 하는데, 「소쇄원도」에는 소쇄원 바로 밑에 창암촌이라는 지명이 표기되어 있다. 그런데 창암촌은 양사원이 개척한 '자연마을'을 말하고, 지석동이라면 창암촌과 창암촌의 인접 남쪽 마을(경주정씨 세거)과 북쪽 마을(창녕 조씨 세거, 현재 소멸)을 포함하는 '행정마을'을 지칭한 것으로 보인다. 이러한 연유에서 양씨 일가가 살았던 마을을 지석동 혹은 창암촌이라 하는 것이다.

양사원의 부인은 소쇄원과 가까운 거리에 있는 담양 출신의 신평 송씨로 증 병조참의 복천福川의 딸이며, 헌납 벼슬을 한 노송당 희경希璟의 증

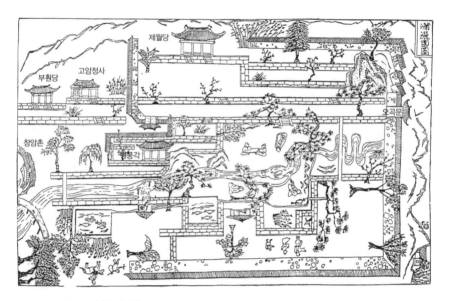

양사원이 개척한 창암촌(「소쇄원도」)

손녀이다. 신평 송씨는 본래 충청도에서 세거世居(한 고장에 대대로 삶)하다 송
희경宋希璟(1376~1446)이 동생과 함께 담양으로 내려오면서 호남인이 되었
다.[92] 양사원은 신평 송씨와의 사이에서 5남 1녀를 낳았는데, 장자가 바로
소쇄원을 건립한 양산보다. 송복천의 손자가 바로 면앙정 송순宋純(1493~
1582)이다. 그러므로 양산보는 중앙 고위직을 역임한 바 있는 송순의 10살
아래 외종 동생인 셈이다. 송순의 고조 송희경은 1420년(세종 2)에 회례사
라는 외교 사절로 일본에 다녀온 후의 견문을 시로 읊은 『일본행록日本行
錄』이라는 기록을 남긴 인물로 유명하다.[93] 송희경 사후 사라진 『일본행

■ ■ ■

92) 김성기, 「송순의 생애와 사상」, 『면앙송순시문학연구』, 국학자료원, 1998, p.12.

〈표 5〉 신평 송씨 송희경의 가계

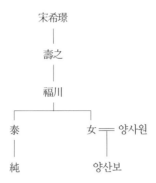

록」을 남원 사람으로부터 찾아서 송순에게 준 사람이 바로 양사원이다.

그러면 양사원이 언제, 왜, 어떤 경유로 인하여 광주에서 창평으로 이사해 왔을까? 이 점에 대해서는 자세히 알 길이 없다. 양사원의 행적에 대한 기록이 매우 일천하기 때문이다.

다만 『소쇄원사실』에 수록된 양산보 관련 「실기」에 의하면, 창암공 양사원이 "종기자부從其姉夫"라 하여 그의 자부姉夫인 조억曺億을 따라 이곳에 거주하면서 창암 마을이 형성되었다. 당시 조억은 창암촌 바로 옆 북쪽 발산鉢山(바리뫼) 마을에 살고 있었는데, 현재 그 마을은 사라지고 없다. 어떠하든 「실기」 기록을 통해 적어도 창암촌은 양사원이 이주해 와서 새로 개척한 마을로 파악할 수 있다. 이 사실은 『소쇄원사실』을 발간할 당시 가까스로 입수하여 양산보의 「행장」에는 들어가지 않았다.[94]

■ ■ ■

93) 송희경의 『일본행록』에 대한 기초적인 연구는 강주진, 「일본행록 해제」, 『국역 해행총재』 Ⅷ, 민족문화
추진회, 1977. 최근 연구로는 정영문, 「송희경의 『일본행록』 연구」, 『온지론총』 14, 온지학회, 2006.
94) 『소쇄원사실』 2, 처사공, 실기, p.61.

그러면 양사원이 언제 창평으로 들어왔을까? 이 점과 관련하여 양윤신이 1502년 5월에 평안도로 떠났고, 그의 아들 양사원은 1503년에 아들 양산보를 낳았다는 사실이 주목된다. 이 사실은 양사원이 아버지와 함께 복룡동에서 거주하며 신평 송씨와 결혼까지 하였음을 알려 준다. 그렇다면 양사원은 아버지가 떠난 후 어머니 경주 최씨와 함께 외가 창교로 가서 아들을 낳고, 그로부터 오래지 않은 16세기 초에 처자를 거느리고 처가와 가까운 창평으로 왔다고 볼 수 있다. 광주에서 창평으로의 이거는 양씨가에 또 다시 희망이 되어 새로운 인맥과 재력 창출의 원동력이 되었다.

　어떠하든 양씨가는 15~16세기에 나주에서 광주로, 다시 창평으로 이주를 거듭하였다. 이러한 잦은 이주는 당시 조선 엘리트들의 일반적인 현상이었고, 호남의 다른 엘리트들도 역시 그랬다.

　가령 기진奇進이라는 사람이 서울 청파동에서 기묘사화를 피해 광주로 내려와 지금까지 세거하고 있다. 그의 조카인 고봉 기대승奇大升은 성리학의 대가로 호남 출신의 대표적 인물 가운데 한 사람으로 기억되고 있다. 또 하서 김인후金麟厚의 선대는 서울 근처에서 살았으나, 그의 고조가 외가인 장성으로 이주함에 따라 장성에서 자리잡고 살면서 명문가로 성장하였다. 석천 임억령林億齡은 그의 6대조가 태조 대에 개성에서 영암으로 낙향함으로써 비로소 호남에서 거주하게 되었는데, 석천의 부친이 해남으로 다시 이주함으로써 그의 후손들은 해남에 정착했다. 송강 정철 가문도 역시 남도로 낙향한 집안이다.

　그런가 하면, 양산보의 가계처럼 전라도 내에서 거주지를 옮긴 사례도 있다. 송천 양응정梁應鼎이 능주 쌍봉에서 나주 박산으로 옮겨, 그 후손들이 그곳에서 대대로 살았다. 또 해남 출신으로 과거에 급제한 미암 유희 춘柳希春은 양재역 벽서사건으로 19년 동안 유배생활을 한 후, 담양으로 들어왔다.

그러나 16세기 이후 들어서면서 조선의 엘리트들은 대부분 더 이상 이 거를 하지 않고 한곳에서 살게 된다. 그리하여 세거지世居地는 당시 양반들에게 매우 중요한 세력 기반이 되었다. 양반 가문의 세거지는 그들의 세력 근거지가 되었고, 세거지가 있어야 양반으로 취급받을 수 있었다. 따라서 재지 양반층의 형성 과정은 동시에 동족마을의 형성 과정이기도 하였던 것이다.[95]

한곳에서 부계父系의 장자를 중심으로 오래 살다 보니, 한 성씨가 대부분을 이루는 동족마을이 등장하게 되었다. 동족마을은 보통 15세기를 기점으로 하여 7~8대를 지나 17세기에는 사회적인 현상이 되고, 18세기가 되면 양반촌의 전형으로 나타났다. 여기에 소쇄공의 후손들도 예외가 아니어, 그들은 창암촌과 그 주변에서 모여 대대로 살게 되었던 것이다.

일본인 젠쇼 에이스케善生永助가 일제강점기인 1930년에 조사한 바에 따르면, 당시에 15,000여 개의 동족마을이 있었는데, 이는 전체 자연마을의 1/5 정도로 추산되었다. 그리고 담양에는 68개의 동족마을이 있었다. 물론 동족마을은 대부분 풍수설에 의한 배산임수 지형에 자리잡고 있었다. 젠쇼는 15,000여 개의 동족마을 가운데 저명한 동족마을로 1,700여 개를 들었다.[96]

■ ■ ■

95) 미야지마 히로시, 노영구 옮김, 『양반』, 강, 1996, p.193.

이상에서 살펴보았듯이, 양산보의 가계는 여말선초에 나주·광주·능주 등지의 유력 가문으로서, 그곳의 엘리트들과 깊은 관계를 맺고 있었다. 그를 토대로 16세기 벽두에 창평으로 옮겨와 새로 마을을 개척하여 그 후손들이 동족마을을 이루고 대대로 살면서 돈독한 족적 기반을 구축하였던 것이다.

■ ■ ■

96) 善生永助, 『朝鮮の聚落』, 朝鮮總督府, 1933.

제 3 장

양산보의 기묘사화 체험과 소쇄원 건립

1 양산보의 출생과 혼인

양산보梁山甫(1503~1557)는 조광조의 제자로, 기묘사화 때 역사 현장에 있었지만, 당시 17세에 불과했으며 『조선왕조실록』에 관련 기록이 전혀 수록된 적이 없을뿐더러, 관직에 진출한 적도 없는 인물이다. 그리고 여러 서적에 소개된 기묘사림 명단(100~200명)에 양산보는 양팽손梁彭孫(1488~1545)의 『학포집學圃集』과 강효석의 『전고대방典故大方』에만 이름이 수록되어 있다. 따라서 전국적인 관점에서 볼 때에, 양산보는 재야의 무명 인사 정도로 보여진다.

그러나 그는 젊은 나이에 소쇄원瀟灑園을 건립하고 당시의 지역 명사들과 교유하여 호남에서는 '남방인사南方人士'라고 불릴 정도로 꽤 알려진 인물이다. 또한 그는 성리학에도 조예가 깊었을 뿐만 아니라, 당대의 시대적 요구인 도학정치道學政治의 실현에 일생을 걸기도 하였다. 그러므로 그는 비록 재야의 무명 인사급 선비였지만, 그가 품은 이상理想은 조선 사회가 안고 있는 문제와 나아갈 방향을 함께 담고 있는 것이었다.

조선의 사대부들은 혼탁한 정국과 정치적 박해를 피해, 또는 풍치 좋은 곳을 선택하여 스스로 본가로 낙향하거나 아니면 처가나 외가로 이주하여 은거하기도 하였다. 그들은 그곳에 별서別墅를 지어 학문을 연구하거나 후진을 양성하고, 글을 지으면서 동료들과 교유하였다. 그리하여 16세기에는 사림士林으로 불리는 사대부들의 사회적 위상이 높아가고 성리학의 학문적 연구가 본격화되어 이른바 '조선적 질서'가 구축되고 있었다. 따라서 16세기의 사림 문화는 흔히 정자亭子로 표현되는 별서가 꽃피운 것이라고 보아도 무리는 아니다. 별서 가운데 특별히 뛰어난 것이라 할 수 있는 소쇄원도 설립자 양산보의 시대적 고민과 미래에 대한 이상을 담고 있는 곳일 뿐만 아니라, 지역 엘리트들의 소통의 공간이었다.

그런데 양산보에 대해서는 소쇄원의 조경이나 건축, 그리고 누정문학을 검토하는 과정에서 기본적인 점이 드러났고, 최근에는 그의 사상을 다룬 연구도 나왔다.[97] 그렇지만 아직 밝혀지지 않은 것이 많고 잘못 이해된 것도 적지 않아, 이주 1세대 만에 지역 명문가로 성장한 원동력이 체계적으로 정리될 수 없었다. 이러한 것들을 이번 장에서 하나씩 밝혀 볼 것이며, 이와 관련하여 그의 친족 구조나 교우 관계, 그리고 사상 체계도 폭넓게 살펴볼 것이다.

이러한 검토는 그동안 은둔 지사로 알려진 양산보나 문학 공간으로 알

■■■

97) 오종일, 「소쇄원 양산보의 의리사상」, 소쇄처사 탄신 500주년 기념 학술대회, 전남대학교, 2003.
　　이향준, 「양산보의 소쇄기상론」, 『호남문화연구』 32 · 33, 전남대 호남문화연구소, 2003.

려진 소쇄원에 대한 새로운 시각을 제공하는 계기가 될 것이다. 그리고 양산보 사후 한때 가문이 위기에 빠져 소쇄원도 사라질 뻔했으나, 극복하고 지금까지 유지해 올 수 있었던 원동력도 함께 드러나게 될 것이다.

양산보는 아버지 양사원梁泗源과 어머니 신평 송씨 사이에서 5남 가운데 장남으로 1503년(연산군 9)에 태어났다. 그가 태어나기 1년 전에 할아버지 양윤신梁允信이 평안도 영변으로 떠나는 바람에, 아버지가 나주 복룡동에서 외가로 추정되는 광주 동각면 창교촌으로 이사를 가 그를 낳은 것으로 보인다. 시기는 알 수 없지만, 아버지가 다시 처가와 가까운 창평 내남면 창암촌으로 옮겨 오는 바람에 그는 드디어 창평 사람이 되었다. 그 후 양산보는 창평 창암촌에서 살며 소쇄원을 짓고 1557년(명종 12)에 55세를 일기로 세상을 떠났다.[98]

그는 자가 언진彦鎭이고, 소쇄정을 짓고 스스로 호를 소쇄라고 했기 때문에 사람들은 그를 소쇄공瀟灑公이나 소쇄옹瀟灑翁이라고 했을 뿐만 아니라, 관직에 나아가지 않고 평생을 초야에 묻혀 지냈다 하여 소쇄처사瀟灑處士 또는 처사공處士公이라고도 하였다. 깨끗하다는 소쇄와 관직에 나가지 않았다는 처사가 그의 뒤를 수식어처럼 따라다녔음을 알 수 있다.

양산보는 김후金珝의 장녀인 광산 김씨(?~1527)와 결혼하였다. 소쇄원 바로 아래 광주 석저촌石底村 출신인 김후는 김문손金文孫의 아들로 진사시에 합격하여 호조좌랑·현감을 역임하였고, 11남매나 되는 많은 자녀를

■ ■ ■

98) 『소쇄원사실』, 3, 처사공, 「묘갈명」(박세채, 1682).
『소쇄원사실』, 3, 처사공, 「소쇄원양공행장」(이민서, 1678).
『소쇄원사실』, 3, 처사공, 「(소쇄원양공)우행장」(송시열, 1684).

두었다. 11남매 가운데 둘째 아들인 김윤제金允悌(1501~1572)는 문과 급제 후 나주 목사를 지냈으며 소쇄원 맞은편에 있는 환벽당環碧堂의 주인인데, 나이가 비슷한 양산보와 김윤제는 각별한 관계의 처남매부 사이였다. 김후의 셋째 아들인 김윤충金允忠은 양산보의 서자인 양자호梁子湖를 사위로 두었다. 따라서 '소쇄원가'와 석저촌의 광산 김씨는 중첩된 혼인 관계를 맺었음을 알 수 있다.

그런데 김문손은 본래 현재의 광주광역시 서구 금호동에서 살다가, 1470년(성종 1) 무렵에 광주 노씨 처가 마을인 석저촌으로 옮겨 왔다.[99] 김문손의 석저촌으로의 이거는 이 지역에 큰 변화의 바람을 가져왔다. 광산 김씨가 들어오기 이전에 석저촌 출신으로 두각을 낸 사람이 보이지 않기 때문이다. 석저촌은 성안城內 마을로도 불린 것으로 보아 매우 오래 전에

양산보의 처가 마을 충효동

■ ■ ■

99) 김영헌, 『김덕령 평전』, 향지사, 2006, p.54.

형성된 것 같지만, 기록에 남은 인물을 배출하지는 못했다.

석저촌은 무등산에서 나와 북쪽으로 흐르는 증암천(지금의 광주댐 계곡) 서쪽 유역에 위치한다. 양산보가 사는 창암촌은 그 반대편에 있다. 증암천 유역은 경치가 아름다울 뿐만 아니라, 계곡물을 이용한 논 개간이나 무등산 저지대 산록의 밭 개간이 용이한 곳이다. 이러한 지리적 조건 때문에 이곳에는 일찍이 통일신라 때에 석보평石保坪이라는 들녘이 있어 개선사開仙寺의 토지로 매입된 적이 있다.[100] 그리고 김윤제는 증암천에 강남보(혹은 금다리보)라는 보洑를 쌓아 농민들이 가뭄을 걱정하지 않고 농사를 지을 수 있게 하였다.[101] 당시 하천을 막아 하천수를 직접 관개수로 활용하는 수리방식인 천방川防, 즉 보의 축조는 사림세력의 주요한 경제 기반이었다.[102] 이러한 토지 외에 무등산록이 지닌 경제 기반으로는 도자기, 종이, 약재, 죽세공을 들 수 있다. 15~16세기에 분청사기와 백자를 생산했던 금곡동 도요지는 그러한 사례 가운데 하나이다.[103]

석저촌에 들어온 김씨들은 이러한 경제력을 바탕으로 번창하여 과거에 합격하거나 관직에 진출한 인물들을 다수 배출하였을뿐더러 김덕령(김후의 증손)이라는 의병장을 배출하기도 하였다. 왕성한 대외 활동을 토대로 김씨들은 석저촌을 확장시켜 면리제 시행시 석저면石底面 또는 석보면石保面의 중심지로 키웠다. 석저촌을 석보리라고도 하였기 때문에, 석저면과

■ ■ ■

100) 이태진, 「휴전고」, 『한국사회사연구』, 지식산업사, 1986, p.62.
101) 고산연구회, 『광주의 전설』, 광주시, 1990, p.119.
102) 이태진, 「16세기 천방(보) 관개의 발달」, 『한국사회사연구』, 지식산업사, 1986.
103) 국립광주박물관, 『무등산 충효동 가마터』, 1991.

석보면이 혼용된 것 같다. 석저촌은 충신과 효자를 배출했다 하여 정조
대에 왕명에 의해 충효리忠孝里로 개칭되었다.

또한 석저촌 사람들과 연결된 유명 인사들이 이곳에 모여들고 누정(별
서)을 지어 광주와 창평 지역의 엘리트로 성장하였고, 지금까지 그 명맥을
유지해 오고 있다. 이러한 인물들을 좀더 살펴보자.

김문손은 후珝와 감瑊 두 아들을 두었다. 김후의 자녀 가운데, 장녀는 양
산보에게 출가하였는데, 양산보는 광산 김씨와의 혼인을 토대로 이주 1세
대 만에 가문을 명문가로 키웠을 뿐만 아니라 소쇄원을 건립하여 명사들을
불러모았다. 또 차남 김윤제는 환벽당을 건립하여 명사들의 터전으로 키웠
고, 그의 딸을 정철鄭澈의 장인인 유강항柳强項(창평 출신 석현 柳沃의 아들)에게
출가시켜 정철이 이곳에서 활약하게 된 결정적인 계기를 제공하였다.

문과 급제자인 김감金瑊(1476~?)은 2남 2녀를 두었다. 장남의 손자 김성
원金成遠은 서하당棲霞堂과 식영정息影亭을 건립하여 지역 엘리트들의 활동

〈표 6〉 광산 김씨 김문손의 가계

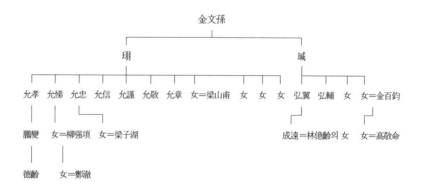

제3장 양산보의 기묘사화 체험과 소쇄원 건립

김성원이 건립한 서하당과 식영정

장소로 제공하였고, 석천 임억령林億齡의 딸을 두 번째 부인으로 맞이한 후 장인이 된 임억령에게 식영정을 제공하여 그를 그곳에 머무르게 한 계기를 만들기도 하였다. 그리고 차녀는 고경명高敬命의 장인인 김백균金百鈞에게 출가하였는데, 이러한 혼인 관계는 고경명이 한때 관직에서 물러난 후 낙향하여 고향 광주 압보촌에 머물지 않고 반대편의 소쇄원과 서하당을 10여 년 이상 드나드는 계기가 되었다.

광산 김씨 이야기는 이쯤에서 멈추고, 이제 소쇄원의 주인공 양산보에 대해 알아보자. 양산보의 처 광산 김씨는 3남 1녀를 낳고 소쇄공의 나이 25세에 세상을 떠나고 말았다. 일가 친척들이 양산보에게 재취하기를 간청하였으나, 그는 듣지 않고 혼자 여생을 마쳤다. 그러나 유柳씨를 측실로 받아들여 1남 1녀를 두었다.[104] 그의 4남 2녀를 살펴보면 다음과 같은데, 차남 양자징과 셋째 양자정은 따로 알아볼 것이기 때문에, 여기서는 간단히 언급하겠다.

첫째 아들 양자홍梁子洪(1521~?)은 무과에 급제하여 현령을 역임한 최대윤崔大潤(본관 경주)의 딸과 결혼하였으며, 문학적 소양이 있었으나 2남을 두고 일찍 죽었다. 최대윤이 양산보의 아버지 양사원이 살았던 창교촌과 마주보고 있는 '양과동' 출신이라는 것은 이미 앞에서 이야기한 바 있다.

양자홍의 두 아들 가운데 장자 천리千里(1544~?)는 아버지처럼 '양과동' 출신인 박인·고계영의 딸과 결혼하였다. 둘째인 천심千尋(1548~1623)은 고경명의 제자로 활동하였고, 그의 아들 제신濟臣이 의관으로 현달하여 고위직에 올랐다. 2녀 가운데 차녀 역시 '양과동' 출신인 유평에게 출가했다. 이렇게 볼 때, 양산보의 장자 양자홍은, 본인은 물론이고 자녀들의 혼처를 그의 선대의 옛 삶터였던 '양과동' 쪽에 두었음을 알 수 있다.

둘째 아들 양자징梁子澂(1523~1594)은 천거로 현감을 역임했으며, 장성

〈표 7〉 양산보의 가계

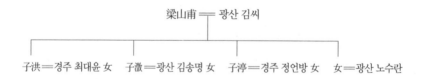

■ ■ ■

104) 이 유씨가 누구인지 쉽게 추적되지 않지만, 광주 서쪽 '양과동' 일원의 유곡리나 창교리에 거주하는 서산 유씨, 혹은 창평 유곡維谷(월구실)에 살고 있는 문화 유씨로 추정된다.

출신 하서 김인후金麟厚의 딸과 결혼하였으나 후사 없이 그녀가 일찍 죽자, 광주 출신 김송명金松命의 딸(1532~1596)과 재혼하여 3남 3녀를 두었다. 그는 정쟁과 전란으로 다섯 자녀를 비명에 보내는 비운을 맞았지만, 셋째 아들 천운千運(1568~1637)이 활발한 사회 활동을 펴 '소쇄원가'를 재건하는 데에 힘을 쏟기도 하였다.

셋째 아들 양자정梁子淳(1527~1597?)은 하서와 석천으로부터 문장이 뛰어나다는 평가를 받았고, 제봉 고경명이나 송강 정철과 도의로 사귀었다고 전한다. 이런 점으로 보아, 그는 뛰어난 학식을 지녔을뿐더러 폭넓은 사회 활동을 편 것 같다. 모두 창평 출신인 정언방鄭彦邦(본관 경주)의 딸, 그리고 현응수玄應壽의 딸과 혼인하여 2남 3녀를 두었다. 창암촌 옆 마을 출신인 정언방은 사위의 형인 양자징과 함께 김송명의 사위가 되었고, 또한 함께 하서 김인후 문하에서 수학하였다. 그리고 그의 아들 정명호는 매부(양자정)의 형(양자징)에게서 수학하였다. 따라서 이웃으로 산 양씨가와 정씨가의 혼맥이나 학맥 관계는 매우 돈독하였다.

딸은 노수란盧秀蘭(본관 광산)에게 출가했다. 노수란은 창평 출신의 선조 대 인물로 추정되는데, 일찍이 『소학』과 『근사록』을 학문에 나아가는 근본으로 삼아 몸과 마음을 닦았고, 자취를 감추고 자연에 묻혀 처남인 양자징과 날마다 서로 도의로 사귀었다.[105] 노씨가와 양씨가도 단순한 혼맥을 넘어 넓은 교유를 가졌음을 알 수 있다.

서자 자호子湖(1547~1622)는 공부를 잘하고 행실이 밝아 천거로 참봉에

■ ■ ■

105) 『호남창평지』, 인물, 학행.

이르렀다. 그는 앞서 설명한 바 있는 김윤충의 딸과 결혼하여 2남 1녀를 두었다. 김윤충은 『광주읍지』에 김후의 아들로 생원이라고 적혀 있고, 『동복읍지』에도 생원시 합격자로 수록되어 있다. 아마 소쇄원 아래 석저촌 출신이지만, 뒤에 동복으로 주거지를 옮긴 것 같다.

서녀는 우후를 역임한 정붕丁鵬에게 출가했다. 정붕은 인근 동복 출신으로 무과에 급제한 인물이다.[106] 여기서 1남 1녀를 두었는데, 장녀가 동인의 대표적 인물로 기축옥사 때에 희생된 광주 이씨 이발李潑의 첩이 되었다.

여섯 자녀를 둔 양산보는 만년에 소쇄원에서 10여 년간 병으로 누워 있었던 것으로 보인다. 이 사실은 고경명이 「만장」에서 밝힌 것이다.[107] 그러다가 1557년(명종 12) 봄에 갑자기 그의 병이 악화되어 주위를 안타깝게 하였다. 김인후가 그 소식을 듣고 급히 쾌유를 비는 시를 보냈으나,[108] 다한 운명을 더 이상 붙잡을 수는 없었다. 『제주양씨족보』에 따르면, 양산보는 마침내 3월 20일에 세상을 뜨고 말았다. 그가 죽자 고경명이 제문을 짓고, 김인후·송순·임억령·유사·양응정·기대승·고경명 등 명사들이 만장을 지어 그의 가는 길을 애도하였다.

그가 죽은 후 120여 년이 지난 뒤에야, 1682년(숙종 8)에 박세채朴世采가 묘갈명을, 1678년(숙종 4)과 1684년(숙종 10)에는 이민서李敏敍와 송시열宋時烈이 각각 행장을 지었다. 두 번째로 지은 행장은 4대손 양진태가 당대의

■ ■ ■

106) 『동복읍지』, 과환, 무과(『읍지』 4, p.94).
107) 十年淹臥病 悠然一夕去(『소쇄원사실』 3, 처사공, 만장, p.90).
108) 『소쇄원사실』 4, 제현수증, 「문양형언진리질기정」, p.97.
　　　『하서전집』 5, 「문언진리질기정」(『한국문집총간』 33, p.100).

대가 송시열에게 특별히 부탁한 것이라고 한다.

양산보가 죽은 지 300여 년 만에 그를 배향配享(문묘나 사원에 학덕이 있는 사람의 신주를 모심)하는 사우祠宇(따로 세운 사당 집)인 도장사道藏祠가 1825년(순조 25)에 창평 사람들에 의해 소쇄원 아래 명옥헌鳴玉軒이라는 원림 뒤에 건립되었다. 이곳에는 양산보 외에 이 지역 출신인 오희도·고부천·정한·오이규·고두강·오이정·오대경 등이 배향되었지만, 1868년(고종 5) 서원훼철령 때에 사라졌다.[109] 그 후 재건되지 않고 유허비만 명옥헌 뒤에 서 있다.

이처럼 양산보는 광주에서 창평 지석동(창암촌)으로 이주한 1세대로, 당대에 소쇄원을 건립하고 명사들과 교유하여 양씨가를 호남의 신흥 명문가로 끌어올리는 놀랄 만한 일을 이루었다. 여기에는 그의 처가(광산 김씨)와 외가(신평 송씨)의 후원과 영향이 컸던 것으로 보이는데, 특히 광산 김씨는 탄탄한 경제·사회적인 기반을 토대로 여러 신흥 명문가와 연결되어 있었다. 양산보는 모두 4남 2녀를 두어 광주·장성·창평·동복 일원의 엘리트들과 연결시켰고, 관직에도 내보냈다.

양산보를 배향했던 도장사의 유허비

■ ■ ■

109) 『담양군 문화유적 학술조사』, 전남대박물관·전라남도·담양군, 1995, pp.214~215.

2 사화로 날아간 꿈

(1) 조광조 문하 입문

양산보가 살았던 시기는 사림士林의 시대라고 할 수 있다. 새로운 사회를 건설하고자 하는 사림 세력의 등장은 훈구 세력의 반발을 가져와 선비들이 대거 화를 당하는 사화士禍를 불러일으켰다. 사화가 일어난 후에는 새로운 사회를 가로막는 척신 세력들이 사림을 제거하고 권력을 잡았다. 그러면 사림들은 또 다시 척신戚臣을 물리치고 개혁을 실현하기 위해 정치에 복귀하였다. 사림과 훈척勳戚 간의 권력 주고받기가 계속되면서 사화는 그칠 줄 모르고 크게 네 차례나 일어났다. 따라서 양산보는 사화가 꼬리에 꼬리를 무는 '격정기'에 일생을 산 것이다.

양산보가 어려서부터 글공부에 힘쓰자, 그것을 본 아버지 양사원은 크게 기뻐했다. 양사원은 1517년(중종 12)에 15살 되는 큰 아들 양산보를 정암 조광조趙光祖(1482~1519) 선생에게 데리고 가 그의 문하에서 글공부를 할 수 있도록 부탁했다. 그때 나중에 저명한 사림파가 된 성수침·수종 형제도 같이 들어와 함께 공부하며 우의를 다졌다. 이 외에 기준(기대승의 숙부), 박소(박세채의 고조), 정황·한 형제, 이충건·문건 형제 등 모두 29명이 조광조의 제자였다.[110] 이들은 동문수학한 인연으로 '소쇄원가'와 깊은 관계를 맺었다.

조광조는 김굉필 문하에서 수학한 후 성리학 연구에 힘을 써 왕도정치 王道政治를 회복해야 한다는 생각을 가지고 개혁정치를 주도하다 실패한 인물이지만, 그의 정치사상은 16세기 도학사상가들에 의해 계승·발전되어 나갔다.[111] 그는 1510년(중종 5) 사마시司馬試에 장원으로 합격한 후 성균관에 들어가 공부하다, 성균관의 추천으로 1515년에 종이를 만드는 조지서造紙署라는 기관의 사지司紙에 임명되어 관직에 처음 진출하였다. 그해 가을에 알성문과에 급제하여 전적·감찰·예조 좌랑을 역임하게 되었고, 이때 그는 국왕(중종)의 신임을 받으며 왕도정치 구현을 주창하였다.

또 그는 '신비愼妃 복위 상소' 사건 때에는 상소를 올린 박상·김정 등을 처벌하려는 이행을 공격하여 사직케 하였다. 1517년(중종 12)에는 언관직에 있으며 향촌의 상부상조를 위해 향약을 전국에 실시토록 하였다. 바로 이때에 양산보가 조광조 문하에 들어간 것이다.

그러면 서울을 가본 적이 없는 것으로 여겨지는 양사원이 어떤 인연으

■ ■ ■

110) 『정암집』 속집 부록5, 문생록(『한국문집총간』 22, pp.179~180).
111) 김광철, 「정암 조광조의 정치사상」, 『부산사학』 7, 부산사학회, 1983.

로 정국을 주도하고 있는 조광조에게 아들의 장래를 부탁했을까? 이와 관련하여 능주 출신으로 양사원의 6촌인 양팽손梁彭孫(1488~1545)이 주목된다.[112] 양팽손은 1510년에 조광조와 함께 사마시에 합격하여 그와 도의로 사귀고 있던 인물이다. 아마 양사원은 양팽손을 통해 아들 양산보를 조광조에게 보냈을 것으로 추측된다.

양사원의 부탁을 받은 조광조는 흔쾌히 승낙하고 양산보에게 『소학小學』을 주면서 그것부터 공부하도록 하였다. 『소학』은 중국 송나라의 주자가 어린이들을 교화시킬 목적으로 저술한 책으로, 가족 관계나 행동 규범의 실천적인 면을 강조하는 것이 특징이다. 성리학과 함께 14세기 고려말에 전래된 『소학』은 15세기 후반 사림파의 중앙 정계 진출과 함께 그 중요성이 더해졌다. 특히 조광조를 포함한 16세기 기묘사림들이 적극적으로 보급하면서 『소학』은 성리학적 이념을 확산하고 사풍을 변화시키는데에 중요한 서적으로 인식되었다.[113] 따라서 조광조는 이러한 생각을 갖고 양산보에게 『소학』 공부에 힘쓰도록 당부하였을 것이다.

양산보는 스승의 분부대로 『소학』 공부에 힘썼고, 그것을 보고 조광조는 기뻐하였다. 양산보의 「행장」에 소개된 이 내용은 조광조의 문집인 『정암집靜庵集』에도 수록되어 있다.[114] 조광조는 양산보를 성균관에 입학

■ ■ ■

112) 양사연 ┬→ 발 ──→ 윤신 ──→ 사원 ──→ 산보
　　　　　└→ 담 ──→ 이하 ──→ 팽손
113) 윤병희, 「조선 중종조 사풍과 소학 – 신진사류들의 도덕정치 구현과 관련하여」, 『역사학보』 103, 역사학회, 1984.
　　이병휴, 「도학정치의 추구」, 『한국사』 28, 국사편찬위원회, 1996.
114) 『정암집』 부록1, 사실(『한국문집총간』 22, p.62).

할 수 있도록 주선하기도 하였다. 성균관 입학 여부는 확인할 수 없지만, 그것을 동료 선비들이 부러워한 것으로 보인다.

그가 17세였던 1519년(중종 14, 기묘년)은 그에게 희망과 좌절이 겹쳤던 한 해였다. 그의 「행장」에는 다음과 같이 기록되어 있다.

> 기묘년에 중종이 조광조 제자들 중에서 합격자를 뽑으려 할 때 선고관選
> 考官이 이미 뽑은 급제자가 많으니 오히려 삭제해야겠다고 하여 숫자를 줄
> 여 뽑는 바람에 그만 공의 이름이 삭제당하고 말았다. 중종이 심히 안타깝
> 게 생각하며 불러 보시고 위로의 말씀을 하시면서 종이를 하사하셨다. 그
> 해 겨울에 사화士禍가 일어나 조광조가 괴수가 되었다 하여 그분을 비롯하
> 여 많은 관리와 선비들이 잡혀 죽임을 당하였다.

즉, 그가 17세라는 어린 나이에도 불구하고 관직에 나아갈 기회를 접하게 되었지만, 안타깝게도 그 일은 성사되지 않았을뿐더러, 뒤이은 기묘사화로 아예 수포로 돌아갔다는 것이다.

이 점은 『소쇄원사실』에 수록된 「실기」에 보다 자세히 언급되어 있다. 그가 17세에 현량과賢良科에 합격했는데, 국왕이 합격자 수가 많다는 이유로 양산보를 제외하면서 애석하게 여긴 나머지 종이 30권을 주었다. 그는 그것을 받고 돌아와 그 종이로 『주역』을 인출印出했다는 것이다. 그 『주역』 책은 「실기」 찬술 당시 집안에 전해 오고 있었다.

또 『제주양씨족보』에 의하면, 기묘년(1519년) 봄에 과거에 합격했으나 수가 너무 많아 탈락되었다고 기록되어 있다. 그리고 「묘갈명」에 따르면, 친

시에서 「숙흥야매잠夙興夜寐箴」으로 합격했으나 대관臺官들이 수가 많다고 삭감을 청하자 국왕이 그에 따랐다.

이상의 문중 자료를 통해서 양산보가 1519년에 현량과의 합격 대상이었으나 최종 탈락되었음을 알 수 있다. 그런데 이 내용이 『실록』이나 동료들의 『문집』 등 다른 자료에는 발견되지 않는다. 그렇다면 문중 관련 자료에만 전하는 이러한 내용이 어느 정도 사실에 가까울까가 궁금하지 않을 수 없다. 그 궁금증을 해결하기 위해 당시 상황을 알아보도록 하자.

조광조는 개혁정치 추진을 뒷받침할 수 있는 인재를 정계에 등용시키기 위해 기존의 과거를 배제하고 새로운 천거제를 실시하려 하였다. 이를 위해 처음에는 효렴과孝廉科라는 것을 실시하려 했지만, 재상층의 반대로 실패하였다. 이에 새로운 방안으로 내놓은 것이 현량과賢良科이다.

현량과에 대해서도 반대 여론이 적지 않았지만, 국왕이 동의하여 추진되기 시작하였다. 1518년(중종 13) 6월부터 천거가 실시되어 그해 12월까지 예조에 천거된 인물이 120여 명에 이르렀다. 이 인원이 예조에서 걸러져 40인 정도만 의정부에 보고되었고, 의정부에서 다시 걸러져 최종적으로 28인이 이듬해 4월에 선발되었다. 28인 가운데 12인은 이미 관직에 나가 있는 사람이고, 나머지 16인만이 생원·진사·유학으로 관직 진출 경험이 없는 사람이었다. 이들은 대부분 조광조의 일파였으며, 그의 후원 아래 절반 가량이 홍문관에 임명되었다.[115]

■ ■ ■

115) 이병휴, 「현량과 연구」, 『조선전기 기호사림파연구』, 일조각, 1984.
　　　최이돈, 「성종·중종 조 사림의 천거제 강화과정」, 『조선중기 사림정치구조연구』, 일조각, 1994.

양산보가 손님을 기다렸던 소쇄원의 대봉대

　그런데 현량과 급제자 가운데 나이를 알 수 없는 1인을 제외한 27인을 분석해 보면, 50대가 1명, 40대가 6명, 30대가 11명으로 30대 이상이 18명이나 된다. 그리고 20대는 9명으로 그 가운데 최연소자가 25세였다. 이들의 평균 연령은 35.3세나 되었다.[116]

　따라서 당시 17세에 불과한데다 관직에 진출한 적도 없고, 진사 · 생원 · 성균유생도 아닌 양산보가 아무리 조광조의 제자라 할지라도 현량과에 합격하기란 불가능에 가까운 일이었을 것이다. 더군다나 조광조가 현량과를 실시한 목적이 미래의 인재를 선발하려는 것이 아니라, 급제와 동시에 개혁정책을 추진할 지위에 내보낼 사람을 뽑는 것이었다는 것이 연

■ ■ ■

116) 정두희, 「현량과」, 『조광조』, 아카넷, 2001, p.233.

구자들의 일치된 의견이다.

그러므로 문중 자료와 연구 결과를 토대로 종합해 보면, 양산보가 조광조 문하에서 공부한 것은 사실로 보이고, 그로 인해 그가 어린 나이에도 불구하고 현량과의 선발 대상으로 추천되었던 것 같다. 추천은 13 · 15 · 17 · 19세에 사마시에 합격한 자가 있었던 것으로 보아,[117] 결코 불가능한 일은 아니었을 것이다. 그렇지만 중간이나 최종 단계에서 그는 적격자가 아니어 탈락되었던 것으로 보인다. 예조에서 1차로 천거한 120명 가운데 114명의 인명을 남긴 기록,[118] 그리고 최종 합격자 명부 그 어디에도 양산보의 이름은 보이지 않는다. 따라서 양산보와 현량과에 대한 문중 기록은 대체로 사실과 일치한다고 볼 수 있으나, 1519년 봄에 현량과에 합격했다는 일부 기록은 과장된 표현이 아닐까 한다.

이처럼 양산보는 아버지의 손에 이끌려 상경하여 15세에 당대 최고 개혁 정치가인 조광조의 제자가 되었다. 그는 조광조 문하에서 사림파의 이념적 좌표인 도학사상과 절의사상을 배웠고, 그로 인해 17세에 현량과에 추천되어 합격 문턱까지 이르렀으나 기묘사화로 물거품이 되었다. 상경하여 당대 최고 인사로부터 수학한 후 과거를 거쳐 관직에 진출하려던 그의 꿈이 사화라는 광풍에 날아가 물거품이 되어버렸던 것이다.

■ ■ ■

117) 최진옥, 「생원진사의 전력」, 『조선시대 생원진사연구』, 집문당, 1998, p.57.
118) 『은봉전서』 12, 기묘유적, 「부제학조광조특배사헌부대사헌」(『한국문집총간』 80, p.506).

(2) 기묘사화와 낙향

　10대의 어린 나이에 양산보가 개혁세력의 일원으로 부상하여 현량과의 천거 대상이 되었던 것은 그에게 큰 영광이었다. 그러나 그 영광도 잠시에 불과했다. 그해 11월에 기묘사화己卯士禍가 발생하여 스승인 조광조가 유배를 간 후 사약을 받아 죽고, 그의 동지들마저 줄줄이 쫓겨나고 반대파들이 집권했기 때문이다. 더군다나 현량과 실시는 '위훈삭제僞勳削除'와 함께 조광조의 몰락을 재촉한 '정치적 강수'였기 때문에, 양산보 자신의 마음의 상처도 더더욱 컸을 것이다.

　1506년에 있었던 '중종반정中宗反正' 이후 두각을 내던 반정세력은 반정 3대신(성희안 · 박원종 · 유순정)들의 사망으로 위축되기 시작하였다. 그러나 조광조가 1515년(중종 10)에 중용되고, 그해에 발생한 '신비 복위 상소' 사건 때에 조광조를 중심으로 사림파는 일군의 정치세력으로 다시 집결하기 시작하였다. 개혁세력으로 재결집한 그들은 국초 이래의 통치 질서를 타파하고 새로운 사회를 구축하는 데에 박차를 가했다.

　조광조는 1519년(중종 14) 4월에 반대 여론을 무릅쓰고 현량과라는 특별 과거를 실시하여 자기 세력을 요직에 진출시켰다. 그리고 그해 10월 25일에 이른바 '위훈삭제'라 하여 '중종반정' 공신인 정국공신靖國功臣 가운데 연산군의 사랑을 받은 신하들이 많으므로 전면 개정하여 그들의 이름을 삭제해야 한다고 주장하였다. 국왕이 이를 수용하지 않자, 조광조를 따르는 사헌부 · 사간원 · 홍문관 · 승정원 관리들이 일제히 들고 일어나 집요하게 요구하였다.

정국공신 개정이 추진되는 가운데, 11월 15일에 훈구대신 남정·심곤 등의 사주에 의해 조광조를 비롯한 그의 추종자들이 체포되고 말았다. 이를 '기묘사화'라 한다. 국왕의 의지는 생각보다 강하여 반대 여론에도 불구하고 조광조를 전라도 능주로 유배보냈다가 12월에 사사賜死시켰고, 그를 따르던 인사들을 줄줄이 유배·파직·사형시켰다.

　　조광조 사사 이후에도 많은 인사들이 사화에 연루되어 처벌되었다. 김식金湜의 망명 사건과 안처겸安處謙의 옥사가 잇달아 발생하여, 차츰 수그러들고 있던 처벌의 불씨가 되살아나고 말았다. 이로 인해 조광조 세력 가운데 살아남은 자들도 그 입지가 극도로 좁혀지게 되었다.[119] 개혁은 후일로 미뤄질 수밖에 없었다.

　　조광조와 뜻을 함께하여 개혁정치를 이끌었던 인물들을 기묘사림己卯士林 또는 기묘명현己卯名賢이라 한다. 기묘사림의 숫자에 대한 기록은 사서에 따라 다양하다.『기묘당적』에는 93인,『기묘록보유』에는 129인,『기묘제현전』에는 220인이 각각 수록되어 있다.[120] 그리고『학포집』의「기묘당금록」에는 131인,[121]『전고대방』에는 160인이[122] 수록되어 있고, 여러 기록을 종합하여 95명 정도라는 연구도 있다.[123]

　　기묘사림의 이름과 행적을 열거한 이들 자료 가운데 양산보가 수록되어 있는 것은「기묘당금록」과『전고대방』이 현재 유일하다. 아마 어린 나

■ ■ ■

119) 송웅섭,「기묘사화와 기묘사림의 실각」,『한국학보』119, 일지사, 2005.
120) 송웅섭,「중종 대 기묘사림의 구성과 출신배경」,『한국사론』45, 서울대 국사학과, 2001.
121)『학포선생문집』9, 부록,「기묘당금록」.
122)『전고대방』, 12 사화록, 중종기묘지신사사화.
123) 이병휴,「중종조(9년~14년) 사림파의 구성과 그 성분」,『조선전기 기호사림파연구』, p.99.

이인데다 사화 직후 낙향하여 별다른 활동이 없었기 때문에 그러하였을 것으로 추측된다. 그렇지만 그의 지인들이나 후대인들은 그를 기묘사림으로 추켜세우는 데에 주저하지 않았다. 따라서 그는 분명 기묘사림의 일원이었다.

기묘사림 가운데 사형이나 유배를 면하고 살아남은 자들은 전국 각지로 낙향하기 시작하였다. 이러한 경향은 이미 이전부터 있어온 것으로 새삼스런 일은 아니다. 고려 말 이후 성리학으로 무장한 사대부 엘리트들은 걸핏하면 벼슬을 버리고 본향·처향·외향으로 낙향하기 일쑤였다. 그 경향은 15세기 후반 이후 구세력인 훈구파와 신세력인 사림파가 대립하여 사화가 발생하면서 더 심해졌다.

그들은 낙향하면 향리나 상인들이 주로 거주하는 읍내邑內보다는 멀리 떨어진 외촌外村을 대부분 선택하였다. 외촌을 선택하여 농지를 개간하고, 마을을 이루어 세거하기 시작하였다. 이는 곧 그동안 소외되었던 오지·벽지의 개발을 가져와[124] 조선 사회의 새로운 원동력이 되었다. 양사원이 와서 창암촌이라는 마을을 새로 열고, 김문발이 석저촌에 정착하여 명성을 일군 것도 모두 이런 경우에 해당한다.

그러면서 그들은 재기할 내일을 기약하는 것도 잊지 않았다. 학문에 정진하고 문우들과 교유하는 안식처로 삼기 위해 풍치 좋은 곳에 별서別墅를 건립하였다. 별서는 독자적인 활동이 가능하도록 본택과 약간 떨어진 곳에

■ ■ ■

124) 이수건, 「고려·조선시대 지배세력 변천의 제시기」, 『한국사 시대구분론』(차하순 외), 소화, 1994, p.246.

몇 가지 부속 시설과 조경을 갖추고 있었다. 낙향으로 문제가 끝나는 것이 아니었기 때문에 그들은 이러한 활동 공간을 일부러 조성하였던 것이다.

기묘사림들도 낙향하여 별서를 건립하였지만, 그 경향이 이전보다 더 심했던 것으로 보인다. 성리학에 토대를 둔 가장 이상적인 정치 형태인 도의정치(왕도정치)를 주장하다 좌절당한 그들이, 도의와는 거리가 먼 훈척들이 집권하여 이권이나 챙기는 비틀린 행태를 벌이고 있는 세상을 더 이상 눈뜨고 볼 수 없었기 때문에 앞을 다투어 낙향한 후 별서를 건립하여 내일을 기약하였던 것이다.

기묘사림 가운데 누가 어디에 별서를 조성했는가를 『기묘록보유己卯錄補遺』를 통해 찾아보면 다음과 같은 사실들이 확인된다(표 8). 『기묘록보유』에 기록되어 있지는 않지만, 문집에 별서 건립 상황을 남긴 인물도 적지 않다. 가령, 학포 양팽손이 향리 능주로 낙향한 후 학포당을 지었던 것이 그것이다.

기묘사화 이후 양팽손, 박상, 고운, 유성춘, 임억령 등 호남 출신 인사들도 낙향하기 시작했다. 당시 호남 출신은 경상도나 경기도에 비해 수적으로 많은 편은 아니었지만, 신진사류들이 중심을 이루며 상당히 활발한 활동을 펴고 있었다.[125] 특히 호남 사림湖南士林들은 그 어느 때보다 이때 왕성한 활동을 하고 있었기 때문에 타격도 그만큼 클 수밖에 없었다.

이때 양산보도 낙향한다. 조광조가 능주로 유배되자 양산보는 남평 출

<hr/>

125) 이해준, 「기묘사화와 16세기 전반의 호남학파」, 『전통과 현실』 2, 고봉학술원, 1993.
　　고영진, 「16세기 호남 사림의 활동과 학문」, 『남명학연구』 3, 경상대학교 남명학연구소, 1993.
　　김우기, 「16세기 호남 사림의 중앙정계 진출과 활동」, 『한국중세사논총−이수건교수정년기념』, 2000.

〈표 8〉 기묘사림의 별서 조성

성 명	장 소	별 서 명	비 고
김안국	이천 여주	隱逸齋 泛槎亭, 八怡堂	제생, 강학, 장구, 소요
이자	음성 충주	瓜亭 夢庵精舍	음영
송명창		卜築	
김정국		恩休亭	
이연경	충주	農墅	
김대유	청도	別墅	
경세인	파주	別墅	
박수량		三可亭	
신변	지평	農墅	
유성춘	해남	書齋	
성세창	파주	別業	

신 이두와 함께 스승을 모시고 남하했다고 하는데,[126] 이런 사실은, 전거로 인용한 『학포집』연보에 수록되어 있지 않을 뿐만 아니라 이두라는 사람이 남평 출신인지 조광조 제자인지도 확인되지 않는다. 그런데 양산보의 당숙뻘 되는 양팽손이 조광조와 더불어 능주로 내려와 지내다, 사사된 조광조 시신을 수습하여 이듬해 봄에 그의 고향 용인으로 운구하였을 뿐만 아니라, 여름에는 문인·자제와 함께 조광조를 모시는 사당을 짓고 제사를 지냈다.

■ ■ ■

126) 박준규, 『호남시단의 연구』, 전남대학교 출판부, 1998, p.68.

따라서 양산보도 기묘사화 직후 유배지로 가는 스승을 모시고 서울을 떠나 능주로 내려와 양팽손과 함께 받들었을 가능성은 충분히 있다. 그의 「행장」에는 이렇게 기록되어 있다.

　이때 선생의 나이가 겨우 열일곱에 불과한 때인데 이러한 일을 당하고 보니 그 원통함과 울분을 참을 수가 없어서 세상 모든 것을 잊고 산에나 들어가서 살아야겠구나 결심하고 산수 좋고 경치 좋은 무등산 아래에 조그마한 집을 지어 소쇄원이라 이름하고 두문불출하며 한가로이 살 것을 결심하였다. 그리고 스스로의 호도 소쇄옹瀟灑翁이라 하였다.

즉, 양산보는 고향인 지석동 창암촌으로 되돌아와 세상을 등지고 숨어 살기 위해 경치 좋은 곳에 작은 집을 짓기 시작하였다. 스승의 사사와 동지들의 희생을 목격한 후 원통과 울분을 참을 수 없어 더 이상 서울에 대한 미련을 버리고 낙향과 은둔의 길을 선택했던 것이다.

　그의 은거를 재촉한 것은 기묘사화 이후 척신戚臣들의 집권이었다. 양산보는 그들을 간악하고 제멋대로 나쁜 짓을 일삼는 무리들로 규정하였다. 사악한 무리란 중종~명종 대에 척신정치를 이끌었던 김안로, 문정왕후, 이량을 일컫는 것 같다.[127] 이로 인해 그는 처음 가졌던 마음을 더욱 굳건히하고 행여나 벼슬 같은 것에는 꿈에도 두지 않았다.

　기묘사화 연루자들에 대한 소통疏通(사면 복권) 문제가 사건 직후부터 거

■ ■ ■

127) 김우기, 『조선중기 척신정치연구』, 집문당, 2000.

론되었지만, 척신세력들의 반발에 부딪혀 별다른 진척이 없었다.[128) 그러나 1537년(중종 32)에 권력가 김안로金安老(1481~1537)가 실각하면서 조광조 계열의 기묘사림들이 다시 관직에 임용되기 시작하였고, 그와 더불어 조광조가 주장했던 정치 이념과 시책을 부활하자는 의견도 제기되었다. 1542년에 이조판서 이언적이 천거제의 부활과 기묘년 현량과 출신의 서용敍用(죄로 인해 면관된 이를 다시 씀)을 청하였고, 그 이듬해에 검토관 김인후가 경연에서 기묘사류의 신원伸冤과 함께 소학·향학의 장려를 주장하였던 사실이 조광조 계열의 부활을 암시한 것이다.[129)

바로 이 무렵에 양산보에 대한 천거도 시도되었던 것 같다. 「묘갈명」에 따르면, 중종 말기에 임금이 인사를 추천하라는 교서를 전국에 내리니, 모든 사람들이 소쇄공을 유일遺逸로 천거하였다. 그 가운데 창평 현령 이수李洙가 전부터 그를 존경하여 임금의 명령에 따르라고 권하였으나 그는 끝내 사양하였다. 이때가 1540년(중종 35)인 것 같은데, 이수는 직접 소쇄원을 방문하여 양산보에게 시를 지어 주기도 하였다.[130)

1552년(명종 7)에 양산보는 다시 천거되었으나 역시 사양하였다. 이때에 문정왕후·윤원형이라는 외척세력이 권세를 누리어 척신정치가 하늘을 찌르고 있었다. 이러한 때에 그가 조정에서 부른다고 관직에 나아갈 리가 만무하였다.

■ ■ ■

128) 김돈, 「중종조 기묘사화피화인의 소통문제와 정치세력의 대응」, 『국사관논총』 34, 국사편찬위원회, 1999.
129) 정만조, 「조선서원의 성립과정」, 『조선시대 서원연구』, 집문당, 1997, p.23.
130) 『소쇄원사실』 4, 소쇄원제영, 「차운증소쇄옹」, p.111.

이처럼 양산보는 중종~명종 대에 여러 번 천거를 받았으나 번번이 사양하였다. "조정에서 소쇄공을 찾아가 여러 번 벼슬길에 나아갈 것을 권해 왔으나 세상의 폐단을 바로잡고 덕을 세우는 데에 힘쓰며 끝끝내 버티어 나아가지 않았다."는 「행장」 내용 그대로다. 낙향한 인사 중에는 조정의 부름에 못 이기고 다시 관직에 진출한 사람도 있었지만, 양산보는 관직에 나아가는 것을 단념하고 은사隱士의 길을 선택하였다. 이러한 점 때문에, 그는 그의 후배 지인 가운데 한 사람인 고봉 기대승奇大升(1527~1572)이 지은 「만장」에서, 밖으로는 화和하나 안으로는 엄嚴한 인물이라는 평가를 받았던 것이다.

　이상에서 살펴본 것처럼 양산보는 기묘사화가 발생하자 곧바로 고향으로 내려온 후 은둔하였다. 조정에서 그에게 중종 대 말기와 명종 대 초기에 관직을 제수하려 하였지만, 그는 당시를 도의道義가 서 있지 않는 세상으로 여기어 극력 사양하고 도학과 절의의 실현과 연구에 정진하였다. 나이는 어렸지만, 크게, 멀리 보는 지혜와 의지가 양산보에게 있었음을 직감할 수 있다.

3 양산보의 소쇄원 건립

　개혁정치와 왕도정치를 주장해 온 조광조의 유배와 사사 소식은, 그 옳고 그름을 떠나 사림세력으로 하여금 삶의 공포와 어둠을 절감하게 하기에 충분하였다. 여기에 조광조를 스승으로 두었던 양산보도 예외일 수가 없었다. 양산보도 일단 고향으로 내려가 조용히 숨어 있는 길만이 최선으로 보였다. 그래서 그는 능주로 귀양가는 스승을 따라 허둥지둥 낙향을 했지만, 선택의 갈림길에서 적지 않은 갈등을 겪지 않을 수 없었을 것 같다. 서울과 지방, 정치와 자연, 현실과 이상 속에서 어느 것 하나를 선택해야만 하는 번민을 늘 안고 있었을 것이다. 하지만 그의 고뇌도 스승의 사사를 목격한 후 일단락되고 지방 — 자연 — 이상의 외길을 가겠노라고 정리되었던 것으로 보인다.

　고향에 내려온 양산보는 산수가 깨끗하고 아름다운 곳에 새로운 거처지를 마련하고, 그 이름을 '소쇄원'이라 하였고, 자신의 호도 '소쇄'라 하였다. 그는 소쇄원을 지으며 그곳에서 나오지 않고 한가로이 살 것을 결심하였다. 그리하여 그는 오직 소쇄원 원림園林에서 평안하고 한가롭게 지내며 사람이 지켜야 할 도리를 연구하고 밝히는 일에만 정진하다 30여 년간을 살았다. 바로 이러한 점 때문에 그는 사람들로부터 인품이 고고하다는 평가를 받았고, 뛰어난 선비로 추앙받았을 뿐만 아니라, 수많은 명사들이 소쇄원을 명원으로 여기며 출입하였던 것이다.

그러면 소쇄원은 언제 처음 지어지기 시작했을까? 소쇄원은 양산보의 나이 20대 전반, 즉 1520년대 중반에 별서의 부속 건물로 소쇄정瀟灑亭을 지으면서 그 터가 잡히기 시작하였다. 소쇄정은 조그마한 정자라 하여 소정小亭이라 했고, 지붕을 풀로 덮었다 하여 초정草亭이라 했다. 그가 처음부터 계획을 하고 지금과 같은 거대한 원림을 지으려고 했는지에 대해서는 확인할 수 없지만, 출발은 조그마한 정자를 지으면서 시작되었다.

소쇄정의 건립 시기와 관련하여 송강 정철鄭澈(1536~1593)은 소쇄원 초정에 대한 시에서 "내가 태어나던 해에 이 정자를 세웠으니, 사람이 가고 머물고 마흔 해로세."[131]라고 읊은 적이 있다. 이 시구로 보아 소쇄정이 그가 태어난 1536년(중종 31)에 건립된 듯하나, 이는 착오임에 분명하다. 이보다 먼저 건립되어 1536년 당시에는 상당한 규모로 확충되어 있었을 것이지만, 여전히 원림의 수준에는 이르지 못한 것으로 보인다. 그가 시에서 '소쇄원'이라는 명칭을 사용했지만, 이는 어디까지나 원림이 조성된

■ ■ ■

131) 『소쇄원사실』 4, 제현수증, 「소쇄원제초정」, p.116.
　　『송강집』 속집 1, 「소쇄원제초정」(『한국문집총간』 46, p.187).

후에 전날을 소급하여 언급한 것에 불과하다.

소쇄원의 건립 시기와 관련하여 하서 김인후金麟厚(1510~1560)의 수학 과
정을 검토해 볼 필요가 있다. 김인후는 17세 되는 1526년(중종 21)에 담양
에 있는 송순을 찾아와 수학했고, 이듬해에는 기묘사화로 동복에서 유배
생활을 하고 있는 신재 최산두崔山斗(1483~1536)를 찾아가 뵙고 학문을 배
웠다. 바로 이 무렵인 1528년에 소쇄정에 올라 대숲 너머 부는 바람과 시
냇가의 밝은 달을 노래한 시를 남겼다.[132] 이로 보아 1528년 무렵에 소쇄
정이 이미 지어져 있었음을 알 수 있다.

그런데 1527년에 양산보의 부인 광산 김씨가 죽었다. 성리학 이념에 충
실한 그가 상중인 1528년에 건축을 착공할 리는 없을 것이다. 그렇다면
소쇄정은 1527년 이전에 지어졌다고 추정할 수 있다. 따라서 소쇄정은
1519~1527년 사이에, 그의 나이 17~25세 사이에 축조된 것으로 여겨진
다. 굳이 시기를 추정한다면 1519년(17세)에 낙향하여 결혼한 후 1521년(19
세)에 큰 아들 자홍을 낳은 다음, 20세를 넘기고 1520년대 중반에 첫 삽을
뜨지 않았을까 한다. 어떠하든 간에 상당히 젊은 나이에 소쇄정을 건립했
다고 볼 수 있다.

면앙정 송순宋純(1493~1582)이 1534년(중종 29)에 소쇄정에 와서 「외종 동
생인 양언진의 소쇄정에서」라는 제목의 시 4편을 지어 양산보에게 준 적

■ ■ ■

132) 『소쇄원사실』 4, 제현수증, 「소쇄정즉사」, p.109.
　　『하서전집』 8, 「소쇄정즉사」(『한국문집총간』 33, p.157).
　　이 시의 창작 시기가 『소쇄원사실』에는 1528년으로, 『하서전집』에는 1538년으로 기록되어 있다. 전후
　　사정으로 보아 1528년이 옳을 것 같다. 김인후는 1538년 무렵에 고향에 있지 않고 서울에 있었기 때문
　　이다.

이 있다.[133] 그런데 이해에 송순의 인척인 지지당 송흠宋欽(1459~1547)이 노모 봉양을 위해 전라도 관찰사로 내려왔는데,[134] 당시 송순은 1533년부터 김안로가 권세를 부리자 고향으로 내려와 있었다. 그는 이 시에서 "세상 일 때문에 좋은 약속 어기어 봄을 지내서야 비로소 문을 두드렸다"고 한 것으로 보아, 양산보가 이미 소쇄정을 지어 놓고 송순을 초청한 적이 있었음을 알 수 있다. 이 시에서 소각小閣, 정자亭子, 소교小橋, 연못, 오동나무, 매화, 대나무, 사립문, 담장 등이 거론된 것으로 보아 1534년 당시 소쇄정은 상당히 확장되어 있었던 것 같다. 공간은 확장되었지만, 여전히 원림 수준에는 이르지 못한 것으로 보인다.

1540년대에 이르면 소쇄정은 더욱 확장되어 명실상부한 원림으로 자리를 잡았던 것 같다. 송순의 연보에 따르면, 김안로가 죽은(1537년) 후 다시 관직에 나가 전라도 관찰사로 있던 1542년(중종 37)에 외제外弟 양산보가 소쇄원을 짓는 일을 그가 도와주었다. 송순이 관찰사로서 소쇄원의 증축에 소요되는 재물을 지원한 것으로 보인다. 이로 인해 소쇄정은 조그마한 정자 수준을 넘어 지금과 같은 거대한 원림 수준으로 대거 정비·확장되었을 것이다.

그러므로 이때부터 소쇄원이라는 명칭이 본격적으로 사용된다. 이는 송순이 전라 감사 재임 중 창평을 순찰하면서 지은 "소쇄원에서 가랑비 속에 매화를 찾아보다"[135]라는 시에서 소쇄원이라는 명칭을 처음 사용한

■ ■ ■

133) 『소쇄원사실』 4, 소쇄원제영, 「종제양언진소쇄정」, p.110.
　　『면앙집』 1, 시, 「제외제양처사언진산보소쇄정」(『한국문집총간』 26, p.197).
134) 『지지당유고』 4, 「행장」.

송순이 건립한 면앙정

것으로 확인할 수 있다. 1548년에 김인후가 양산보에게 보낸 두 편의 시에서도 소쇄원이라는 명칭을 사용하였다.[136] 따라서 소쇄원이라는 명칭은 공간의 확장과 함께 1540년대에 들어서면서 본격적으로 사용되었다고 볼 수 있다.

이로 보아 소쇄원의 출발점이 된 소쇄정이라는 작은 초가 정자는 낙향한 지 수년이 지난 1520년대 중반, 양산보의 나이 20대 초반에 처음 건립되었다. 이렇게 보면 소쇄원 일원에 있는 유명 정자들, 즉 송순의 면앙정(1533년), 조여충의 관수정(1544년), 김윤제의 환벽당(1545년), 김성원의 식

■ ■ ■

135) 『소쇄원사실』 4, 소쇄원제영, 「소쇄원소우방매」, p.111.
　　『면앙집』 2, 시, 「소쇄원소우방매」(『한국문집총간』 26, p.203).
136) 『소쇄원사실』 4, 제현수증, 「봉정소쇄원」, 「무신상원봉기소쇄원」, p.93, p.96.

영정(1560년), 정철의 송강정(1585년)보다 소쇄원은 앞서 등장한 셈이다. 어린 나이와 열악한 경제력 및 처사였음에도 불구하고 주위의 정자들보다 앞서 소쇄원을 건립했다는 사실은 양산보의 인생 철학과 앞을 내다보는 통찰력을 파악하는 데에 중요한 단서가 되지 않을까 한다.

여러 건물과 다양한 조경을 겸비한 원림 수준은 1530년대에 본격적으로 착공되어, 그가 40세 되는 무렵인 1542년경에 일단락된 것으로 보인다. 소쇄원의 완공은 무려 20년 가까이 진행된 대역사였다. 소쇄원이 양산보의 나이 40대, 즉 1540년대에 완공되었다는 것은 최경창崔慶昌(1539~1583)이 양산보를 노선생으로 칭하면서 올린 시에서, "늘그막에 소쇄원을 이룩하셨으니 만사를 모두 잊고 여생을 평안하게 보내십시오"[137]라고 한 것으로 보아 확인할 수 있다.

이 무렵이 기묘사림의 재기용이 추진된 시기인데, 이때 양산보는 관직 추천을 사양하고 소쇄원 증축에 몰두하였다. 따라서 소쇄원의 완공은 그가 더 이상 바깥에 나가지 않겠다는 의지의 표현이었던 것으로 보인다. 하서 김인후가 1548년경에 지은 『소쇄원48영』이라는 시는 일종의 소쇄원 완공 기념사와 같은 것으로 볼 수 있다. 소쇄원은 완공 후 양산보의 원림이라 하여 양원梁園이라고 불리었다.

조선의 선비들은 산거山居를 하면서 자신의 은거지, 강학지, 거주지를 기념하고자 회화의 형태로 남기기도 하였다. 그것을 산거도山居圖라 하는데, 문인화의 한 산물이라고 할 수 있다. 그에 따라 별서를 화폭에 담은

■ ■ ■

137) 『소쇄원사실』 4, 제현수증, 「소쇄원차고죽운근상노선생」, p.98.

소쇄원의 광풍각과 제월당

별서도別墅圖, 제택을 화폭에 담은 제택도第宅圖가 적지 않게 남아 있다. 우리가 지금 살펴보고 있는 소쇄원의 별서도는 「소쇄원도瀟灑園圖」라는 이름으로 1614~1672년 사이에 그려졌고, 그것은 1755년(영조 31)에 목판에 판각되어 『소쇄원사실』이라는 문집 속에 수록되었다.[138] 그 「소쇄원도」를 보면, 소쇄원의 구조물과 조경시설을 확연히 알 수 있다.

그러면 양산보는 1519년에 낙향하여 불과 수년 만에 왜 별서를 건립하기 시작하여 평생토록 추진했으며, 이름을 소쇄원이라 하였을까?

소쇄라는 말은 중국 공치규孔稚珪의 「북산이문北山移文」에 나오는 말로, "맑고 깨끗하다"는 뜻이다. 따라서 양산보는 더러운 현실을 탈피하고 맑

■ ■ ■

138) 조규희, 『朝鮮時代 別墅圖 硏究』, 서울대 박사학위논문, 2006, p.80.

고 깨끗한 마음으로 이상 추구에 정진하기 위해 그의 별서를 '소쇄'라고 이름 지었던 것이다. 광주 출신 김언거金彦琚가 남긴 "세상의 더러운 것 침입 못하니 꽃도 달도 속세와는 거리가 멀어" 그대로였던 것이다.[139]

소쇄한 은둔을 결정한 이상, 혼탁한 속세에서 벗어나 정숙한 경지에서 정진하기 위한 공간이 양산보에게 필요하였다. 그리하여 양산보는 수양과 연마에 적합하도록 깊은 계곡과 그 사이를 흐르는 맑은 물, 온갖 나무들과 화초들이 어우러진 곳에 소쇄원을 조영造營하였다. 따라서 소쇄원은 보이지 않는 이상의 삶이 현실로 구현된 양산보의 분신이었던 것이다.

이러한 행동 양식은 양산보뿐만 아니라 조선의 선비들에게 공통적으로 요구되는 형태였고, 그것은 성리학의 완성자인 주자朱子로부터 비롯되었다. 주자는 1183년에 무이구곡武夷九曲에 무이정사를 짓고 은둔했는데, 이 무이구곡은 조선 성리학자들의 영원한 이상향으로서 퇴계의 도산서원, 율곡의 고산구곡, 우암의 화양구곡 조성에 영향을 끼쳤다. 양산보를 비롯한 조선의 선비들이 성리학을 신봉하며 이러한 주자의 삶을 좇아 자연으로 돌아가려 한 의도는 자연스러운 현상이었다.

그는 우선 맑고 깨끗한 곳을 찾아나섰다. 소쇄원이 들어선 자리는 원래 초목과 대나무가 우거져 사람들이 그곳을 알지 못하였다. 처사공이 어렸을 때 나가 놀다가 우연히 들오리가 물 따라 밑으로 내려오는 것을 보았다. 공이 물줄기를 따라 올라가 한 곳에 이르렀는데, 바위와 골짜기가 세상과 멀리 떨어져 조용한 곳이고, 폭포수가 뿜어내니 공이 헤엄치며 놀다

■ ■ ■

139) 『소쇄원사실』 4, 소쇄원제영, 「차운봉정주인경형」, p.111.

가 그 빼어난 경치에 즐거워하다 마침내 집 지을 뜻을 가졌다는 것이다.[140] 부지를 미리 매입하고 뒤에 면앙정을 지은 송순의 사례에서 확인되듯이, 당시 별서 건립자들 가운데 사전에 좋은 위치를 물색해 놓은 사람들도 적지 않았다.

그는 자신이 손수 소쇄원을 조성하였다. 고경명이 보낸 한 시를 보면, 그가 돌을 쌓아 축대를 만들었고, 매화나무를 직접 심었다 한다.[141] 그의 손때가 묻어 있기에 그의 손자 양천운이 지적한 것처럼, 돌 하나, 나무 한 그루 한 그루가 사람들의 시정詩情을 흔들지 않은 것이 없었으며, 그와 어우러져 있는 개울이나 물을 보고 사람들은 감탄하여 글과 시를 지었다.[142]

양산보는 소쇄원을 지은 후 중국 평천장平泉莊의 고사를 따라 후손들에게 관리를 부탁하였다. 당나라의 이덕유李德裕는 낙양 30리 밖에 평천장이라는 호사스런 정원을 꾸미어 신선처럼 살았지만 죽음은 어쩔 수 없다. 죽음에 임하여, "평천장을 팔아먹는 자는 내 자손이 아니다. 또 평천장의 나무 한 그루, 돌 한 점이라도 남에게 주는 자는 착한 자손이 아니다"라는 유언을 자손들에게 남기고 죽었다. 이 점은 강희맹이 경기도 고양에 지은 만송강이라는 별서에서도 확인된다.

이에 따라 양산보도 후손들에게 소쇄원의 돌 하나 나무 하나라도 소중하게 보존하고 남에게 팔거나 후손 어느 한 사람의 소유가 되지 않도록 당부하였다. 그가 소쇄원을 남에게 양도하거나 훼손하지 말도록 자손에

■ ■ ■

140) 『소쇄원사실』 2, 처사공, 「실기」, p.61.
141) 『소쇄원사실』 4, 제현수증, 「차임정자복증양처사운」, p.98.
142) 『소쇄원사실』 4, 「소쇄원계당중수상량문」, p.123.

게 당부했던 유언에는 단순히 원림의 터전을 손상시키지 말라는 의도뿐만 아니라, 선비의 정절한 정신을 더럽히지 말고 절의를 지키고 살라는 유훈의 뜻도 담겨 있다. 이러한 부탁과 후손들의 노력, 그리고 문인들의 협조로 인하여 소쇄원은 오늘도 존재하는 것이다.

4 소쇄원에 담긴 사상

양산보의 사람됨에 대해 '기위奇偉'하고 '지효至孝'하다는 표현이 있다.

"기위하다"는 것은 "체격이나 성격이 크고 기이하다"는 말이다. 그의 체격에 대해서는 짐작된 바가 없지만, 성격은 거침이 없을 정도로 기이한 것으로 보인다. 그래서 지인들은 양산보를 산인山人이라 하여 산사람처럼 자유분방한 사람으로 평하였다.

"지효하다"는 것은 "효성이 지극하다"는 말이다. 이 점은 그가 젊었을 때에 효성의 중요성을 노래한 「효부孝賦」라는 글을 지었고, 소쇄원 안에 효를 몸소 실천하기 위해 '애양단愛陽壇'이라는 시설물을 설치한 것으로 보아 타당한 평가이다.

기위하다는 표현을 통해서 그가 자유분방한 사상을 지니고 있었고, 그리고 지효하다는 표현을 통해서 성리학 사상의 신봉자였다는 것을 쉽게 짐작할 수 있다. 따라서 우리는 그에 대한 상반된 평가를 토대로 그가 다양한 사상의 소유자였음을 알 수 있고, 그것은 그대로 소쇄원에 투영되어 있을 것으로 여겨진다.

앞서 말하였듯이, 양산보는 조광조의 제자다. 조광조는 성리학적인 이상국가를 건설하기 위하여 도의정치道義政治를 실현하려 했던 인물이다. 그러므로 양산보의 낙향과 소쇄원 건립에는 성리학적 대의명분을 구현하고자 하는 도학사상이 담겨 있다고 볼 수 있다.

양산보는 어떤 학문 자세를 지니고 있었으며, 어떤 사상을 연구했을까? 박세채가 쓴 「묘갈명」에 따르면, 그는 학문을 하는 데 있어 소쇄瀟灑를 수신修身의 근본으로 삼았고, 격치格致를 수심收心의 자질로 삼았다. 이로 보아 그는 소쇄원에서 일생을 바쳐 성리학을 연구하여 그것의 이해와 실천에 이르려고 노력했음을 알 수 있다.

양산보가 일생 동안 탐독한 서적은 이민서가 지은 「행장」에 잘 나타나 있다.

> 선생의 학문은 『소학』을 굳게 믿고 모든 학문의 기초로 삼았고, 다음으로 사서오경을 항상 책상 옆에 두고 공부하였으며, 그 중에서도 『역경易經』을 깊이 연구하여 천지만물의 강약과 그 발전과정을 깊이 있게 설파하니 많은 사람들이 모여들어 경청하였다.

즉, 양산보는 『소학』, 사서(『논어』·『맹자』·『중용』·『대학』), 삼경(『시경』·『서경』·『주역』)을 연구하였다. 그 가운데 『소학』을 학문의 기초로 삼았고, 『주역』을 깊이 있게 연구하였으며, 평생 오직 『대학』과 『중용』의 연구에 힘썼

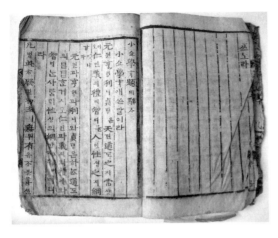

양산보가 학문의 기초로
삼았던 『소학』

다. 그러한 결과 그의 성리학 이해는 "많은 사람들이 모여들어 경청하였다"고 하였듯이 상당한 수준에 이르렀다. 당시 호남에서는 김인후·이항·기대승 등이 태극·음양·이기 등에 관한 논의를 활발히 진행하였는데, 양산보도 여기에 크게 뒤지지 않았던 것으로 보인다.

이러한 그의 사상은 소쇄원에 그대로 밸 수밖에 없었다. 그는 어려서 조광조 문하에 들어가면서 『소학』 공부에 힘썼다. 그리고 자신의 자손들에게도 역시 『소학』을 열심히 공부하도록 당부하였다. 특히 기묘사림들이 중시 여겼던 서적이 바로 『소학』이고, 반대로 기묘사림을 몰아내고 집권한 척신세력들이 금서로 여겼던 서적 역시 『소학』이다.[143]

또한 그는 『소학』의 실천적 측면에서 효를 강조하였다. 그는 효를 실천하는 공간으로 소쇄원에 '애양단'이라는 시설물을 갖추었고, 「효부」라는

■ ■ ■

143) 이중연, 『책의 운명』, 혜안, 2001, p.100.

시도 지어 효를 강조하였다. 그 역시 자손들에게 형제간의 우애를 돈독히 하도록 특별히 강조하였다. 그리하여 그의 후손들은 실제 효우孝友가 두터웠다고 한다. 이는 고경명이 1569년(선조 2)에 양자징·자정 형제에게 "효도하고 우애 있는 자네들 같은 이는 오늘날 이 세상엔 참으로 드물 거야"[144]라고 칭송하였던 시를 통해서 짐작할 수 있다.

특히 양산보는 성리학의 선구자인 중국 주돈이周敦頤(1017~1073)를 존경하여 그의 「태극도설太極圖說」을 항상 글방 좌우에 간직하고 있었다. 송대 성리학의 유명한 논설로 꼽히는 「태극도설」은 태극이 천지만물 생성의 근본이며, 태극에서 음양과 오행이 생겨나고, 거기서 다시 만물이 생겨난다고 적고 있다. 양산보는 이러한 주돈이의 철학적 논리에 감응받아, 소쇄원을 천지만물의 생성 근원으로 삼고자 하였다. 그것은 소쇄원의 공간 배치와 시설물을 보면 쉽게 알 수 있다. 따라서 소쇄원에는 양산보의 유학 사상이 담겨 있다고 볼 수 있다.

당시 호남의 사림 인사들 대다수는 「태극도설」을 강론하고 있었다. 하서 김인후의 문집인 『하서집』에 수록된 연보에 의하면, 하서는 고봉 기대승奇大升과 더불어 「태극도설」을 강론했다 한다. 그런데 당시 고봉은 태인에 있는 일재 이항李恒에게 들러 「태극도설」을 강론했는데, 일재는 "태극 음양이 하나의 물체"라 주장하고, 고봉은 "그렇지 않다"고 주장하여 종일 토론하였으나 결론을 보지 못했다.

■ ■ ■

144) 『소쇄원사실』 7, 제현증장, 「음소쇄원익일기고암양중지암양계명곤중」, p.213.
　　『제봉집』 2, 시, 「음소쇄원익일증중명곤중」(『한국문집총간』 42, p.46).

또한 양산보는 주돈이가 지은 『통서通書』라는 책과, 연蓮에 대한 사랑을 노래한 「애련설愛蓮說」을 가까이한 것으로 보인다. 『통서』는 유학의 교의를 다시 해석하여 성리학의 중심 사상인 이학理學의 바탕을 마련한 책으로 알려져 있다. 그는 「애련설」에서 연꽃이 진흙에서 나왔으나 더러움에 물들지 않는 것이 어려운 역경 속에서도 인간 본연의 자세를 잃지 않는 군자와 같다고 하였다.

그런가 하면 양산보는 노장사상에도 상당한 관심을 지니고 있었던 것 같다. 『소쇄원사실』 권2에 수록된 「실기」에 따르면, 그는 일찍이 도연명과 주돈이를 흠모하여 「귀거래사」, 「오류선생전」, 『산해경』, 『통서』, 「애련설」, 「태극도」 등을 문방 좌우에 두었다 한다.

도연명陶淵明은 자연 속에 묻혀 자기 본성에 맞는 세계를 찾고자 한 사람으로 유명한데, 「귀거래사歸去來辭」는 그러한 그의 철학을 대표하는 작품으로 읽히고 있고, 『오류선생전五柳先生傳』은 도연명의 전기이다. 그러므로 양산보는 도연명과 같은 인생관과 행동 양식에 따라 전원에서 청아한 삶을 살고자 하였다. 그러므로 소쇄원 조성은 도연명의 탈속적 인생관에 대한 흠모인 동시에 현실의 갈등에서 탈피하여 은둔의 안식을 얻으려는 수단이기도 했다. 김인후도 「소쇄원 글방에서 묵으면서」라는 시에서 "벽에는 도연명의 시가 걸려 있는데 먼 운치를 해득하는 사람 없구나"[145]라고 하였다.

■ ■ ■

145) 『소쇄원사실』 4, 소쇄원제영, 「숙소쇄원문방」, p.108.
　　『하서전집』 5, 「숙소쇄원문방」(『한국문집총간』 33, p.88).

양산보의 사상을 엿볼 수 있는 오곡문과 애양단

　노장사상이 소쇄원에 투영된 것으로 광풍각 뒤쪽에 있는 도오桃塢(복사동
산)를 들 수 있는데, 이는 도연명의 무릉도원을 재현한 것으로 보인다. 오
류선생을 상징한 버드나무도 들 수 있는데, 광풍각 앞에 있었던 버드나무
는 현재는 사라지고 없다.

　이처럼 양산보의 사상은 유가적 현실주의와 도가적 자연주의가 결합되
어 있었다고 정리할 수 있다. 당시 호남 사림들에게 이런 요소가 종종 나
타난다고 한다. 가령 석천 임억령은 성리학적 세계관을 지니고 있으면서
도 장자의 영향을 받았던 문사였다.[146] 그런데 이러한 사상적 다양성은 꼭

■ ■ ■

146) 박은숙, 「석천 임억령의 생애와 작품 세계」, 『16세기 호남 한시 연구』, 월인, 2004, p.263.

호남 사람들에게서만 나타나는 것이 아니다. 대성리학자 퇴계 이황도 젊었을 때에 도연명의 시를 탐독했다. 성리학 사상의 집대성이라고 할 수 있는 『주자대전』은 중국에서 1473년과 1532년에 간행되었고, 조선에서는 1543년(중종 38)에야 간행되었다.[147] 따라서 양산보가 생존했던 시기에 살았던 인물들에게 성리학과 노장사상이 함께 나타나는 것은 자연스러운 결과였다.

자유분방한 성격의 소유자였던 양산보는 사상적 취향이 다양했던 인물이었지만, 역시 성리학 연구와 실천에 몰두한 전형적인 유학자였다. 그러한 그의 다양한 사상들은 소쇄원의 공간에 그대로 반영되어 있다. 이런 점 때문에 소쇄원의 조경물들은 '소쇄'의 정신세계가 밖으로 드러난 것이라고 언급되는 것이다.[148]

147) 김항수, 「16세기 사림의 성리학 이해 ─ 서적 간행과 편찬을 중심으로」, 『한국사론』 7, 1981.
148) 이향준, 앞의 논문, p.251.

5 소쇄원과 호남 사림

소쇄원은 '소쇄원가'의 전유물이 아니었다. 마치 당대 호남 엘리트들의 공유물과 같았다. 그들은 '소쇄원 사람들'과 맺은 깊은 인연을 토대로 소쇄원을 자유롭게 왕래하며 활발한 사회적 활동을 하였을 뿐만 아니라, '소쇄원 사람들'은 몸소 주변 인사들을 초청하여 잔치를 펼치기도 하였다.

호남은 16세기에 문사와 선비의 고장, 도의와 문학의 고장으로 알려졌다. 이수광李晬光(1563~1628)의 『지봉유설芝峯類說』에는 이렇게 적혀 있다.

근세의 시인은 호남에서 많이 나왔다. 눌재 박상, 석천 임억령, 금호 임형수, 하서 김인후, 송천 양응정, 사암 박순, 고죽 최경창, 옥봉 백광훈, 백호 임제, 제봉 고경명 등은 모두 남달리 우뚝 뛰어난 사람들이다.[149]

■ ■ ■

149) 『지봉유설』 14, 문장부 7, 시예.

즉 이수광은 박상, 임억령, 임형수, 김인후, 양응정, 박순, 최경창, 백광훈, 임제, 고경명 등 호남 출신 10인을 당대 최고 문장가로 꼽았다.

그런가 하면 허균許筠(1569~1618)은 『성소부부고惺所覆瓿藁』에서 중종 대에 호남 출신의 인물 가운데 뛰어난 자가 매우 많았다고 하면서, 박상·박우 형제, 최산두, 유희춘, 양팽손, 나세찬, 임형수, 김인후, 임억령, 송순, 오겸 등이 그 중에서 가장 두드러진 인물이라 하였다. 그리고 그 후로도 박순, 이항, 양응정, 기대승, 고경명 등이 당시 학문이나 문장으로 이름을 높인 인물이라 평하였다.[150]

이들 호남 출신 당대 명사들은 대부분 '소쇄원 사람들'과 혈연·지연·학연으로 서로 밀접하게 연결되어 있어 소쇄원을 빈번하게 출입하였다. 양산보의 인맥은 주로 기묘사림과 친인척 출신으로 형성되어 그 층이 두꺼웠다. 그 중에서 가장 대표적인 사람이 면앙정 송순, 하서 김인후, 석천임억령, 송강 정철, 제봉 고경명이며, 정암 조광조의 사상적 영향 또한 무시할 수 없다. 이들 6인이 소쇄원의 정신적 근원이라는 것은 양채지(양산보의 5대손)가 1717년(숙종 43)에 광풍각을 중수하면서 쓴 시에 명확하게 제시되어 있다.[151]

소쇄원의 건립과 관리 및 중수는 소쇄공 양산보와 그 후손들에 의해 이루어졌지만, 그 규모면에서 볼 때에 그들만의 힘으로 그것이 쉽지 않았을 것이다. 특히 이주 1세대인 양산보 가계는 관직에 나아간 적도 없었을 뿐

■ ■ ■

150) 『성소부부고』 23, 설부(『국역 성소부부고』 3, 민족문화추진회, p.155).
151) 『소쇄원사실』 13, 「광풍각중수상량시」, pp.410~412.

만 아니라, 주요한 경제 기반인 토지나 노비를 다량 보유하고 있지도 않았다. 처가 김윤제, 외가 송순 등 주변 사람들의 경제적 후원이 없이는 그러한 일들이 불가능하였을 것이다.

김윤제는 15개 고을의 수령을 역임한 인물로 막강한 재력을 자랑했다. 증암천에 석교를 놓고 버선발로 걸어 다니다 황금 다리를 만들었다는 유언비어에 시달렸다는 『광주의 전설』 소재 설화를 통해서 그의 막강한 재력을 짐작할 수 있다. 농사용 보 축조나 환벽당 건립 등도 웬만한 재력 없이는 불가능한 일이다.

소쇄원의 건립에는 특히 송순의 지원이 컸던 것으로 보인다. 송순은 전라도 관찰사로 있으면서 소쇄원을 짓는 일을 도와주었다. 관직에 오래 있었던 그의 재력이 튼튼하였을 것이라는 점은 담양군 가사문학관에 소장된 그의 분재기分財記를 통하여 확인할 수 있는데, 그 재력으로 양산보를 도와주었을 것이다.

송순의 조부인 송복천이 소쇄공의 아버지 양사원의 장인이었기 때문에, 송순은 양산보보다 10살 많은 외종형인 것이다. 그는 1519년에 조광조 등 사림파에 의해 별시 문과를 합격한 후 사간원 정언을 지내다, 김안로가 정권을 잡자 1533년(중종 28)에 낙향하여 면앙정俛仰亭을 지었다. 그는 김안로가 사사된 후 경상 감사와 대사간 등 내외 요직을 역임하였다. 그후 1542년에는 윤원형에 의해 쫓겨 전라도 관찰사로 나간 후 대사헌과 이조 참판을 역임하다, 이기李芑에 의해 충청도 서천으로 유배가기도 하였다. 해배 후 선산 부사를 역임한 후 고향에 왔다가 다시 한성부 판윤을 지내다 1569년에 퇴임하고 15년여 고향에서 지내다 세상을 떠났다. 그는 고향 담양에 머물 때마다 많은 문도들을 양성하였을 뿐만 아니라, 소쇄원을 짓는 데에 재정적 지원도 아끼지 않았다.

이런 인연으로 송순과 양산보의 관계는 각별했다. 송순의 고조 송희경의 자필본『일본행록日本行錄』이 그의 서거 후 분실되었다. 이 책은 송희경이 1420년(세종 2)에 회례사로 일본에 다녀온 후 보고 들은 것을 시로 읊은 것으로, 현재 일본에서도 번역되어 널리 읽히고 있는 한일관계사 연구에 소중한 책이다. 이 책을 1556년(명종 11)에 양산보가 남원의 선비 오상吳祥으로부터 얻어서 송순에게 주었다. 그러자 송순이 소쇄원 아래에 살았던 죽림 조수문의 손녀사위인 소세양蘇世讓(1486~1562)의 서문을 받고 자신의 발문을 붙여 1559년에 발간하였다.[152] 양산보는 이 일을 끝내지도 못한 채 1557년에 세상을 뜨고 말았다. 물론 송순의 애절한 만장이 없을 수가 없었다.

양산보와 가장 절친했던 사람은 김인후다. 양산보보다 일곱 살 연하인 김인후는 10~20대의 젊은 나이에 소쇄원을 자주 들렀다. 최산두가 기묘사화로 1519년에 동복 적벽으로 유배왔는데, 하서 김인후는 1521년부터 수차례 최산두를 찾아가 학문을 배우고 서법을 익혔다. 장성에서 동복을 오갈 때마다 김인후는 소쇄원에 들러 묵으며 양산보와 도의로 교유하였을 뿐만 아니라 자녀 혼인을 약속하기도 하였다. 그때 그는 소쇄원에서 달을 넘기며 돌아갈 일을 잊은 채 경서를 토론했다 한다.[153] 양산보가 소

■ ■ ■

152) 『면앙집』6, 부록, 연보(『한국문집총간』26, p.280).
　　강주진, 「일본행록 해제」, 『국역 해행총재』Ⅷ, p.12.
153) 『소쇄원사실』2, 처사공, 「실기」, p.62.

쇄원을 건립한 시기가 바로 이때다.

김인후는 30대 후반에 고향에 내려온 뒤에도 소쇄원을 자주 방문한 것으로 보인다. 양산보의 「행장」에 따르면, 늙도록 오가며 만나면 서로 반가운 나머지 해가 저무는지 달이 밝는지도 모르고 의리에 대하여 그 뿌리부터 더듬어 가며 토론에 열중하였고, 때로는 술잔을 주고받으며 시를 노래하기도 하였다. 하서는 절의와 문장을 겸비한 뛰어난 도학자였고,[154] 양산보 또한 절의를 연구하고 실천하는 도학자였기에, 두 사람은 취향이 같아 이처럼 두터운 우정을 나누었던 것이다.

이러한 빈번한 교유 흔적은 하서의 문집에 그대로 남아 있다. 『하서전집』에는 양산보와 관련된 시가 80수, 양자징과 관련된 시가 50수에 이른다. 오면 왔다고, 못 가면 못 갔다고 시를 지었다. 밑에서 공부하다 부친을 봉양하러 친가로 돌아가는 사위를 통해 본인의 안부를 양산보에게 전하기도 하였다. 그런가 하면, 순창 점암촌에 있던 1548년(명종 3)에는 「소쇄원 형에게 드림奉呈瀟灑園」이라는 시에서 양산보로 하여금 가을이 다 가기 전에 틈을 내어 방문해 주도록 요청한 적도 있다. 이 시는 동짓날 부모님을 뵈러 친가에 가는 사위를 통해 보낸 것으로 보이는데, 이 시를 통하여 두터운 두 사람의 우정을 다시 한번 엿볼 수 있다.

소쇄원을 자주 들러 연못의 물고기가 자기를 알아볼 정도였다 한다. 너무 자주 들러 미안하였던지, 1548년에는 매화 소식을 핑계로 다시 방문해도 좋은지 물을 정도였다.[155] 특히 그는 소쇄원의 꽃, 바람, 향기 등을 좋

■ ■ ■

154) 안진오, 「하서의 도학적 경세사상」, 『호남유학의 탐구』, 이회, 1996, p.85.

「유정영객柳汀迎客(버드나무 개울가에서 손님을 맞으니)」, 심우재 그림, 45×60㎝, 수묵담채, 1999

아하여 늘 그리워한 시를 많이 남겼다.

이처럼 장성 출신 하서 김인후는 소쇄옹의 연하로서 젊은 시절은 물론
이고 낙향한 후에도 소쇄원을 출입하며 소쇄옹과 친구처럼 지냈다. 그가
성리학 연구에 박차를 가하여 당대의 최고 학자로 평가를 받을 수 있었던
것은 소쇄원에서의 정신적 안정과 지역 인사들과의 교유 덕택이기도 하
였다. 그는 마치 소쇄원을 자신의 원림처럼 여기며 드나들었지 않았을까?
그렇기 때문에 그가 「소쇄원48영」이라는 시를 남긴 것은 결코 우연이 아
니었다.

소쇄원을 설명하는 데에 있어서 제봉 고경명을 빼놓을 수 없다. 그는 정
치적 갈등을 겪은 1563년(명종 18)부터 19년 동안 광주에 내려와 있었다.
그런데 그는 고향 압보촌에 머물기보다는 창평에 자주 들러 식영정, 서하
당, 소쇄원 등을 오가며 생활하였다. 그러면서 양산보의 차남 양자징, 삼
남 양자정과 절친한 관계를 맺었고, 특히 연배가 비슷한 양자정과 깊은
우정을 나누었다. 이는 그가 양자정에게 자연과의 교감을 노래한 시를 여
러 편이나 주었던 것으로 미루어 짐작할 수 있다.[156)]

이러한 인연을 토대로 고경명은 담양에서 의병 봉기를 단행하였다. 또
양산보의 제문과 만장을 지었고, 양산보의 손자 천심과 천경을 제자로 맞
아들였을 뿐만 아니라, 천운이 임진왜란 때에 의병진에 들어오자 집으로
돌아가 연로하신 아버지(양자징)를 잘 모시라고 타이르기도 하였다. 고경

■ ■ ■

155) 『소쇄원사실』 4, 제현수증, 「무신상원봉기소쇄원」, p.96.
    『하서전집』 6, 「무신상원봉기소쇄원」(『한국문집총간』 33, p.118).
156) 박은숙, 「『제봉수고』에 대한 고찰」, 『16세기 호남 한시 연구』, 월인, 2004, p.342.

명의 막내아들 고용후와 양천경이 또한 절친한 우정을 유지하였던 것도 모두 이런 데서 비롯되었다.

곧 소쇄원은 소쇄원가의 활동 공간이기도 하였지만, 호남 사림들의 교유 장소이기도 하였다. 소쇄원의 자연적, 그리고 사상적 공간 구성은 당대 명사들의 발길을 사로잡는 데에 충분하였고, 당대의 명사들의 잦은 출입은 소쇄원의 위상을 끌어올리는 데에 크게 기여하였다. 특히 김인후와 고경명의 잦은 출입은 그들의 사상적 역량과 사회적 기반을 다지는 바탕이 되기도 하였다. 바로 이러한 점이 '소쇄원 사람들'에게 자부심으로 심어져 소쇄원을 지키고 가꾸는 데에 심혈을 쏟았을 것으로 여겨진다.

제 4 장
양자징의 학구당 건립과 필암서원 배향

1 노년의 관직 생활

양자징梁子澂(1523~1594)은 소쇄원을 건립한 양산보의 둘째 아들로 아버지가 이룬 가문의 위상을 유지하는 데에 큰 역할을 한 인물이다. 그는 늦게 결혼하여 3남 3녀를 두었는데, 기축옥사(1589년)에 휘말린 두 아들과 임진왜란(1592년) 때에 고경명과 함께 의병 봉기한 사위를 저 세상으로 자신보다 먼저 보내는 비운을 맞았다. 뒤이어 찾아온 정유재란(1597년) 때에는 딸·사위·며느리·손자 등이 일본군에게 죽거나 일본으로 붙잡혀 갔다.

또한 그는 천거로 두 곳의 수령을 역임하여 선정을 펼쳤고, 소쇄원 안에 고암정사鼓巖精舍라는 자신의 서재를 두어 지역 엘리트들과 폭넓게 교유하였다. 조선 내에서 유례를 찾기 힘든 학구당學求堂이라는 교육기관을 창건하는 데에 주도적 역할을 하며 지역 사회의 학문 발전과 후진 양성에도 크게 공헌하였다.

그리고 양자징은 호남 출신 인물 가운데 빼놓을 수 없는 사람인 하서河

西 김인후金麟厚(1510~1560)의 사위이자 수제자로 필암서원筆岩書院에 주인공과 함께 배향된 인물이다. 호남 출신 가운데 유일하게 문묘文廟에 배향된 인물이 김인후이고, 김인후는 그 많은 호남 서원 가운데 대원군의 서원훼철령 때에 광주의 포충사와 태인의 무성서원과 함께 훼철되지 않은 필암서원에 향사된 인물이다.

이상의 사실만으로도 양자징의 생애를 살펴볼 가치가 있겠지만, 아쉽게도 지금까지 체계적으로 밝혀진 바가 거의 없는 실정이다. 우리는 여기서 위에서 언급한 사안들을 하나씩 알아볼 것이다. 이러한 점들을 살피는 과정에서, 영세한 고을에 불과한 창평에서 호남을 대표할 만한 인물을 적지 않게 배출한 배경, 그리고 호남 현지에서 바라본 '정여립 사건'의 요인이 자연스럽게 드러날 것으로 여겨진다.

양산보는 광산 김씨와 혼인하여 3남 1녀를 두었는데, 둘째 아들이 양자징이다. 그는 아버지의 낙향(1519년) 4년 후인 1523년(중종 18)에 태어났고 임진왜란이 한창인 1594년(선조 27)에 소쇄원에서 세상을 떠났다. 자가 중명仲明이고, 호가 고암鼓岩이다. 고암이라는 호는 소쇄원 동쪽 옹정봉 윗자락에 있는 고암이라는 바위 이름에서 유래한 것이라고 한다. 그곳에는 고암굴이라는 동굴이 있다.

양자징은 일찍 어머니를 여의었다. 다섯 살에 모친상을 당했는데, 장례에 임하는 자세가 성인과 같았다 한다. 또한 홀로 계신 부친을 극진히 봉양하였으며, 부친이 세상을 떠나자 시묘侍墓 살이를 하며 울음을 그치지 않기도 하였다. 물론 이런 이야기는 조선시대의 어지간한 선비들에게서도 흔히 찾아볼 수 있지만, 그가 아버지로부터 효를 특별히 교육받았던 점을 상기하면 결코 과장은 아닐 것이다.

그는 아버지로부터 『소학』을 배워 10대 중반에 거의 모든 경서와 사서를 이해한 것으로 보인다. 식영정에 와 있던 석천 임억령林億齡(1496~1568)에게서도 학문이나 문장을 배웠을 것이다. 양자징이 술과 안주를 가지고 찾아오니 임억령이 감사의 시를 지어준 것으로 짐작할 수 있다.[157]

이후 그는 퇴계 이황李滉(1501~1570)의 문하에서도 수학하였다. 이황의 「문인록」에는 13명의 호남 사림이 수록되어 있는데, 그 중에 양자징이 들어 있다.[158] 구체적으로 어떤 경로를 거쳐 어떤 활동을 하였는지 알 수 없지만, 송시열이 지은 그의 「행장行狀」에도 이황 문하에서 수학했다고 기록되어 있다.

그는 하서 김인후로부터 소쇄원에서, 그리고 순창 훈몽재訓蒙齋에서 본격적으로 공부를 배운 후, 47세 때인 1569년(선조 2)에 향시鄕試에 응시하여 말석을 차지했다. 이때 제봉 고경명高敬命(1533~1592)이 합격을 축하하는 시를 지어 주면서, "올 겨울에 임금이 뛰어난 선비를 뽑는다 하니 분명코 합격할 것"이라고 위로하기도 하였다.[159] 하지만 그가 과거(사마시나 문과)에 합격한 것 같지는 않다. 그에 대한 기록이 전혀 보이지 않는다.

양자징은 전국의 숨은 인재를 천거하라는 선조宣祖(재위 1567~1608) 임금의 명령에 따라 고을 사람들에 의해 효자로 추천되었는데, 그를 전라 감

■ ■ ■

157) 『석천시집』 4, 「양중명향아연채신배 작시이사」(『한국문집총간』 27, p.398).
158) 고영진, 「이황학맥의 호남 전파와 유학사적 의의」, 『퇴계학과 한국문화』 32, 경북대 퇴계연구소, 2003, p.82.
159) 『소쇄원사실』 7, 고암공, 제현증장, 「증명향시거말이시위지」, p.216.
　　『제봉집』 2, 시, 「증명향시거말이시위지」(『한국문집총간』 42, p.46).

사 정종영鄭宗榮(재임 1569~1570)이 도내에서 제일로 천거하였다 한다. 1620년(광해군 12)에 전라도의 유생들이 그의 사우祠宇를 창건해 달라고 관찰사에게 보낸 소청에 1570년에 천거되었다고 기록되어 있는 것으로 보아,[160] 정종영의 천거가 있었던 것은 분명해 보인다. 그는 이해에 학구당을 창건하였다.

이로 인해 그는 천거가 행해진 해에 개성에 있는 태조 이성계의 옛집인 목청전穆淸殿[161]을 관리하는 종9품의 참봉參奉이라는 낮은 관직에 임명되었다. 48세에 첫 관직으로 길을 떠나는 양자징을, 그의 친구 제봉 고경명과 서하당 김성원金成遠(1525~1597)이 축하해 주었다.[162] 양자징은 중간에 덕종德宗(세조의 아들)의 영정을 봉안하는 연은전延恩殿[163] 참봉으로 자리를 옮겼다가,[164] 1572년에 고향에 내려온 것으로 보인다.[165]

소쇄원으로 돌아온 양자징은 광주 출신으로 영의정에 재임 중인 박순朴淳(1523~1589)에 의해 다시 한번 관직에 발탁되었다. 이 사실은 그의 「행장」에 수록되어 있다. 박순이 영의정에 임명된 때는 1579년(선조 12) 2월이다.[166]

■ ■ ■

160) 『소쇄원사실』 8, 고암공, 「청립고암선생사우서」, p.225.
161) 목청전은 계명전의 이름을 바꾼 것으로(『세종실록』 15, 세종 4년 1월 26일, 2-472), 개성에 있는 이성계의 옛집이다.
162) 『소쇄원사실』 7, 고암공, 제현증장, 「증명이방백천장…」, p.217.
    『소쇄원사실』 7, 고암공, 제현증장, 「송고암배목청전참봉」, p.218.
    『서하당유고』 상, 「송중명형배목청전참봉」(『한국역대문집총서』 528, p.36).
163) 『증보문헌비고』 38, 여지고 26, 궁실 2.
164) 『소쇄원사실』 7, 고암공, 제현증장, 「고암이연은전참봉장부감음일절」, p.217.
165) 『소쇄원사실』 7, 고암공, 제현증장, 「고암하제환가시이위해」, p.216.
166) 『선조수정실록』 13, 선조 12년 2월 1일(병자), 25-480.

이로 인해 양자징은 59세가 되는 1581년에 경상도 거창居昌 현감에 임명되어 1584년까지 역임하였는데, 동서분당(1575년) 이후 서인측 인사들과 친한 그가 동인 지역에 부임했던 것은 퇴계 문하에서의 수학이 작용했지 않았을까 한다. 이때에 죽천 박광전朴光前과 송강 정철鄭澈(1536~1593)이 임지로 떠나는 양자징을 축하해 주었다.[167] 박광전은 백성들의 흩어진 마음을 잘 잡아 칭송의 덕이 비석에 새겨질 것이라고 예상하였고, 정철은 빈궁한 백성을 살리고 삼강과 『소학』을 잘 가르치도록 당부하였다.

이들의 예상과 당부는 적중한 것 같다. 양자징은 사림파의 선구자인 정여창鄭汝昌 사우 건립에 자신의 봉급을 내놓아 선비들의 칭송을 받았고,[168] 읍내 북쪽 30리에 환곡을 관리하는 웅양창熊陽倉이라는 창고를 설치하여 또한 칭송을 얻었다.[169] 이러한 선정을 펼쳤기 때문에, 그는 비교적 오랜 기간인 3년 동안 거창 현감에 재임할 수 있었던 것이다. 당시 수령들은 보통 2년 내외 재임하였다.

그 후 양자징은 충청도 석성石城 현감으로 자리를 옮겼다. 그가 언제 이곳으로 부임해 왔는지 정확히 알 수 없다. 1639년 이전에 근무한 석성 수령들의 도임到任과 체임遞任 연월에 관한 자료가 인멸되어 존재하지 않기

■ ■ ■

167) 『소쇄원사실』 7, 고암공, 제현증장, 「고암장부거창임소시이전행」, p.219.
　　『소쇄원사실』 7, 고암공, 제현증장, 「송고암장지임아림현」, p.219.
　　『죽천집』 1, 시, 「송양군중명부거창」(『한국문집총간』 39, p.306).
　　『송강집』 속집 1, 7언절구, 「송양고암지임아림현」(『한국문집총간』 46, p.186).
168) 『소쇄원실기』 5, 고암공, 「실기」, p.166.
　　거창에 정여창을 배향한 서원은 1661년(현종 2)에 건립된 도산서원이다. 따라서 양자징이 건립에 앞장선 정여창 사우가 어떤 것인지에 대해서는 더 검토할 필요가 있겠다.
169) 『거창읍지』, 환적(『읍지』 1, p.533).

때문이다.[170] 그러나 1589년(선조 22)에 조헌趙憲(1544~1592)이 석성 현감으로 부임하는 양자징 앞으로 글을 보낸 것으로 보아,[171] 이때부터 재임한 것으로 보인다. 그러다가 그는 1591년까지 근무하였다.

그의 석성 현감 체임에 대해 「행장」에는 천경·천회 두 아들이 '정여립 사건'에 연루되어 투옥되자 사직하고 집에 돌아왔다고 기록되어 있다. 그런데 실록에는, 아들 천회가 잡혀온 뒤에 옥바라지를 핑계하고 관고의 물품을 공공연하게 실어 나른 석성 현감 양자징을 파직시키자고 사헌부에서 건의하자, 국왕이 아뢴 대로 하라고 하였다고 기록되어 있다.[172] 당시 상황은 동인을 처벌해야 한다는 양천경·천회의 상소가 정철의 사주로 빚어진 무고로 밝혀진 상태였기 때문에, 무고자의 아버지 또한 온전할 리가 없어 현감에서 파직된 것으로 보인다.

집에 돌아온 양자징은 두문불출하고 있다가, 1592년에 임진왜란을 맞았다. 그는 서울을 막지 못하고 국왕이 의주義州로 피난길을 떠났다는 소식을 듣고 의병을 일으키려고 하였지만, 당시 70세로 연로하여 실천에 옮길 수 없었다. 아마 전년에 두 아들이 죽어 상중이기 때문에 더더욱 그러하였을 것 같다. 3년 상중喪中에 사회활동을 중단하는 것은 당시의 상례喪禮였다. 전투를 하다가도 상을 당하면 중단하고 상을 치러야 할 정도로 상례는 당시 사람들에게 중요한 의례였다. 중요한 시험이나 대회를 앞둔 사

■ ■ ■

170) 「석성읍지」, 읍선생(「읍지」 7, p.408).
171) 「소쇄원사실」 7, 제현증장, 「증양석성고암장」, p.220.
　　　「중봉집」 1, 시, 「증양석성고암장」(「한국문집총간」 54, p.153).
172) 「선조실록」 25, 선조 24년 9월 16일(무인), 21−481.

람에게 그것에 전념하도록 배려하여 가족의 죽음을 알리지 않는 요즘의
세태로서는 이해하기 힘든 일일 것이다.

그가 지어 의병장 고경명과 김천일에게 보낸 「계고의장경명김의장천일
啓高義將敬命金義將千鎰」이라는 글이 일부 남아 있어 국난을 앞아서 바라만
보고 있었던 그의 애통한 심정을 간략하나마 짐작할 수 있다.[173] 우암 송
시열宋時烈(1607~1689)이 1685년에 지은 그의 「행장」에는 이런 사실이 잘
나타나 있다.

> 임진년(1592)에 왜군이 침략하여 임금이 서쪽 의주로 피신하는데, 공은
> 그때 연로한데다 병까지 들어 있었다. 주변 사람들에게 "나라에 큰 난리가
> 있어 임금이 파천하는 치욕을 당하고 있으므로, 신하는 죽음으로 의를 떨
> 치는 것이 마땅한데 노병으로 근왕을 못하니 차라리 죽어 없음만 못하다"
> 고 하면서 북쪽 하늘을 바라보며 통곡하였다. 건재 김천일과 제봉 고경명
> 이 의병을 모집하여 왜적을 토벌하려 한다는 말을 듣고 기뻐 안색을 바꾸
> 며 "이분들은 정말로 배운 바를 책임지고 있다"고 하면서, 아들 천운千運
> 을 보내 함께하도록 하고 군량까지 보냈다.[174]

문중의 전언에 의하면, 양자징은 참전을 못한 죄책감과 두 아들을 잃은
시름을 달래기 위해 소쇄원 뒤편 고암굴에 들어가 은신하다 1594년에 세

■ ■ ■

173) 『소쇄원사실』 5, 고암공, 「계고의장경명김의장천일」, p.159.
174) 『소쇄원사실』 6, 고암공, 「행장」, pp.176~184.
　　　『송자대전』 206, 행장, 고암양공행장(『한국문집총간』 115, p.8).

양자징이 말년에 은둔했던 고암굴

상을 떠났다. 남편을 따라 김씨 부인도 1596년(선조 29)에 65세를 일기로
죽었다.

양자징 본인은 의병에 참여를 못했지만, 바로 그때 창평 인근의 나주와
담양에서 나주 출신 김천일과 광주 출신 고경명이 각각 의병을 일으키자
크게 기뻐하며 아들 천운으로 하여금 군량을 가지고 가 함께하도록 당부
하였다. 이때 김천일은 1592년 5월 16일 기병하여 6월 3일 출병하였고,
고경명은 5월 29일 회맹會盟하여 6월 11일 북상하였다.[175] 이들 의병진에
참여한 인사들은 대부분 나주와 광주, 그리고 인근 장성·담양·순창·

■ ■ ■
175) 조원래, 「김천일의 의병활동과 그 성격」, 『임진왜란과 호남지방의 의병항쟁』, 아세아문화사, 2000,
    p.117.
    조원래, 「고경명의 의병운동과 금산성전투」, 앞의 책, pp.171~172.

화순·옥과·남원 출신이었다.

　부친의 당부에도 불구하고 양천운의 의병진 합류는 쉽지 않았다. 양천운은 두 의병장 가운데 가문의 친분이 두터운 고경명 의병진에 들어갔는데, 의병장 고경명이, 두 형의 죽음으로 형제간도 없이 독자가 되어 버린 양천운으로 하여금 돌아가서 연로하신 부친을 잘 봉양하라고 권했기 때문이다.

　이처럼 양자징은 아버지와 김인후로부터 수학하여 늦은 나이에 천거로 참봉을 거쳐 거창 현감에 나아가 선정을 베풀었다. 그러나 뜻하지 않은 아들의 죽음 때문에 석성 현감을 마지막으로 관직에서 물러나 고향으로 돌아왔다가 왜란이 한창일 때에 노환으로 의병에 참여하지도 못한 채 일생을 마쳤다.

2 늦은 결혼과 슬픈 가족들

(1) 늦게 한 결혼

양자징은 김인후의 딸과 결혼하였으나, 후사 없이 부인을 일찍 보내고 말았다. 우선 김인후의 가족 관계를 잠깐 알아보자. 김인후는 본관이 여흥인 윤임형尹任衡(윤달신의 아들)의 딸과 결혼하여 2남 4녀를 두었다. 장녀는 조희문, 차녀는 양자징, 삼녀는 유경렴과 각각 혼인하였으나, 말녀는 결혼 전에 죽었다. 김인후가 1553년(명종 8)에 자신의 아버지 묘지를 손수 지은 「선부군묘지先父君墓誌」에 따르면, 차녀와 말녀는 젊어서 일찍 죽었다.[176]

한편 김인후의 장인 윤임형은 창평 출신으로 생원 시험에 합격한 후 현감을 역임했고,[177] 그의 아버지 윤달신尹達莘은 문과 급제자로 소쇄원 아

■ ■ ■

176) 『하서전집』 12, 묘지명, 「선부군묘지」(『한국문집총간』 33, p.247).

〈표 9〉 울산 김씨 김인후의 가계

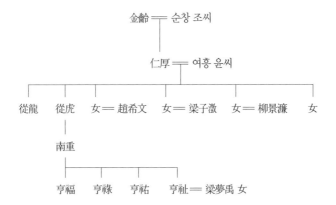

래에 사는 죽림 조수문曺秀文(1426~1494)의 사위이다.[178] 따라서 양자징의
배우자가 되어 자신보다 먼저 죽은 딸을 위해 김인후가 1550년(명종 5)에
손수 지은 「제문祭文」에서,

　　너의 시가 친척들은 다 우리와 통가通家하는 옛 정의로운 담을 연대고
　지붕을 맞닿아 거룩하게도 충후忠厚의 풍이 있으니, 그 누가 너를 박하게
　하려 하겠는가. 더구나 창평昌平이란 고을은 실로 너의 외가外家 고을이라
　사방을 돌아봐도 친족 마을 아닌 곳이 없으니, 네가 돌아가도 더욱 무료하
　진 않을 거다.[179]

■ ■ ■
177) 「호남창평지」.
178) 「창녕조씨족보」.
179) 「하서전집」 12, 제문, 「제양씨녀문」(「한국문집총간」 33, p.246).

라고 하였듯이, 창평은 김인후 자신의 처가 고을이었다. 이런 이유 때문에 김인후가 창평에 자주 들렀고, 그러한 과정에서 소쇄원과 자연스럽게 연결되어 양자징을 사위로 맞이했을 것이다.

이제 양자징의 혼인에 대해 알아보도록 하겠다. 양자징은 김인후의 둘째 딸과 스무 살을 훌쩍 넘긴 나이에 결혼한 것 같다. 손위 동서인 조희문趙希文(1527~1578)이 17세(1543년)에 김인후를 뵙고 바로 그의 장녀와 혼인한 것으로 보아,[180] 양자징은 당연히 그 다음에 결혼하였을 것이다. 그러면 1523년생인 양자징은 자연히 스무 살을 넘겨 결혼할 수밖에 없다. 당시 주변 엘리트들이 15~20세에 결혼했던 것에 비하면, 그는 비교적 늦은 나이에 혼인한 것이라고 볼 수 있다.

필경 무슨 사연이 있을 것 같다. 김인후는 1527년이나 1528년 무렵부터 소쇄원을 들른 것으로 확인된다. 김인후는 소쇄원에서 양산보와 밤을 새워가며 학문을 토론하면서 자녀들의 혼인도 약속했을 뿐만 아니라, 어린

〈표 10〉 양자징의 가계

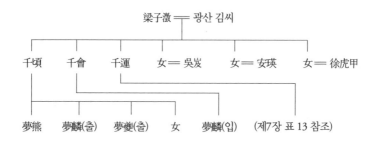

■ ■ ■

180) 『월계선생유집』 3, 연보(『한국역대문집총서』 1563, p.158).

양자징을 직접 가르치기도 하였다. 그럼에도 불구하고 김인후는 장녀를 다른 사람에게 출가시키고, 차녀를 스무 살이 넘은 '노총각'에게 출가시킨 것이다.

그런데 그녀는 자녀를 낳지 못하고 일찍 죽었다. 그래서 양자징은 광주 출신의 생원 김송명의 딸(1532~1596)을 두 번째 부인으로 맞아들여 3남 3녀를 낳았다. 문정공 김태현의 후손인 김송명은 생원으로 참봉을 역임한 김여휘의 아들로 각각 창평 출신인 양자징과 정언방을 사위로 두었고, 그의 손자 김대기는 양천운과 교분이 있어 소쇄원을 들르기도 하였다.

3남 3녀 가운데, 셋째 아들 양천운梁千運(1568~1637)을 제외한 2남 3녀가 모두 정쟁과 전란으로 비운을 맞았다. 장남과 차남은 '정여립 사건'에, 셋째 사위는 옥사에 휘말려 운명을 달리하였다. 그리고 장남의 가족과 첫째 딸·사위 및 둘째 사위가 왜란 때에 왜군에 죽거나 일본에 납치되는 희생을 겪었다.

(2) 정여립 사건에 휘말린 가족들

'정여립 사건'을 검토하기 전에 그것에 말려든 장남 양천경과 차남 양천회의 가족 관계에 대해서 먼저 알아보도록 하겠다.

양자징의 장자 천경千頃(1560~1591)은 자가 사왕士汪이고, 호가 석계石溪 또는 유사儒士이다. 『족보』에 따르면, 그는 뛰어난 문장력으로 이름이 높았다. 이는 어릴 때에 지석동에 잠시 머물렀던 고경명 밑에서 학문을 배웠고, 학구당에서도 공부한 결과로 보인다. 그러한 수준 높은 학문을 토대로 동생 천운과 함께 진사시에 응시하여 향시(예비시험)를 우수한 성적으로 통과하였으나 최종시험에서 그만 낙방하고 말았다. 그러나 그는 배우고 닦은 바를 꽃피우기도 전에 '정여립 사건'의 여파로 1591년(선조 24)에 32세의 나이로 죽었다.

양천경은 함풍 이씨(이유량[181]의 딸, 이중호의 외손)와 결혼하여 3남 1녀를 두었다. 장남은 몽웅夢熊(1581~1635)으로, 자가 여상汝祥이고 호가 매계梅溪이며, 남격南格(본관 의령)의 딸과 결혼하여 1남 2녀를 두었다. 양몽웅은 학구당에 입록되었고, 동향 출신 조한빈曹漢賓(1583~1640)과 함께 공부한 것으로 보아,[182] 꽤 활발한 사회 활동을 하였던 것 같다. 과거에도 응시했는데 그때 작은아버지 양천운이 시를 지어 합격을 기원하기도 하였다.[183] 차남 몽린夢麟(1583~1613), 삼남 몽기夢夔(1588~?), 장녀는 어머니 함풍 이씨와 함께 정유재란 때에 일본에 끌려갔다.

양자징의 차남 양천회梁千會(1563~1591) 역시 형과 함께 '정여립 사건'에 연루되어 1591년에 29세의 나이로 죽었다. 자가 사우士遇이고, 호는 석은石隱이며, 1588년(26세)에 생원시에 합격하였기 때문에 생원공이라고도 하였다. 성균관에 들어가 공부하기도 하였다. 그는 참의를 역임한 이유번李

■ ■ ■

181) 족보에는 이유량李惟諒으로 기록되어 있지만, 『은봉전서』에는 이유원李惟源으로 기록되어 있다. 그는 나주에 거주하며 딸 셋이 양천경, 이응남(함평 군수, 보성 거주), 유식(고령 군수, 서울 거주)에게 각각 출가하였다(『은봉전서』 3, 서, 「답여고문목」, 『한국문집총간』 80, p.274). 이러한 혼인관계로 보아 양천경의 처가는 당시 명문가였음이 분명하다.
182) 『계음집』 3, 문, 「제양여상몽웅문」.
183) 『소쇄원사실』 11, 영주공, 「송사질몽웅부회시」, p.340.

양자징의 큰아들 양천경의 묘

惟蕃(본관 광주)의 딸과 혼인하였으나, 후사 없이 죽고 말았다. 그리하여 후사를 잇기 위해 사후에 일본에서 돌아온 형의 차남 몽린을 입양받았다.

그러면 이어 '정여립 사건'을 알아보자. '정여립 사건'은 기축년(1589)에 일어난 옥사라 하여 '기축옥사己丑獄事'라고도 한다. 1589년(선조 22) 10월 2일에 황해도 관찰사 한준과 재령 군수 박충간이, 정여립이 역모를 꾀하였다고 고발하면서 시작되었다. 정여립鄭汝立(1546~1589)은 전주 출신으로서 서인의 대표적 인물인 율곡 이이李珥(1536~1584)의 신망을 입었으나 그가 죽은 후 동인에 합류하여 이발을 포함한 동인의 주요 인사들과 교유한 인물이다. 당시 그에게 씌워진 혐의는 대동계大同契를 조직하여 군사 훈련을 시킨 뒤 1589년 말에 서울에 쳐들어갈 계획을 세웠다는 것이다.

전라도 전주에서 계획되었다는 사건이 멀리 황해도에서 발각되었다는 사실 자체가 의문스럽기 짝이 없지만, 이를 보는 시각은 종전에 크게 두 가지로 나누어져 있었다. 하나는 기존의 통설로 정여립의 모반을 사실로 인정하는 견해이고,[184] 또 하나는 정여립의 모반 자체를 날조된 것으로 파악한 견해이다.[185] 최근에는 정여립의 모반 행위는 사실로 인정되어야 하나, 그것을 빌미로 옥사가 확대되어 역모와 관련이 없는 사람들까지 연루되었다는 지적이 제기되었는데,[186] 율곡 이이의 사후 열세에 있던 서인은 세력을 만회하는 계기로 삼기 위해 이 사건을 정쟁으로 몰아 옥사를 확대하였고, 호남 지역의 동인과 서인 사이에 향촌 지배권을 둘러싼 향전鄕戰의 측면도 있다는 것이다.

사건 발생 이래 동인 출신의 우의정 정언신鄭彦信이 재판장으로 있어 수사는 별다른 진전을 보지 못하고 있었다. 여기에 불씨를 당긴 것이 동년 10월 28일자 양천회梁千會의 상소였다. 정여립이 역모를 일으킨 것은 조정의 유력자와 서로 통하고 그 세력을 서로 의지하고 있기 때문이라고 하면서, 그와 친교가 있는 동인의 주요 인사인 이발·이길·백유양·정언지·정언신 등을 공모자로 거론하였다.[187]

■ ■ ■

184) 이태진, 「중앙오군영제의 성립과정」, 『한국군제사』 근세조선후기편, 육군본부, 1977.
185) 유일지, 「선조조 기축옥사에 대한 고찰」, 『청구대학논문집』 2, 청구대학교, 1959.
    이희권, 「정여립 모반사건에 대한 고찰」, 『창작과 비평』 10-3, 창작과비평사, 1975.
    김용덕, 「정여립 연구」, 『한국학보』 4, 일지사, 1976.
186) 우인수, 「정여립 모역사건의 진상과 기축옥의 성격」, 『역사교육론집』 12, 역사교육학회, 1988.
187) 『선조실록』 23, 선조 22년 10월 28일(임인), 21-464.
    이에 대해 동인 편에서 편찬한 『선조실록』에서는 정철이 자기들과 의견이 다른 사람들을 모조리 죽이기 위하여 양천회를 사주하여 올린 것이다 하였고, 서인 편에서 편찬한 『선조수정실록』에서는 국왕이 전교하기를 양천회의 상소가 늦었다고 한탄했다(『선조수정실록』 23, 선조 22년 11월 1일(을사), 25-586)는 상반된 평가를 내렸다.

양천회의 상소를 시작으로 사건의 파장은 일파만파로 확대되어 나갔다. 두려움에 떨고 있던 동인들에게 이는 죽음의 그림자를 알리는 신호탄이기도 하였다. 권력은 서인으로 넘어가고 재판장은 새로 우의정에 임명된 정철로 교체되어 강도 높은 동인 처벌이 진행되었다. 동인의 지도자급 인사들이 줄줄이 유배형에 처해지기 시작하였다. 가령, 김우옹은 회령으로, 정언지는 강계로, 홍종록은 구성으로, 이발·길 형제는 종성·희천으로, 백유양은 부령으로 각각 귀양갔다.

동년 12월 동복 출신 정암수丁巖壽(1534~1594)를 대표로 한 호남 유생 50인의 상소로 옥사는 걷잡을 수 없게 확대되었다. 이들은 이산해·유성룡을 비롯한 동인 거물급 인사들을 거론하기 시작하였으며, 나주의 나사침·덕명·덕준의 일가, 화순의 조대중, 남평의 이발·길 형제를 포함한 호남 지역의 주요 동인 인사들까지 반역당으로 지목하였다. 특히 호남의 명유로 불리던 나주 출신 정개청에 대해서 강한 처벌을 요구하기도 하였다.[188] 50인 가운데 국왕이 정암수·박천정·박대붕·임윤성·김승서·양산룡·이경남·김응회·유사경·유영 등 10인을 불러 허위 사실을 유포했다 하여 하옥하는 문책을 내렸지만, 이때부터 정개청 및 그의 문도들이 가혹한 형벌로 처벌받기 시작하였다.[189]

그런데 이들은 광주 향교에 모여 상소를 준비했다. 보성 출신 안방준安

■ ■ ■

188) 「선조실록」 23, 선조 22년 12월 14일(정해), 21-467.
189) 김동수, 「16~17세기 호남 사림의 존재형태에 대한 일고찰 — 특히 정개청의 문인집단과 자산서원의 치폐사건을 중심으로 하여」, 「역사학연구」 Ⅶ, 전남대 사학회, 1977.
    김문택, 「16~17세기 나주지방의 사족동향과 서원향전」, 「청계사학」 11, 청계사학회, 1994.

邦俊(1573~1654)의 문집인 『은봉전서』에 따르면, 나이가 가장 많은 정암수가 소두疏頭(연명상소에서 맨 먼저 이름을 적은 주동자)로 나서기는 했으나, 실제이를 뒤에서 조정한 사람은 양천경·강해姜海를 포함하여 5~6명이었다. 이들 주동자들은 변란 소식을 듣고 도내 유생들에게 통문을 돌려 "모월모일에 일시에 광주향교로 모이시오. 오지 않은 자는 모두 역적을 두둔하는 무리요."라고 하여 엄포를 놓기도 했다. 광주 출신의 동인 이발 형제를집어넣는 문제를 놓고 상소 작성 때에 반론도 있었지만, 양천경이 일사천리로 주도하여 그의 의도대로 처리되고 말았다는 것이다. 이렇게 볼 때에 1589년 12월 정암수를 소두로 한 상소에 양천경도 가담하였고, 작성 과정에서 주도적 역할을 수행했음을 알 수 있다.

양천경梁千頃의 공세는 여기에서 그치지 않고 사건 다음 해(1590년)에도계속되었다. 그는 5월에 나주 사람 양형梁泂과 함께 역적을 옹호한 죄로정언신을 처벌하도록 주장하여 그를 국문을 받던 중 장살杖殺당하게 하였다. 그리고 6월에는 수은 강항姜沆의 형인 영광 출신 강해와 함께 역적의수괴로 지목되어 온 길삼봉吉三峰이란 인물이 동인의 명사이자 경상도의명현인 최영경崔永慶이라 하여, 일부 서인들의 옹호에도 불구하고 결국 그를 죽게 만들었다. 양천경은 상소를 올려 최영경을 죽음으로 몰고 갔지만, 그의 상소는 오히려 반전의 계기가 되기도 하였다. 일부 서인들도 그의 상소를 최영경을 해치려는 음모라고 시인하기까지 하였다.[190]

'정여립 사건'은 정여립 측근을 문초하는 과정에서 여러 사람들의 이름

■ ■ ■

190) 『선조수정실록』 24, 선조 23년 6월 1일(신미), 25-598.

이 나오면서 확대되었지만, 양천경·천회를 스타트로 한 외방 유생들의 상소로 옥사가 확대되었던 것은 부정할 수 없는 사실이다. 그러면 양천경·천회 형제는 왜 동인을 강경하게 처벌할 것을 주장하여 많은 희생을 뒤따르게 했을까? 사건의 진행 과정을 검토하면서 이를 알아보도록 하자.

양천경·천회의 상소는 송강 정철鄭澈(1536~1593)의 사주로 작성된 것이라고 밝혀지기 시작하였다. 정철이 자기들과 의견이 다른 사람들을 모조리 죽이기 위하여 양천회를 사주하여 상소를 올리도록 했다는 것이다. 그리고 정철이 최영경을 옥사에 얽어매기 위하여 양천경·강해를 사주한 것으로 나타났다.

다 알다시피 양씨 형제는 당시 사건의 재판장이었던 정철과 매우 밀착된 인물이다. 정철은 본래 창평 출신은 아니었지만, 16세 때(1551년, 명종 6년)에 일가족이 을사사화를 피해 내려오는 바람에 비로소 창평 사람이 되었다. 창평에 내려온 그는 이듬해에 문화 유씨 유강항柳強項의 딸과 혼인한 후 처가가 살고 있는 유곡維谷(월구실)에서 거주하였던 것으로 추정된다. 그러면서 그는 남서쪽으로 10여 킬로미터 떨어진 증암천 유역을 자주 방문하였는데, 특히 그의 장인의 장인인 사촌 김윤제金允悌(1501~1572)의 눈에 띄어 김윤제의 별서인 환벽당을 자주 출입했으며 그로부터 공부를 배우기도 하였다. 환벽당이 소쇄원 아래에 있기 때문에, 이때에 정철은 소쇄원도 출입하였을 것이고, 그 과정에서 24~27세 아래인 양씨 형제와 자연스럽게 친분을 나누기도 하였을 것이다. 당시 정철은 정치적 갈등으로 자주 창평으로 내려왔는데, 그의 연보에 따르면 '정여립 사건'이 무르익던 1585년 8월에 사헌부·사간원의 논박을 받고 50세의 나이로 낙향하여 상당히 오래 머문 것으로 보인다.

당시 정철은 개인적으로 동인의 이발·정개청과 사이가 좋지 않았으며 최영경과도 정치적 갈등을 빚고 있었다. 결국 서인세력은 정여립의 모반을 빌미삼아 중앙 정계에서 동인의 유력 인사를 도태시키고 자신들이 다시 주도권을 장악할 수 있는 계기를 만들고자 하였고, 여기에 당시 서인세력의 대표 주자였던 정철에 의해 나이 어린 양천경 등이 이용되었다고 볼 수 있다.

사건이 발생한 지 2년이 지난 1591년(선조 24)에 접어들면서 정국은 다시 동인 편으로 반전되기 시작하였다. 동인은 각처 요직에 진출했고, 서인들은 줄줄이 쫓겨났다. 그리하여 양천경·천회 형제도 처벌을 면할 수 없는 상황에 직면하고 말았다. 그해 8월 13일 양천경·천회 형제는 강해, 김극관, 김극인, 조응기와 함께 무고죄로 잡혀와 국문을 당하였다.[191] 그 과정에서 양천경, 양천회, 강해 3인은 "정철의 풍지風旨(암시)를 받아 최영경이 길삼봉이라는 사실 무근의 말을 지어내어 서로 주장했다."고 자백하였다. 정철이 "네가 만일 최영경이 길삼봉이라고 고하면 좋은 벼슬을 할 수 있다."고 자기에게 말했다는 사실도 양천경은 털어놨다.[192]

이로 인해 정철은 함경도로 유배갔고, 이들 3인은 장형杖刑 후 유배형流配刑에 처해지려 하였으나, 장살이라 하여 수사를 받는 과정에서 심하게 곤장을 맞다 그만 죽고 말았다. 상소 내용은 정철과는 상관없이 시중에 떠도는 말을 모은 것에 불과하다는 동료들의 구원 상소에도 불구하고 이

■ ■ ■

191) 『선조실록』 25, 선조 24년 8월 13일(을사), 21-481.
192) 『선조실록』 146, 선조 35년 2월 7일(경오), 24-341.

들 3인은 목숨을 부지할 수 없었다. 이 사건을 후세 사람들은 '신묘사화辛 卯士禍'라고 한다. 두 아들이 무고죄로 심문을 받자 석성 현감인 부친 양자 징도 온전할 수가 없어, 관물官物을 사적으로 사용하고 있으므로 파직해 야 한다는 사헌부의 비판을 받게 되었다. 그 길로 양자징은 고향으로 돌 아오게 된다.

집에 돌아온 양자징은 두문불출하고 사람들과 교제를 끊어버렸다고 한 다. 그리고 평소에 자식 교육을 제대로 시키지 못한 죄를 한탄하며, 남은 가족들에게 함부로 남의 송사에 뛰어들지 말라고 훈계하였다. 이때 우계 성혼과 중봉 조헌이 편지를 보내 자식 잃은 아픔을 위로해 주었지만, 정 여립 부하와 양천경 · 천회 형제의 대질 신문을 지켜본 김여물金汝岉(1548 ~1592)이 그 내용을 적어 보낸 문서를 보고서야 스스로 위로하며 그 문서 를 가보로 간직했다 한다.[193] 김여물이 보낸 문서에는 앞서 언급한 '정철 사주설'이 들어 있었을 것이다.

서인에서 동인으로 정국이 바뀌었지만, 동인 측 수사 결과에 발끈한 서 인들은 쉽게 물러서지 않고 공세를 가하였다. 서인들은 양천경 등이 고문 에 못 이겨 거짓 자백을 했다고 주장하기 시작하였다. 사건 발생 3년이 지 난 1592년에 왜군이 침략하여 국왕이 피신하면서 정국 주도권이 동인에 서 서인으로 다시 넘어가자, 정철은 3도체찰사體察使로 복귀하여 논쟁의 초점을 서인 쪽으로 유리하게 또 한번 끌고 갔다. 나중에 정철의 아들 정

■ ■ ■

193) 『소쇄원사실』 6, 고암공, 「행장」, pp.180~181.
　　조헌의 위로 글은 그의 문집에 실려 있다(『중봉집』 2, 시, 「조양석성」, p.177).

종명과 홍명은 양천경이 고문을 견디지 못해 허위자백을 했다고 상소를 올렸다.[194] 결국 실체적 진실은 밝혀지지 않은 채 정철은 신원되었지만, 양천경·천회에 대한 평가는 역사 속에 묻혀 버려 두 사람의 목숨만 안타깝게 되었다.

　그런데 고문과 허위자백은 서인이 동인을 수사할 때에도 적지 않게 발생하였다. 수사를 받은 사람마다 길삼봉의 인상 착의와 체구를 천차만별로 자백하였던 것이 그것을 증명한다. 그러므로 동인이 수사한 것만 고문 수사라고 주장한 것은 설득력이 약하다. 또한 양천경 등이 정철의 사주를 받지 않고 독자적으로 상소를 올렸다는 증거도 그 많은 '기축옥사' 관련 자료에 보이지 않는다. 양천경 등이 어떤 철학과 현실인식을 지니고 있었기에 그런 상소를 올렸는지에 대한 근거가 거의 없다는 것이다. 실제 호남지방의 시골에 살고 있는 젊은이들이 외부의 정보 도움 없이 방대하고 자세한 내용이 담긴 상소를 독자적으로 작성한다는 것은 그렇게 쉬운 일이 아니다. 그리고 길삼봉이 최영경이라는 것도 밝혀진 적이 없다. 서인의 주장이 관철되려면 최영경이 반역의 수괴라는 점을 입증해야 하는데, 이 점은 일보의 진전도 없이 꼬리를 감추고 말았다. 이렇게 볼 때에 서인의 반론은 실체적 진실에 접근하지도 못한 채, 양천경·천회의 자백은 고문에 못이긴 허위자백으로 법적 효력이 없고, 그것에 근거한 서인 처벌은 부당하다는 식으로 일관되었다고 볼 수 있다.

■ ■ ■

194) 『광해군일기』 23, 1년 12월 23일, 31-476.
　　『인조실록』 6, 인조 2년 5월 29일, 33-621.

더군다나 양씨가는 동인의 유력 인사들과 깊은 관계를 맺고 있었다. 양산보의 서녀가 동복 출신 정붕丁鵬에게 출가했는데, 정붕의 딸이 이발李潑의 첩이 되었기 때문이다. 또한 양천경의 부인 함풍 이씨는 이중호李仲虎(1512~1554)의 외손인데, 이중호는 광주 '양과동' 출신으로 문과에 급제한 후 도승지와 전라 감사를 역임했으며, 이급·이발·이길·이직 4형제를 두었다. 이중에서 이발과 이길李洁은 동인의 대표적 인사로 '정여립 사건' 때에 양천경·천회를 포함한 서인의 공격으로 희생되었다.

그리고 '정여립 사건' 3년 전에 양자징은 정암수와 함께 동인 측 인사인 이길·조대중과 교유한 적도 있다. 1586년(선조 19)에 퇴계의 제자이자 동인의 유력 인사인 나주 목사 김성일金誠一(1538~1593)이 경상도 예안 출신으로 역시 퇴계 제자인 동복 현감 김부륜金富倫(1531~1598)[195]의 초청으로 적벽에 놀러갔다. 김성일이 나주를 출발하여 남평에 들러 이길·황복과 함께, 그리고 화순에 들러 조대중과 합류하여 적벽에 도착하자, 양자징이 동복 유림인 하대붕·정암수·정형운 등과 학봉 일행을 접대했다.[196] 소리를 듣고 술과 글을 주고받으며 꽤 흥겹고 정다운 시간을 보냈던 것으로 보인다. 또한 '정여립 사건'이 한창인 1590년(선조 23) 여름에 양자징의 동생 양자정은 여전히 동복 현감으로 재임 중인 김부륜, 그리고 정암수들과 환벽당 앞 계곡에서 더위를 식히는 탁열연회濯熱宴會를 가진 적이 있다. 이 장면은 목판으로 판각되어 연회를 주최한 김성원의 문집인

■ ■ ■

195) 김부륜에 대해서는 그의 행장이 참고된다(『설월당집』 6, 부록, 『한국문집총간』 41, p.98).
196) 『학봉집』 속5, 기, 「유적벽기」(『한국문집총간』 48, p.262).

『서하당유고』에 수록되어 있다.

이렇게 볼 때 양씨가는 '정여립 사건'에서 적대 관계였던 동인 측 인사(이발·이길·조대중)들과 인척 관계였을 뿐만 아니라 교유 관계도 깊었음을 알 수 있다. 양씨가와 함께 동인을 공격했던 정암수도 동인 인사(이길·김성일·김부륜)들과 여러 차례 교유가 있었던 것을 또한 확인하였다. 1589년 12월 상소의 소두였던 정암수는 김부륜 직전에 동복 현감이었던 동인 출신이자 퇴계의 제자 정구鄭逑(1543~1620)와도 교분이 있었다.[197] 그렇다면 동인 인사들과 적지 않은 친분이 있는 양천경·천회, 그리고 정암수가 외부의 '개입' 없이 스스로 동인들을 공격했을 것 같지는 않다.

그렇다 하더라도 양천경·천회 형제도 정국을 소용돌이로 몰고 간 점에 대하여 역사적 책임으로부터 자유로울 수는 없을 것 같다. 더군다나 이들의 상소로 인해 호남의 유력한 신진사림(이발·길, 조대중, 정개청, 나사침·덕명)들이 줄줄이 목숨을 잃어 지역 엘리트의 고갈 현상을 가져왔다. 정철의 사주를 받은 것이건, 십분 양보하여 분위기에 휩쓸려 젊은 충동에서 우러나온 것이건 간에, 정확한 증거도 없이 상소를 올려 사태를 확산시킨 행위는 과거에 응시한 바 있는 유생으로서 경솔했다는 비판을 모면하기 어렵다. 이 점은 절의를 목숨처럼 숭고하게 여겨온 할아버지(양산보)의 발자취에 누가 된 것으로 여겨진다.

나만 옳고 남은 그르다는 독선을 모두 꺼내 반성의 도마에 올려놓고 역사 앞에 참회하는 기회가 한번도 없었다. 그 결과 '정여립 사건'에 대한

■ ■ ■

197) 『창랑유집』 1, 시, 「정한강자창랑환도적벽선대운」.

논쟁은 가라앉지 않고 확대 재생산되어 그 실체가 불분명한 채 오늘에 이르고 있다. 그렇지만 적어도 정씨가와 양씨가가 이후 내내 거의 혼인 관계를 맺지 않았다는 사실은, 이 사건의 실체적 진실을 가늠하는 데에 참고할 만한 정보가 되지 않을까 한다.

(3) 왜란에 희생된 가족들

양자징의 후손 중에서 장남의 가족, 첫째 딸 부부, 둘째 딸 사위가 왜란 때에 희생되었다. 뒤에서 자세히 언급되기 때문에 여기에서는 간단히 소개하는 것으로 그치겠다. 그의 장남 양천경의 3남 1녀 가운데, 차남 몽린夢麟, 삼남 몽기夢夔, 장녀는 어머니 함풍 이씨와 함께 1597년 정유재란 때에 왜군에 납치되어 일본에 끌려갔다. 당시 일본군은 전라도 일원을 점령한 후 살인·약탈·방화·납치 등 잔인한 점령 정책을 펴며, 창평에도 들이닥쳤다.

이때 양천경의 가족 4명은 피란을 가다 일본의 수군 장수 와키자카 야스하루脇坂安治(1554~1626) 부대에게 붙들려 일본에 끌려가는 비운을 맞았다. 당시 몽린은 15세, 몽기는 10세, 그리고 장녀는 몽린이 누이동생으로 부른 것으로 보아 몽기 위인 것 같다. 따라서 이들은 10~15세의 어린 나이에 납치되어 와키자카와 함께 그가 영주로 있는 아와지淡路 지방으로 이송되었다가, 와키자카의 영지領地가 바뀌는 바람에 그와 함께 이요伊像 지방으로 옮기었다.

영주 자리에서 은퇴한 와키자카는 1617년(광해군 9)에 교토京都로 가기
위해 함풍 이씨, 몽린, 장녀 3인만 데리고 오사카大阪에 머물렀고, 아들이
이어받은 이요에 몽기를 혼자 남겨두었다. 당시 와키자카는 몽린을 옆에
두고 차를 끓이는 다방주茶坊主 일을 시키면서 행여 도망칠까 봐 늙은 모
친과 누이동생을 인질로 붙들고 있었다.

바로 이때 일본에 간 통신사通信使에 의해 이들은 9월에 발견되어 사행
원使行員들과 함께 10월 18일에 꿈에도 그리던 고국 부산에 도착하였다.
함풍 이씨·몽린·딸은 오사카에서, 몽기는 이요에서 각각 출발하여 쓰
시마對馬島에서 극적으로 상봉한 후 모두 나이 서른 살을 넘겨 20년 만에
귀국하였다.

함풍 이씨는 귀국 후 장수하여 1637년까지 살아 있었는데, 이때까지의
생존 사실은 큰아들(양몽웅)의 친구 조한빈이 1637년에 지은 큰 아들 제문
에 기록되어 있다. 남편 양천경이 1560년 생인 점으로 미루어, 1637년 당
시 함풍 이씨는 70세를 넘었을 것으로 여겨진다.

양몽린은 귀국 후 후사 없이 죽은 작은아버지(양천회)에게 입양되었다.
그리고 그는 광주 '양과동' 출신으로 증조 할아버지(양산보)의 만장을 쓴
적이 있는 유사柳泗(본관 서산)의 증손녀와 결혼하여 1남을 두었다. 그런데
유현柳玄[198]의 딸인 그녀의 오라버니 명환命環 또한 어머니와 함께 정유재
란 때에 일본에 끌려갔다가 양씨가와 함께 돌아왔다. 따라서 양몽린은 일

<hr />

198) 『제주양씨족보』에는 '玄'으로 기재되어 있으나, 유사의 문집인 『설강유고』(부록, 가장)에는 '玹'으로
기재되어 있다.

본에 끌려갔다 함께 귀국한 유명환의 누이와 결혼한 셈이다.

양몽기는 당시 통신사 사행록에 몽인夢寅으로 기록된 것으로 보아, 원래 몽인이었는데 귀국 후 몽기로 개명되어 족보에 수록되었을 것이다. 이는 학구당 「당안堂案」에서 확인할 수 있는데, '양몽인 개명몽기梁夢寅 改名夢夔'[199]라고 분명히 기록되어 있다. 그는 귀국 후 양자정의 둘째 아들 천주에게 입양된 후 전주 이씨와 결혼하여 역시 1남만을 두었다.

장녀는 귀국하여 채립蔡苙에게 출가하여 2남 1녀를 두었다. 그런데 채립은 학구당에 등재된 인물로 보아 창평 출신임이 분명하다.

지금까지 양자징의 아들 천경의 가족에 대해서 살펴보았는데, 이어서 딸들을 알아보겠다.

양자징의 장녀는 광주 출신 오급吳岌의 아내로 아들 하나만 두었다. 오급은 1549년에 문과에 급제하여 검열檢閱을 역임한 빈賓의 손자로,[200] 양자징의 만장을 쓰기도 하였다. 오씨 부부는 정유재란 때에 함께 왜적에게 목숨을 빼앗겼고, 이 사실은 광주와 창평의 『읍지』 열녀 조항에 모두 수록되어 있다.

차녀는 금산전투에서 28세의 나이로 고경명과 함께 순절한 임란 의병장 안영安瑛과 혼인하였다. 남원 출신인 안영은 기묘명현 안처순의 증손자로, 1592년에 담양에서 봉기하여 고경명 의병진의 종사관으로 활약하였다. 남편이 순절해 홀로 된 그녀는 친정으로 돌아온 것으로 보인다.

■ ■ ■

199) 정동수 편, 『창평학구당안』, 영창문화사, 1986, p.66.
200) 『광주읍지』.
　　『제주양씨족보』.

한편, 양자징의 삼녀는 충청도 은진 출신의 서호갑徐虎甲에게 출가했는데, 서호갑은 서익의 아들이다. 서익徐益(1542~1587)은 광주 출신 영의정 박순의 천거로 1585년(선조 18)에 의주 목사를 역임하면서 이이·정철·박순 등을 옹호하여 정여립으로부터 탄핵을 받은 적이 있다. 그는 정실로부터 영갑·호갑, 측실로부터 인갑·양갑·영갑·옥갑 등 여섯 아들을 두었다.[201] 이들은 1613년(광해군 5)에 집권 대북파 정인홍·이이첨이 반대파를 제거하기 위해 일으킨, 이른바 '서양갑과 심우영 옥사'에 대거 연루되었다. 이로 인해 당사자(서양갑) 외에 서영갑·호갑·용갑 형제, 서운준(서용갑의 아들), 심섭(심우영의 아들) 등이 문초를 받았다. 이들은 뒤에 유배가거나 처형되었는데,[202] 서호갑은 양천운의 행장 내용으로 보아 귀양가서 죽은 것으로 보인다. 서씨 일가가 정치적인 화를 입고 말았던 것이다.

이처럼 양자징은 3남 3녀를 두어 두 아들을 사마시에 합격시키고 딸들을 명문가에 출가시키는 영광을 누렸지만, 다섯 자녀를 비운에 보내는 슬픔을 겪기도 하였다. 장자 천경과 차남 천회가 신묘사화로 죽임을 당하였고, 천경의 가족이 일본에 끌려가는 비운마저 겪었다. 그리고 세 자매 또한 전란이나 정쟁으로 역시 순탄한 생활을 하지 못하였다. 오직 셋째 천운만이 온전히 살아남아 소쇄원가를 재건하는 데에 힘을 쏟았던 것이다.

---

201) 『만죽헌집』 부록, 행장(『한국문집총간』 속5, p.209).
202) 『광해군일기』 66, 광해군 5년 5월 3일(경신), 32-168.
    『광해군일기』 75, 광해군 6년 2월 12일(갑오), 32-278.

3 양자징의 향촌 활동

(1) 학구당 창건

창평에 살고 있는 사람들은 힘을 모아 1570년(선조 3)에 학문을 연구하며 유학 기풍을 진작시키기 위해 학구당學求堂이라는 교육기관을 창건하여 함께 공부하였다. 이러한 학구당은 당시 조선에서 유례를 찾기 힘든 독특한 사례로 보인다.

학구당의 창건에 참여한 사람들은 김, 노, 박, 송, 신, 안, 양, 오, 유, 이, 전, 정, 조, 진, 채, 최, 현 등 25개 성씨 출신들이다. 이들 가운데 과거 시험에 합격하거나 관직을 역임한 명문가 출신이 대부분이지만, 정병正兵으로 군대에 입대한 평민 수준의 인물도 섞여 있다. 아마 창립 초기에는 가문의 고저나 신분의 상하를 특별히 구분하지 않고 평민 이상의 사람이면 참여할 수 있었던 것으로 보인다. 그러므로 이들 상하인들은, 일찍이 길

양자징이 앞장서 창건한 학구당

재吉再(1353~1419)가 경상도 금오산 아래에 상하 양재의 서재를 두어 상재
上齋는 벌열후예, 하재下齋는 향곡천족의 공부방으로 삼았던 것처럼,[203] 상
재와 하재로 나뉘어 수용되었을 것이다.

　창립 당시 당원은 안우문安友文을 포함하여 모두 83명으로 기록되어 있
다. 이들 가운데 환학당 조여심曺汝諶(1518~1594)과 고암 양자징梁子澂이 대표
적 인물이었다. 1916년에 정운오鄭雲五가 지은 「중수학구당기」에 의하면,

　　우리나라 명종, 선조 대에 조환학曺喚鶴과 양고암梁鼓岩 등 모든 선현들

■ ■ ■

203) 이병휴, 「여말선초의 과업교육 — 서재를 중심으로」, 『역사학보』 67, 역사학회, 1975, p.188.

이 서로 협력하여 글을 읽고 도를 닦는 도량으로 만들면서 당안堂案을 만들고 재정을 조달하여 문서를 작성하고 당지기를 두어 수위를 명령하고 전토를 사들이어 선비들의 글 읽는 자료로 만들어 이 집을 학구당이라고 편액하였다.[204)

고 하여, 조여심과 양자징 2인이 학구당 창건을 주도했다고 한다. 이들 두 사람이 연장자이면서 도의와 학문이 으뜸이어서 학구당 창건을 주도한 것으로 여겨진다.

양자징보다 5년 연상인 조여심은 소쇄원 아래 분향리에서 살았던 죽림 조수문曺秀文(1426~1494)의 손자로 명종 대에 생원 시험에 합격하였다. 조수문은 김종직과 함께 공부한 후 평생을 고향에서 죽림정사를 짓고 후학을 양성하다 일생을 마친 인물이다. 이런 연유로 당시 창평에서 조씨가의 활약은 두드러졌다.

양자징은 학구당의 건립에 주도적인 역할을 했지만, 건립 직후 목청전·연은전의 참봉직(재임 1570~1572)에 나가느라 창평에 없었고, 1580년 대에는 수령직을 맡아 경상도 거창과 충청도 석성에 나가 있었다. 그러므로 이후 운영에는 깊이 간여할 수 없었지만, 그의 동생 양자정梁子淳(1527~1597?)이 당장堂長이나 장의掌議를 맡아 운영에 참여하였다. 이외의 소쇄원 사람들로 양천심, 양천경, 양천회 등이 학구당에 참여하였다.

학업을 위해 1570년 창립 당시에 『자양집』, 『가례』, 『19사략』, 『소학』,

■ ■ ■

204) 『담양문헌집』, 담양향토문화연구회, 2004, p.1004.

『서부』, 『간재집』을, 그리고 추가로 1580년에 『문선』을, 1581년에 『중용』을 구비하였다. 여기에서 주목되는 서적이 10권 전질로 있었다는 『자양집紫陽集』이다. 『자양집』은 주자의 문집인 『주자대전』을 말한다. 이를 통해 학구당에서 행한 교육 수준이 고등교육, 더 나아가 과거시험을 준비하는 과업 교육이었음을 알 수 있다.

　그리고 와가 23칸의 공부방을 짓고 측간용으로 와가 1칸도 지었다. 이 정도 규모의 교사가 있었다면, 분명 공부방이 상재와 하재로 나누어져 있었을 것이다. 또한 창립 당시 관내의 현내면 · 남면 · 북면 · 서면 등 4면에 68복卜 34속束, 즉 27마지기斗落 내외라는 적지 않은 규모의 논을 마련하여 운영 경비에 충당하도록 하였다. 또 고려 때에 창건된 향적사鄕積寺의 4명의 승려로 하여금 학구당을 지키도록 하였다. 이렇게 볼 때에 창립 당시 학구당의 교육 기반이 매우 튼튼하고 대규모였음을 알 수 있다.

　창립자들은 학구당의 효율적인 운영을 위해 조직을 두었는데, 당장堂長 2 · 3인에, 1년 임기의 장의掌議 1인과 유사有司 2인을 두었다. 학전學田의 관리를 처음에는 하인(향적사 승려)들에게 일임했는데, 1595년부터 2명의 유사로 하여금 책임지고 감독하여 소출을 거두도록 하였다. 장의 · 유사는 곡물의 이자 불림도 책임지고 해야 하였다.[205] 그리고 학사 규정도 마련하여 2명씩 10일간 돌아가며 훈회訓誨하도록 하거나, 훈례訓禮를 거행하지 않으면 추방하도록 하였다. 풍기를 문란시킨 자에 대해서는 벌을 가하는 벌칙도 제정하였다.

■ ■ ■

205) 『월성세고』 4, 『삼우유고』, 「학구당입의략」.

상당히 짜임새 있는 관리 규정과 학사 규정을 두어 학구당을 운영했음을 알 수 있다. 그러므로 그 효과 또한 상당하였다. 1845년(현종 11)에 창평현감 서긍보徐兢輔는 자신이 지은 「학구당중수기」에서, 호남의 인물이 팔도의 으뜸이라고 하는데 창평의 인물이 또한 호남의 으뜸인 것은 그 유래가 교육에서 오는 것이라고 하였다. 그러면서 학구당의 제도가 중요하고 아름다운 뜻이 바로 여기에 있다고 하였다.[206] 이렇게 볼 때에 학구당은 이 지역 인재 육성에 적지 않은 역할을 하였던 것으로 보이고, 그러한 점 때문에 지금까지 그 명맥이 내려온 것으로 여겨진다.

이러한 학구당은 멀리는 여말선초의 서재 교육을 계승한 것이지만, 16세기 사학의 흥기와 맥을 같이하고 있다. 건국 이후 편성된 관학 교육이 이때에 이르면서 쇠퇴하고, 대신 사학이 흥기하게 된다. 그런데 당시 사학은 초등교육에 해당하는 서당書堂, 중등교육에 해당하는 학당學堂으로 설립되어 운영되었다. 학구당은 교재나 학사 규정 등을 두고 볼 때에 학당 수준의 교육기관이었다.

일찍이 「상춘곡」의 작자로 널리 알려진 정극인丁克仁(1401~1481)이 15세기 말에 태인 고현내에 가숙家塾을 세워서 자제와 그곳 친족들에게 교육의 기회를 제공했다. 그의 사후 16세기 초반에는 그것이 송세림宋世琳에 의해 향학당鄕學堂으로 발전하여 강당과 재사를 갖추었고 교육받는 학도가 50명에 이르렀다.[207] 면앙정 송순이 전라도 관찰사가 되어 태인을 방

■ ■ ■
206) 『담양문헌집』, 담양향토문화연구회, 2004, p.1003.
207) 백승종, 『한국사회사연구』, 일조각, 1996, p.95.

19세기 창평 고지도에 표기된 학구당

문했을 때에, 이를 송세림이 계승하여 운영하고 있었다.[208]

　학당은 사림들이 크게 활약하면서 전국에 들어서기 시작하였다. 퇴계 이황이 설립한 도산서당이 학당의 범주에 속하는 것이다(뒤에 도산서원으로

■ ■ ■

208) 『면앙집』 2, 시, 「차태인고현학당운」(『한국문집총간』 26, p.206).

변천). 그리고 우계 성혼成渾(1535~1598)이 경기도 파주에 1565년 무렵에 세운 우계서실, 율곡 이이李珥(1536~1584)가 황해도 해주에 1578년에 세운 은병정사는 학규와 학사와 임원을 두어 학도를 양성하였다.[209] 이외에 화담 서경덕徐敬德(1489~1546)이 개성에서, 남명 조식曹植(1501~1572)이 창녕에서 학당을 설립하여 문도 교육을 행하고 있었다.[210]

이처럼 창평의 학구당은 당시 사림들에 의해 들어서기 시작한 학당의 설립 붐과 맥을 같이하는 것이다. 그러나 학구당은 이들 학당과 비교하여 여러 면에서 달랐다. 도산서당을 비롯한 학당은 개인이 설립하여 자신의 학설을 전파하고 제자를 양성하는 곳이었지만, 학구당은 지역 인사들이 자신이나 자녀들의 학문 증진을 위해 집단으로 참여하여 운영하는 곳이었다. 그리고 도산서당을 포함한 학당은 16세기 중반 이후에 서원으로 개편되었는데, 학구당은 그렇지 않고 순수한 학당으로 명맥을 유지하였다.

이러한 학구당은, 호남은 물론이고 전국적으로 유례를 찾기 어려운 것으로 보이고, 그런 점에서 학구당의 존재 의미는 높다고 볼 수 있다. 바로 이러한 학구당을 창건하는 데에 양자징이 주도적인 역할을 하여 지역 인재 양성에 공헌하였던 것이다.

■ ■ ■

209) 임형택, 「16세기 사림의 학당 창설」, 『실사구시의 한국학』, 창작과비평사, 2000, pp.364~365.
210) 홍희유, 『조선교육사』, 박이정, 1998, p.141.

(2) 고암정사 건립

양자징은 48세가 되는 1570년까지 소쇄원에서 줄곧 생활하며, 학구당 창건에 주도적인 역할을 하였다. 차남인 그가 활발한 사회 활동을 하기 위해서는 소쇄원은 적지 않은 제약이 뒤따랐을 것이다. 이런 점에서 그에게도 독립적인 공간이 필요하였을 것 같다. 이를 위해 소쇄원 안에 건립한 것이 고암정사鼓巖精舍다.

고암정사가 언제 건립되었는지에 대해서는 자료가 남아 있지 않아 자세히 알 수 없다. 1574년(선조 7)에 고경명이 지어 양자정에게 준 시에 따르면, 양자정의 활동 공간인 부훤당負暄堂이 고암정사 서쪽에 있다고 하였다.[211] 이로 보아 고암정사는 양자징이 관직에 나아가기 전인 1570년 이전에 건립되었을 것으로 추정할 수 있다. 아마 그 시기는 훨씬 이전이었을 것으로 보인다.

그러면 고암정사는 어떤 모습이었으며, 어떤 정취를 띠고 있었을까. 18세기에 제작된 「소쇄원도」를 보면, 고암정사는 팔작 지붕 형태의 다른 건물들과는 달리 맞배 지붕을 한 3칸 건물이었다. 또 제월당 서쪽 아래에 담장 너머 부훤당과 함께 있어 소쇄원과는 다소 격리된 느낌을 주는데, 소쇄원의 공간 구성을 해치지 않기 위해 담장 너머에 이들을 지은 것으로 보인다. 고암정사는 중간에 사라지고 현재는 대나무로 덮인 터만 남아 있다.

■ ■ ■

211) 『소쇄원사실』 9, 지암공, 제현수증, 「부훤당차면앙운증주인양계명」, p.256.
　　『제봉집』 3, 시, 「부훤당차면앙운」(『한국문집총간』 42, p.63).

고암정사의 분위기도 소쇄원 경내에 있어 아름답고 깨끗했다. 동생 양자정이 1582년(선조 15)에 거창 현감으로 나가 있는 형에게 보낸 시에서

별서別墅(소쇄원) 옆에 자그마한 집 새로 지으니

창에 비친 연기가 흥을 돋우네.

열매·곡식 모두가 알차게 드리워지니

턱수염은 술잔에 젖어 있구나.

술상에 괴인 청탁淸濁 과연 좋으니

이웃의 친한 친구 상관치 않아.

효우孝友의 남은 즐거움은 마을에 함께 하니

농부와 함께 있는 내 즐거움을 그 누가 알리요.[212]

라 하여, 고암정사는 소쇄원 옆에 있는데 아침저녁으로 피어오르는 연기가 그윽하여 흥을 돋운다 하였다. 고암정사는 소쇄원 안에 있어 돌아가신 아버지를 가까이서 받들 수 있을 뿐만 아니라, 부훤당과 인접해 있어 동생과의 우정도 함께할 수 있었다. 그래서 양자정은 효우孝友가 마을에 함께한다고 형에게 보낸 시에서 말하였던 것이다.

양자징·자정 형제처럼 부친의 별서 안에 자신의 거처지를 마련하는 경우는 효우를 숭상하는 차원에서 종종 시도되었다. 양성지梁誠之(1415~1482)의 네 아들이 아버지의 별서(경기도 통진 대포곡) 근방 전후좌우에 각각 촌장村莊

■ ■ ■

212) 『소쇄원사실』 9, 지암공, 「지가형고암정사」, p.252.

을 짓고 동거나 다름없이 생활하였고,[213) 이 무렵 이종검·종겸 형제가 경기도 용인의 쌍계 좌우에 정자를 짓고 함께 생활하였다.[214) 유교 윤리에서 효우가 매우 중요한 덕목이었기에, 이러한 현상이 나타났을 것이다.

■ ■ ■

213) 『눌재집』 6, 부록, 「통진현대포곡별서낙성기」(『한국문집총간』 9, p.370).
214) 『동문선』 속13, 기, 「효우정기」.

4 양자징의 필암서원 배향

(1) 소쇄원과 김인후

김인후는 그 누구보다 소쇄원을 자주 방문하여 주인공 양산보와 깊은 친분을 나눈 사람이다. 이러한 연유로 김인후는 양산보의 아들 양자징을 제자이자 사위로 받아들였고, 소쇄원의 완공을 기념하기 위해 그 공간 구성을 48편의 연작시로 노래하기도 하였다. 그런데 김인후와 소쇄원의 관계는 그의 처가가 창평에 있었다는 사실뿐만 아니라, 동복同福을 오고간 그의 초기 수학修學에서 비롯되었다.

『하서전집』에 실린 김인후의 연보에 따르면, 그는 전라도 장성長城에서 태어나 아버지로부터 글을 배우기 시작하였다. 아홉 살 되던 해(1518년)에, 고향 장성에 내려와 있던 기준奇遵(1492~1521)[215]이 그를 보고 크게 칭찬하며 세자(인종)의 신하가 될 것이라고 예언한 후 붓 한 자루를 선물로 주었다. 기준이 김인후에게 붓을 준 이유는 그의 대단한 글재주를 격려하기 위한 데에 있었을 것이다. 그 뜻을 잘 안 김인후는 받은 붓을 함부로 다루지 않고 종신토록 간직하였으며, 그의 자손들도 보배로 여겨 고이 간직했다고 한다. 이러한 사실을 나중에 신흠申欽(1566~1628)은 「복재전필가服齋傳筆歌」, 그리고 최립崔岦(1539~1612)은 「복재전필음服齋傳筆吟」이라는 시로 남겼다.[216]

김인후는 10세에 전라도 관찰사로 내려와 있던 모재 김안국金安國(1478~1543)을 찾아가 뵙고 『소학』을 배웠다. 당시 김안국은 대표적인 사림파 인사로 호남 사림들 가운데 그를 찾아가 공부를 배운 사람이 적지 않았다. 그리고 당시 사림들은 『소학』을 인격 수양과 사회 진출의 근본으로 여겨, 학문을 처음 배우는 신진사류들로 하여금 모두 그것부터 공부하도록 하였다.

김인후는 17세가 되는 1526년(중종 21)에 면앙정 송순宋純(1493~1582)을 찾아가 뵙고 학업을 연마했고, 이후로도 왕래와 문안을 게을리하지 않았다 한다. 중앙에서 관직 생활을 하던 송순은 이 무렵 고향에 면앙정 터를 매입한 후 나이 든 아버지를 모시기 위해 담양과 서울을 오가고 있었다.[217]

그리고 김인후는 18세가 되던 1527년(중종 22)에 기묘사화로 인해 1519년부터 동복에서 유배 생활을 하고 있는 신재 최산두崔山斗(1483~1536)를 찾아가 학문을 배웠다. 그는 최산두로부터 여러 유교경전과 역사서를 깊

■ ■ ■

215) 기준은 기묘사림으로 사화를 피해 서울에서 광주로 형과 함께 이거하였으며, 형 기진의 아들로 대학자 기대승이 있다.
216) 『하서전집』 부록2(『한국문집총간』 33, p.291, p.293).
217) 『면앙집』 5, 「의정부우참찬면앙정선생연보」(『한국문집총간』 26, p.274).

이 익혀 그 대의를 깨닫지 않은 것이 없었지만, 천문과 지리 및 기술에 이르기까지 막힌 데가 없었다 한다.[218] 그리고 1535년에는 최산두가 상을 당하였다는 소식을 듣고 유희춘과 함께 서울에서 내려와 조문하였으며, 1536(중종 31)에는 최산두가 유배지 동복을 떠나지 못한 채 사망하자, 제사를 극진히 지냈으며, 제문을 지어 저 세상으로 떠나는 길을 위로하기도 하였다.[219]

위에서 살펴본 것처럼, 김인후는 김안국 · 송순 · 최산두로부터 수학하여 대학자의 기반을 다졌다. 양자징이 지은 김인후 「행장」에는 이렇게 기록되어 있다.

> 신재 최산두 선생과 모재 김안국 선생은 선생을 지도한 공이 있었는데 모두 선생보다 먼저 별세하였다. 선생은 그 분들을 위하여 상복을 입고 기일을 기억하여 치재致齋하였으며, 신평 송순 선생은 젊었을 적에 수업한 스승이라 하여 왕래하고 안부를 묻는 것을 또한 조금도 게을리하지 않았다.[220]

즉, 김인후는 김안국 · 송순 · 최산두 등을 통해 배운 학업을 바탕으로 서울로 올라가 진사 시험에 합격하고, 성균관에 입학하여 퇴계 이황과 교유하였으며 별시 문과에 합격하여 본격적인 관료 생활을 하게 되었다.

그런데 김인후에게 가장 큰 영향을 미친 스승은 최산두였던 것 같다. 한

■ ■ ■

218) 『최신재선생실기』 1, 「여김하서론학」(『한국역대문집총서』 499, p.430).
219) 『하서전집』 12, 제문, 「제최신재문」(『한국문집총간』 33, p.245).
220) 『하서전집』 부록1, 「가장」(『한국문집총간』 33, p.268).

친구에게 보낸 편지에서 그는 "스승으로는 최신재崔新齋 님을 얻어 모시어 그 의용儀容의 명랑하고 빼어남과 사기詞氣의 크고 넓음에 탄복하였습니다.[221]"고 스스로 말하였다. 그래서 그는 스승을 뵙기 위해 고향 장성에서 동복을 자주 왕래하였다. 그가 최산두를 뵈러 동복을 본격적으로 왕래하던 해가 1527년이다. 1527년은 소쇄원이 막 건립되어 있었던 때다. 그리고 장성에서 동복을 가려면 소쇄원 앞길을 거쳐야 하는데, 이곳에 그의 처가도 있었다. 우리가 주목하는 것이 바로 이 점이다.

김인후는 동복을 왕래할 때에 도의로 사귀고 있는 양산보가 머물고 있는 소쇄원에서 반드시 쉬었으며, 한번 오면 돌아가기를 잊은 채 학문을 토론하고 술잔에 시를 읊으며 한 달을 넘긴 적도 있었다. 그는 양산보의 7년 연하로서 10~20대의 젊은 청춘을 소쇄원을 출입하며 양산보와 친구처럼 지냈다. 그가 이후 성리학 연구에 박차를 가하여 당대의 최고 학자로 평가를 받을 수 있었던 것은 젊은 시절 소쇄원에서의 정신적 안정과 지역 인사들과의 교유 덕택이기도 하였던 것이다. 그는 소쇄원을 마치 자신의 원림처럼 여기며 드나들었지 않았을까? 그렇기 때문에 그가 『소쇄원48영』이라는 시를 남긴 것은 결코 우연이 아니었다.

이처럼 김인후는 1527년부터 동복에서 유배 생활을 하고 있는 최산두를 찾아가 학문을 배워 당대의 대학자로 성장하였다. 그리고 이 무렵 양산보는 소쇄원 조성 공사에 열을 쏟고 있었다. 김인후는 동복을 왕래하며 소쇄원을 들렀고, 양산보는 그를 친구처럼 맞이하였다. 그 결과 두 사람

■ ■ ■

221) 『하서전집』 11, 서, 「여우인서」(『한국문집총간』 33, p.222).

모두 젊은 나이에 깊은 친분을 나눴던 것이다.

(2) 김인후와 양자징

김인후에게는 양자징, 조희문, 기효간, 변성온, 김징, 노적, 남언기, 정철을 비롯한 많은 제자가 있었다. 그리고 이후백, 기대승, 김천일, 박순 등도 후배 문인으로 자처하였다. 이 가운데 수제자는 둘 다 사위인 조희문과 양자징이었다.

조희문趙希文은 남원 출신으로 김인후가 옥과 현감일 때(1543년)에 처음 그를 보았다. 김인후는 남원의 승보시陞補試 시험관으로 조희문의 답안지를 보고 크게 칭찬한 것이 계기가 되어 그를 제자이자 맏사위로 받아들였다.[222] 그 후 조희문은 별시문과에 급제하여 내외 관직을 두루 거쳤다.

김인후가 죽자 조희문은 백방으로 스승의 유고를 수집하여 8년 만인 1568년(선조 1)에 문집을 만들었다. 당대의 유명한 시인 백광훈이 문집의 편집 일을 보았다. 송순은 문집 간행을 위하여 목재를 조달하고 기술자를 불러모았다. 양자징과 신각은 교정 보는 일을 담당하였다. 김인후 문집의 간행을 주도한 인물은 바로 조희문이었는데,[223] 맏사위이자 관직자였기

■ ■ ■

222) 『함안조씨세고』, 『월계집』, 「월계조선생행장」.
　　『월계선생유집』 1, 「행장」.
223) 백승종, 「조선전기의 사림정치와 하서 김인후」, 『하서 김인후의 사상과 문학』, 하서학술재단, 2005, p.139.

때문에 그러하였을 것 같다.

  그렇지만 수제자는 양자징이었던 것으로 보인다. 양자징은 어려서부터 소쇄원을 찾아온 김인후를 뵈었고, 조희문보다 4년 연상일 뿐만 아니라, 필암서원에 유일하게 스승과 함께 배향되어 있기 때문에 그렇게 여겨진다. 이는 다음의 일화를 통해서도 확인할 수 있다. 스승 김인후가 일찍이 자석벼루 하나를 양자징에게 주자 양자징은 그것을 잘 보관하여 가전家傳의 보배로 삼으니, 세상 사람들은 복재 기준이 하서 김인후에게 붓을 준 것과 동일한 아름다운 일이라고 여겼다 한다.

  양자징이 쓴 장인이자 스승인 김인후의 행장에 따르면, "소자 자징은 문하에서 알아줌을 받음이 이미 후하였고, 또 음성을 들으며 직접 배운 것이 여러 해였다."고 하여, 본인이 문하에서 가장 후한 스승의 사랑과 동료들의 격려를 받은 제자였다고 자평하였다. 이는 그가 행장을 쓰게 된 사정을 보아도 확인할 수 있다. 문하생인 송강 정철과 금강 기효간이 스승의 행적이 사라질까 걱정하여 행장을 지을 것을 의논하였다. 모두들 고암 양자징에게 미루면서,

  자네는 일찍부터 선생의 사위가 되어 몸소 선생의 동작과 규범을 보았으며, 또 빛나는 도덕의 가르침을 받아 이미 친하고 또 오래되었으니, 자네가 글을 지어 찬양해서 후세에 보여줌이 마땅하지 않은가?

하니, 양자징이 사양할 수 없어 행장을 지었다. 그러니까 사위로서 스승의 모든 것을 가까이서 가장 자세히 살피기도 했지만, 스승의 가르침을

가장 많이 받았기 때문에 행장을 써야 한다는 것이었다.

김인후는 소쇄원에서의 젊은 날을 뒤로 한 채, 서울로 올라가 성균관에 입학하고 사마시와 별시문과에 합격한 후 중종 대 후반에 본격적인 관료 생활을 시작하였다. 그러나 자신을 믿어 주던 중종이 죽고(1544년), 바로 이어서 세자 때부터 보필해 오던 인종마저 일찍 죽고 말았다(1545년).

그는 중종과 인종의 특별한 은총을 받았던 것으로 보인다. 중종은 말년에 부모를 봉양하도록 특별히 그를 고향 가까운 옥과 현감으로 보내 주었다. 인종은 세자로 동궁에 있을 때에 직접 그의 숙소까지 왕림하여 어려운 데를 묻기도 하였으며, 심지어 손수 묵죽墨竹을 그려 보내기도 하였다. 그런 인종이 서거했다는 소식에 바로 벼슬을 버리고 장성으로 돌아왔다.

뒤이어 정치적 이해 관계가 다른 명종이 즉위하고, 을사사화乙巳士禍가 일어나 사림들이 또 다시 화를 입기 시작했다. 특히 문정왕후의 세도가 시작되자 성수침, 성운, 이황, 서경덕, 조식, 이항 등 많은 유명 인사들이 줄줄이 낙향하여 은거의 길을 선택하였다. 호남에서는 김인후와 더불어 안축, 임억령이 벼슬을 그만두고 고향으로 돌아오니, 당시 사람들이 "호남의 고매한 세 선비"라고 불렀다.[224]

김인후는 39세가 되던 1548년(명종 3)에 고향 인근의 순창으로 들어왔다. 순창은 그의 아버지 김영이 거주한 적이 있고, 외가 옥천(순창) 조씨가 있는 곳이다.[225] 그는 순창 점암촌에 훈몽재訓蒙齋라는 초당을 세워 학생

■ ■ ■

224) 『은봉전서』 4, 유사, 「둔암부군유사」(『한국문집총간』 80, p.388).
225) 『하서전집』 11, 묘지명, 「선부군묘지」(『한국문집총간』 33, p.247).

들을 가르치기 시작하였다. 그는 몇 번 관직 제의가 있었지만 번번이 사양한 채, 훈몽재에서 후진을 양성하고 학문을 연구하는 데에 2년 동안 몰두하다 장성으로 돌아간 것으로 보인다.

바로 이 훈몽재(현재 순창군 쌍치면 둔전리)에서 하서로부터 수학한 사람으로 정철, 양자징, 조희문, 기효간, 변성온 등이 있다고 한다.[226] 이 중에서 점암촌에서 스승을 모시며 가르침을 깊게 받은 사람이 바로 양자징이다. 당시 조희문은 아버지와 어머니 상을 연이어 당하여 방문할 여력이 없었을 것으로 보인다.

김인후는 공부를 할 때에 반드시 『소학』을 읽고, 그 다음에 『근사록』을 보아야 한다고 강조하였다.[227] 그에 따라 김인후는 양자징에게도 『소학』과 『근사록』을 강조하였다. 아이들은 모름지기 『소학』을 알아야 하고, 천하의 도를 터득하는 길은 『근사록』에서 나온다고 하였다.[228]

김인후는 점암촌을 찾아온 20대의 양자징에게 『논어』, 『맹자』, 『대학』, 그리고 「태극도해」를 가르쳐주었다. 이 중에서 하서가 평생토록 특별히 연구한 것은 『대학』이었다. 본인 스스로 『대학』 한 권에는 격물 · 치지 · 성의 · 정심의 공력과 수신 · 제가 · 치국 · 평천하의 효험이 모두 들어 있어, 이것을 버리면 그 어떤 것도 정할 수 없다고 하였다.[229] 양자징과 조희문에게 준 시에서 대학을 반 평생 공부해도 아직도 근원을 찾지 못했다고

■ ■ ■

226) 이동희, 「전북 순창의 훈몽재와 하서 김인후」, 『전주사학』 9, 전주대 역사학연구소, 2004, p.154.
227) 금장태, 「하서 김인후의 수양론」, 『하서 김인후의 사상과 문학』 2, 하서기념회, 2000, p.25.
228) 『소쇄원사실』 7, 고암공, 제현증장, 「차운증양생중명」, p.194.
　　　『하서전집』 4, 「차증양생중명운」(『한국문집총간』 33, p.74).
229) 『하서전집』 부록1, 「가장」(『한국문집총간』 33, p.266).

하였고,[230] 『대학』을 사람들이 천하게 보지만, 성공聖功은 이 아니면 강구하기 어렵고 『대학』을 옳게 못 읽어 공부만 허비하고 일신日新의 공을 전혀 깨닫지 못했다고 하여 『대학』을 중시하도록 하였다.[231] 김인후가 『대학』을 강조하며 점암촌에 찾아온 제자들에게 『대학』을 강의했다 하여, 그가 점암촌에서 노닐었던 바위를 "대학암大學巖"이라고 한다.

그는 양자징에게 역사서도 공부하도록 하였다. 1548년에 점암촌에서 양자징이 『송사宋史』를 공부하였는데, 스승이 눈물을 흘려 옷깃을 적실 정도로 깊이 있는 이해에 다다른 것 같다.[232] 문사철文史哲이라 하여, 선비에게 역사 공부는 중요한 덕목이었다.

하서는 양자징에게 학문의 방법도 전달하였다. 학문이란 딴 길이 없고 마음에 달렸으며, 하늘이 내려준 이理를 밝히는 데에 힘써야 한다고 하였다.[233] 그의 학문 방법은 두 사위(양자징과 조희문)에게 준 연작시 21수에 잘 나타나 있다. 학문이란 배를 밀어 나가게 하는 것과 같아 노를 한번 늦추면 문득 뒤로 물러난다고 하여, 부단한 정진만이 필요하다고 하였다. 이러한 노력보다 가장 먼저 근본을 길러야 한다는 점을 강조하는 일도 잊지 않았다.

■ ■ ■

230) 『소쇄원사실』 7, 고암공, 제현증장, 「시조생경범양생중명」, p.197.
　　 『하서전집』 7, 「시중명경범」(『한국문집총간』 33, p.153).
231) 『소쇄원사실』 7, 고암공, 제현증장, 「음시양생」, pp.199~200.
　　 『하서전집』 6, 「음시경범중명」(『한국문집총간』 33, p.124).
232) 『소쇄원사실』 7, 고암공, 제현증장, 「양생청수송사지악비전감음일절」, p.206.
　　 『하서전집』 6, 「어암잡영」 기17(『한국문집총간』 33, p.119).
233) 『소쇄원사실』 7, 고암공, 제현증장, 「시양생」, p.196.
　　 『하서전집』 7, 「시중명」(『한국문집총간』 33, p.136).

훈몽재에서 유학하던 양자징은 아버지를 뵈러 종종 소쇄원에 돌아가곤
했다. 1548년에 점암촌에서 공부하다 부모를 뵈러 가는 양자징에게 하서
는 지금 가면 언제 돌아올 것인지를 물으며 아쉬워하였다.[234] 이 날은 특
히 외로웠던지 양자징이 떠난 후 술항아리를 비워 버려 아침까지 여독에
취해 시를 지어 보내기까지 하였다.

김인후가 2년 여 훈몽재 생활을 청산하고 고향 장성으로 돌아가자, 양
자징도 소쇄원으로 돌아온 것 같다. 양자징은 소쇄원에 있으면서도 하서
를 자주 찾아뵈었고, 김인후는 찾아오는 그를 보고 기뻐서 시를 지어 주
기도 하였다.[235] 양자징은 1557년에 돌아가신 아버지의 상복을 벗고 1559
년 봄에 하서를 방문하였는데, 그때 하서는 작별하면서 집으로 돌아가거
든 꼭 경서經書의 뜻을 세밀히 찾아보라고 당부하였다.[236]

김인후가 고향 마을로 돌아가자 양자징은 스승이 살고 계신 곳 근처의
절로 공부하러 가기도 하였다. 양자징이 홀로 하청사下淸寺라는 절로 공부
하러 간 적이 있다. 하청사는 장성 아래 진원珍原(임진왜란 이후 사라진 고을)의
불대산에 있는데, 『신증동국여지승람』에 수록되어 있는 것으로 보아 상당
히 오래된 명찰이었던 것 같다. 이 하청사로 공부하러 가는 양자징을 김인
후가 보내면서 온갖 꽃이 필 때가지 기다리겠노라는 글을 남기었다.[237]

■ ■ ■

234) 『소쇄원사실』 7, 고암공, 제현증장, 「증송양생환근」, p.207.
　　　『하서전집』 6, 「어암잡영」 기15(『한국문집총간』 33, p.119).
235) 『소쇄원사실』 7, 고암공, 제현증장, 「희양생래」, p.210.
　　　『하서전집』 5, 「희양생래」(『한국문집총간』 33, p.96).
236) 『소쇄원사실』 7, 고암공, 제현증장, 「양생별유감」, p.209.
　　　『하서전집』 5, 「양생별유감」(『한국문집총간』 33, p.100).

대학암

이처럼 양자징은 열 살이 되기 전부터 소쇄원을 찾아온 김인후에게서 학문을 배운 후, 20대에는 순창 훈몽재를 찾아가 본격적으로 수학하였다. 그리하여 그는 김인후의 여러 제자 가운데 수제자로 심오한 학문을 전수받았고, 스승의 행장을 짓기도 하였다.

(3) 필암서원과 양자징

양자징은 학구당과 고암정사에서 적지 않은 제자들을 배출하였다. 그러므로 양자징 사후 그의 제자들에 의해 스승을 향사하는 사우祠宇 건립

■ ■ ■

237) 『소쇄원사실』 7, 고암공, 제현증장, 「송양생독서하청사」, p.210.
　　 『하서전집』 5, 「송중명독서하청사」(『한국문집총간』 33, p.92).

문제가 나오게 되었다. 사우 건립 문제는 한 번 제기된 것으로 현재 확인되고 있다.

양자징의 제자 김대기가 1620년(광해군 12)에 27명의 전라도 유생들과 함께 스승인 양자징의 사우를 건립하는 문제를 연명으로 관찰사에게 올린 바 있다.[238] 여기에 서명한 유생들은 대부분 창평 인근 출신으로 양자징의 인척이나 제자들이었다. 그러나 이는 실현되지 못하고 양자징은 스승 김인후를 모시는 필암서원에 배향되었다.

그러면 필암서원의 건립 과정을 알아보도록 하자. 김인후는 정계에서 물러나 향리인 장성으로 돌아와 학문에 정진하여 장성을 비롯한 인근 사림들에게 많은 영향을 미쳤다. 그가 죽은 후 그의 학덕과 명망을 흠모하던 문인들은 다투어 사우를 건립하여 하서와의 학연을 유지하고자 하였다.

1564년(명종 19)에 옥과 선비들이 영귀서원詠歸書院을 지었다. 이는 김인후가 1543년(중종 38)에 옥과 현감을 역임한 인연이었다. 이어 1569년(선조 2)에는 순창 선비들에 의해 화산사華山祠가 건립되었다. 이러한 분위기가 바탕이 되어 장성에서도 하서를 제향할 서원 건립이 추진되었다.

고향 장성에 김인후를 향사한 서원은 그의 사후 30년이 지난 1590년(선조 23)에 문인들에 의해 장성부 오산면(현재 장성읍 기산리)에 창건되었고, 그로부터 70년이 넘은 1662년(현종 3)에 필암서원筆巖書院으로 사액을 받았다.[239]

■ ■ ■

238) 『만덕집』 4, 부록, 연보(『한국역대문집총서』 593, p.497).
　　『소쇄원사실』 8, 고암공, 「청립고암선생사우서」, p.225.
239) 송정현, 「필암서원연구」, 『역사학연구』 10, 전남대 사학회, 1981.
　　목포대학박물관·전라남도, 『전남의 서원·사우』Ⅰ, 장성 필암서원, 1988.

1590년 장성 유림으로 하서의 문인인 변성온卞成溫, 기효간奇孝諫(1530~1593), 그리고 변이중邊以中(1546~1611)의 발의로 기산리에 필암서원이 건립되었다. 그러나 건립된 지 2년도 못되어 임진왜란이 발발하자 관내 많은 선비들이 의병 활동을 펴다 희생을 당했는데, 하서의 3종형 김경수, 하서의 문인 기효간·변이중이 그들이다. 더구나 1597년 정유재란 때에 장성이 왜군에 점령당하면서 필암서원이 소실되고 말았다. 그리하여 필암서원은 별다른 활약을 하지 못한 채 명맥만 유지할 수밖에 없었다.

왜란의 피해가 어느 정도 정리되자 1624년(인조 2)에 하서 문인들은 서원을 복설하게 된다. 이때에는 옛터에서 하서의 태생지인 황룡면 증산동으로 위치를 옮겨 서원을 이설하였다.

이후 장성의 인근 유생들은 공론으로 김인후 서원의 사액을 요청하였

양자징이 스승 김인후와 함께 배향된 필암서원

다. 1658년(효종 9)에 전라도 유생 오이익(창평 출신)을 비롯한 유생들이 연명으로 김인후 서원의 사액을 요청하는 상소를 올렸다. 그 이듬해 1659년에 조정으로부터 김인후 서원에 '필암'이라는 액호가 내려졌으나, 실제적인 사액은 3년 후인 1662년(현종 3)에 이루어졌다. 사액 이후 곧이어 1669년에 김인후에게 '문정文正'이라는 시호가 내려졌다. 그 후 1672년(현종 13) 3월에 이르러 다시 황룡면 증산동에서 현 소재지인 황룡면 필암리로 서원을 옮기었는데, 그 이유는 황룡면 증산동의 지대가 낮아 수해를 입을 우려가 높다는 여론 때문이었다.

조선시대에 서원은 긍정적인 점도 많았지만 폐단 또한 적지 않았다. 그래서 대원군은 집권하자마자 이 문제를 철폐령으로 해결하고자 하였다. 1868년(고종 5)에 미사액 서원철폐령을 내리더니, 1871년에는 전국에 47개만 남겨놓고 사액서원 모두를 철폐하라는 명령을 내렸다. 이때 전라도에서 장성의 필암서원, 광주의 포충사, 태인의 무성서원 3개만 존치되었다.[240]

필암서원에는 배향자가 많은 다른 서원과는 달리 고암 양자징 한 분만이 배향되어 있다. 이제 양자징의 필암서원 배향에 대해서 알아보자.

사액서원이 된 지 30년을 넘긴 1697년(숙종 23)에 호남의 유생들이 양자징을 필암서원에 배향하여 줄 것을 청하였으나, 조정에서는 이를 허락하지 않았다. 이 당시 전국적으로 서원 건립이 급격히 증가하였고, 장인과 사위가 함께 배향되는 사례가 너무 많아 허락하지 않았던 것으로 보인다. 이때 상소를 올린 사람이 소쇄원 옆 동네 출신 정명호의 아들 정유달, 그

■ ■ ■

240) 윤희면, 「전라도 장성 필암서원의 정치사회적 기능」, 『조선시대 서원과 양반』, 집문당, 2004, p.413.

리고 나주 출신 나천추 등이다.[241] 정명호는 양자징의 제자였다.

그 후 1703년(숙종 29)에 역시 나천형을 비롯한 전라도 유생들이 상소를 올려 양자징, 변성온, 기효간 3인을 필암서원에 배향할 것을 요청하였지만, 역시 거절당하였다. 그 후 1786년(정조 10)에 장성 유림들의 소청에 의해 드디어 양자징이 필암서원에 배향되었다.

한편, 1771년(영조 47)에 양산보의 후손인 양학연梁學淵이 처음으로 김인후를 문묘에 배향하자는 상소를 올려 요청하였지만,[242] 허락되지 않았다. 비록 성사는 되지 않았지만, 필암서원과 양자징의 위상이 급물살을 타게 되었다. 양학연 상소를 계기로 외방 유생들의 김인후 문묘 배향 요청이 계속되었고, 마침내 1796년(정조 20)에 김인후의 문묘 배향이 단행되었다. 따라서 양자징의 필암서원 배향은 호남 유림의 계속적인 요청과 김인후의 문묘 배향 속에서 가능했던 것이다.

■ ■ ■

241) 『월성세고』 5, 『죽계유고』, 소, 「필암서원청배향양자징변성온기효간소」.
　　『소쇄원사실』 8, 고암공, 「청배향필암서원소」, p.231.
242) 김상오, 「하서 김인후의 생애와 문묘종향의 경위」, 『전북사학』 5, 전북대 사학회, 1981, p.69.

제 5 장

양자정의 부훤당 건립과 친구들

1 풀리지 않는 죽음

소쇄원 건립자 양산보의 셋째 아들인 양자정梁子淳(1527~1597?)은 그의 작은 형 양자징의 그늘에 가리어 거의 알려지지 않은 인물이다. 그가 남긴 자료가 일천하고 그의 후손이 현달하지 않아서 그러한 것으로 생각된다. 그런데 그에 관한 자료를 자세히 들여다보면 꼭 그렇지만은 않았던 것을 발견할 수 있다. 상당한 학식을 지니어 주변의 명사들과 밀접한 친분을 유지하였을 뿐만 아니라, 지역 사회에서 활발한 활동을 하기도 하였다. 부훤당負暄堂이라는 개인 서실을 가지고 있었고, 지역 교육기관인 학구당學求堂 창건에 주도적으로 참여하였을 뿐만 아니라, 김성원·고경명·정철을 비롯한 당대의 명사들과 가깝게 지냈던 것만으로도 쉽게 짐작할 수 있다. 이 가운데 양자정과 고경명의 가까운 관계는 18편의 시를 주고받은 것을 통해 언급된 바 있다.[243]

따라서 그가 어떤 향촌 활동을 하였으며, 누구와 어떤 인연으로 어떻게 교유하였는가가 궁금하지 않을 수 없다. 이 점에 대한 고찰은 지금까지 거의 알려지지 않은 인물의 발굴과 함께, '소쇄원 사람들'의 사회 활동과 인적 교류 및 그가 살고 있는 창평 지역 엘리트들의 교유 범위를 보다 깊게 들여다볼 수 있는 계기가 될 것이다. 또한 고경명이 고향 광주가 아니라 담양에서 의병을 일으킨 사연, 시인으로도 유명하여 국문학자들의 주목을 적지 않게 받아온 고경명의 창작 원동력에 대한 점도 이 글 속에서 함께 드러날 것이다.

한편, 그의 사망 시기에 대해 불분명한 점이 있어 사인에 대한 논란이 증폭될 수밖에 없다. 이러한 사례는 양자정에게만 발견되는 것이 아니라, 왜란을 겪은 당시 사람들에게서 흔히 볼 수 있는 현상이다. 그의 최종 행적은 정유재란과 연관되어 있는 것으로 보이는데, 사망 요인에 대한 해명은 그의 사상이나 인생관은 물론이고, 더 나아가 전란에 처한 지역 사정도 밝혀줄 것으로 여겨진다. 하지만 여기에서 제시한 그의 사인은 어디까지나 예상이 가능한 추론을 제시한 것에 불과하다. 그렇다고 하더라도 그러한 추측은 자료의 부재와 왜곡으로 접근하기 어려운 지역 인물사 연구에 대한 해결의 실마리가 되지 않을까 한다.

양자정은 양산보의 3남 1녀 가운데 말자로 1527년(중종 22)에 태어났다. 그런데 이해에 그의 어머니 광산 김씨가 죽었다. 따라서 그가 태어나자마자 그의 어머니는 세상을 뜬 것이다. 그의 양육 과정이 궁금하지만, 그에

■ ■ ■

243) 박은숙, 「생애」, 『고경명 시 연구』, 집문당, 1999, p.64.
 박은숙, 「『제봉수고』에 대한 고찰」, 『16세기 호남 한시 연구』, 월인, 2004, p.342.

관한 자료는 현재 보이지 않는다. 양산보와 소실 유씨 사이에서 태어난 양자호가, 양자정 출생 후 20년이 지난 1547년생인 것으로 보아 양자정은 제3자의 손에서 양육된 것 같다.

양자정의 자는 계명季明이고, 호가 지암支巖 또는 부훤당負暄堂이다. 부 훤당은 그의 서재 당호이기도 하다. 그의 사망 연도는 대부분의 『족보』에 기록되어 있지 않지만, 일부 『족보』에만 사유는 생략된 채 1597년으로 기 록되어 있다. 그런데 그는 최소한 1590년(선조 23)까지 지역 사회에서 활발 히 활동하였고, 중간에 유실되었지만 왜란이 한창인 1593년에 「거빈봉철 去邠奉徹」이라는 시를 지었던 사실이 확인되었다. 60세를 넘겨 제법 장수 했을 뿐만 아니라 활발한 지역 활동을 했음에도 불구하고 사망 연도가 불 분명한 것은 그의 사인과 관련하여 복잡한 사연이 있을 것으로 추정된다.

우리는 이와 관련하여 1597년의 정유재란丁酉再亂을 주목하고자 한다. 뒤에서 자세히 언급되겠지만, 이때에 일본군이 전라도를 휩쓸며 창평 지 역에도 들어와 매우 잔악한 만행을 저질렀다. 일본군에 의해 소쇄원과 창 암촌은 불바다가 되었고, 소쇄원 사람들은 피란을 가고 붙들려 죽거나 일 본으로 끌려가기도 하였다. 물론 이 일대 또한 전화를 피할 수 없었던 것 은 두말할 나위가 없겠다.

바로 이때에 양자정은 매우 비참하거나 억울하게 죽임을 당한 것 같다. 그렇기 때문에 그의 사망 사연이나 시기를 친족들은 기억하고 싶지 않아 기록으로 남기지 않았을 것이다. 그렇지만 기억을 완전히 삭제할 수는 없 어 관련 사항을 일부 『족보』에만 남긴 것 같다.

그렇다면 그의 사망 사연은 무엇일까? 다음의 네 가지를 생각할 수 있

소쇄원에 찾아온 겨울

다. 이 네 가지는 사실이라기보다는, 사실에 가까운 모든 가능성을 망라
하여 제시한 것에 불과하다.

첫째, 양자정은 피란 중에 일본군에 피살되었을 것이다. 일본군이 소쇄
원에 들이닥치자 그의 조카 양천운(작은형 양자징의 셋째 아들)은 조상의 신주
를 붙들고 가족들과 함께 피란길에 올랐고, 또 다른 조카 양천심(큰형 양자
홍의 둘째 아들)은 멀리 강원도로 몸을 숨겼다. 당시 창평은 물론이고 전라
도 일대 사람은 너나 할 것 없이 일본군의 만행을 피해 가까이는 도내 산
속이나 바다로, 멀리는 타지의 전선 밖으로 도피하였다.

담양의 김대기는 노모를 모시고 이름 모를 산속 동굴로, 보성의 안방준
은 관내 대원산으로 들어가 살아남았다. 광주의 유평과 고용후, 창평의
유호는 가족과 함께 멀리 황해도와 경상도, 강원도로 각각 피신하여 위기

를 모면했다. 그런가 하면 광주의 김성원은 동복의 성모산으로, 김덕령 부인은 담양 추월산으로, 오급(양자징의 맏사위) 부부는 어디론가로 피하다가 각각 적병에게 발각되어 목숨을 잃었다. 영광의 강항과 함평의 정희득은 해상으로 피하다가 적에게 붙들려 일본에 끌려갔다. 이때에 양자정도 피란길에 올랐다가 일본군을 만나 억울하게 죽임을 당했을 수도 있다. 그런데 그렇게 죽었다면 다른 사람들의 경우처럼 그 사연이 분명 기록에 남을 가능성이 높은데, 전혀 존재하지 않는다.

둘째, 양자정은 피란을 포기하고 소쇄원을 지키다 일본군에게 비참하게 희생되었을 것이다.[244] 그는 정유재란 당시 두 형들이 이미 죽고 없기 때문에 장자와 다름없었다. 따라서 그는 '장자'로서 소쇄원을 지키기 위

■ ■ ■

244) 잔류할 가능성은 세 가지로 점쳐진다.

하나는, 그의 아버지 양산보가 평생을 바쳐 손수 소쇄원을 조성한 후, 소쇄원의 풀 한 포기 나무 한 그루라도 훼손하지 말고 잘 가꾸도록 중국 평천장의 고사를 들어 후손들에게 당부하였던 점에서 찾을 수 있다(『소쇄원사실』 2, 처사공, 「실기」, p.61). 이 점은 피란에서 돌아온 양천운이 정유재란으로 불탄 소쇄원을 1614년(광해군 6)에 중수하면서 재차 확인한 바 있다(『소쇄원사실』 4, 「소쇄원계당중수상량문」, pp.123~126). 따라서 그의 가문의 모든 것이나 다름없고 아버지의 손때가 묻은 소쇄원을 양자정이 홀로 남겨놓고 본인만 살겠다고 피신할 것 같지는 않다.

또 하나의 잔류 가능성은 그가 효우孝友가 깊었던 점에서 찾을 수 있다. 그는 소쇄원 경내를 해치지 않기 위해 담장 너머에 부훤당이라는 개인 서재를 지었고, 그 옆에는 형(양자징)의 서재인 고암정사가 있다. 아버지의 별서 근방에 아들들이 별서를 지어 마치 동거하는 것처럼 생활하는 것은 당시 효우의 상징이었다. 따라서 그는 부모에 대한 효성과 형제에 대한 우정이 깊었던 인물로 추정된다. 이 점은 양자정 본인과 친구 고경명이 인정한 바다. 그런데 소쇄원은 아버지의 유흔이 서려 있고, 정유재란 직전 1594년과 1596년에 그의 형과 형수가 연달아 죽어 아직 그들의 목소리가 소쇄원에 맴돌고 있다. 그러므로 효우가 깊은 그가 그러한 아버지와 형의 영혼을 홀로 남겨 두고 소쇄원을 빠져나가기가 어려웠을 것이다.

나머지 가능성은 임금에 대한 그의 충성심이 높았던 데에 있었던 것 같은데, 그것은 그의 당호에서 우선 찾을 수 있다. 그의 당호는 부훤負暄이다. 부훤은 중국 송나라의 가난한 농부가 봄볕을 등에 쬐면서 그 따뜻함을 임금에게 드렸으면 하는 바람에서 유래한 말이다(『열자』 7, 양주). 그는 이런 부훤을 당호로 걸면서 "表戀闕之誠"(『족보』)이라 하여 임금을 정성으로 사랑하는 마음을 표한다 하였다. 따라서 그가 왜적이 소쇄원에 들이 닥칠 때 도망가지 않고 근왕을 위해 그들과 싸웠을 것 같다. 이 점은 "有詩章徹於宣廟去邠之日"(『소쇄원사실』, 「소쇄원사실범례」, p.9)이라 하여, 선조가 1592년에 의주로 파천하자 그 이듬해 1593년에 임금에게 대책을 올린 시가 있었다는 기록을 통해서도 충분히 짐작된다.

해 조카들을 먼저 피란 보내고 자신은 잔류하였을 가능성도 있다. 잔류하여 소쇄원과 마을(창암촌)을 불지르고 약탈하고 파괴하는 일본군에 맞서 저항하다, 또는 피신한 친족들을 보호하기 위해 피란처에 관한 정보를 허위로 제공하다 최후를 맞지는 않았을까?

문제는 물밀듯이 밀려오는 일본군에 맞서 소쇄원을 지키다 죽었다면, 그의 '의행'을 선양하기 위한 관련 기록이 분명 남아 있어야 할 것인데 전혀 그렇지 않다. 이 점과 관련하여 죽지는 않았지만 죽음에 가깝게 공격을 당했을 가능성은 있을 것 같다. 당시 왜군들은 직접 죽이기보다는 전공물로 삼기 위해 목을 자르거나 코를 베어 갔던 것은 널리 알려진 사실이다. 따라서 양자정도 소쇄원을 지키다 죽거나, 아니면 죽음에 이를 정도로 처참하게 상해를 입었을 것 같다.

셋째, 양자정은 피란을 포기하고 소쇄원에 잔류하다 일본군의 고문과 억압에 못 이겨 그만 부역 행위를 하였고, 전쟁이 끝난 후 주민들에 의해 숙청을 당했을 것이다. 이 점은 상상하기도 싫고 들춰내기도 싫은 것이지만 충분히 그럴 수 있다고 보여진다. 남원 출신 조경남趙慶男(1570~1641)이 임란 체험을 포함하여 평생 기록한 일기인 『난중잡록亂中雜錄』 1597년 9월 15일자에 따르면, 일본군 점령기에 적군에게 항복하고 부역한 자가 적지 않았다.

그때에 시마즈 요시히로島津義弘가 지휘하는 부대가 순창 · 담양 · 창평 · 광주 · 옥과 · 동복 · 능주 · 화순을 휩쓸고 있었다. "昌소 · 玉三 · 同二 · 谷一"이라 하여, 왜적에게 창평은 한 고을 사람이 전부 들어갔고, 옥과에는 괴수가 셋, 동복에는 둘, 곡성에는 하나였다. 전란이 끝난 뒤 이들

부역자에 대한 자체 처단이 뒤따랐다는 사실도 조경남은 기록으로 남겼다. 이때 양자정도 다른 사람과 함께 보복을 당하지는 않았을까? 그렇지만 이에 대한 그 어떤 단서도 포착되지 않고 있다.

넷째, 양자정은 피신 중이든 아니면 잔류 중이든 간에 왜군에 납치되어 일본으로 끌려갔다가 돌아오지 못했을지도 모른다. 당시 조선 전체에서 10만 명에 가까운 사람들이 납치되어 갔다가 고작 10% 정도만이 돌아왔다. 그 중에 소쇄원 사람들도 4명이나 있었음이 밝혀졌다. 따라서 양자정도 납치자 대열에 끼여 돌아오지 못한 인물일 가능성이 충분히 높다.

납치되었다 돌아온 가족들의 사망 연도는 『족보』에 분명하게 기록되어 있어, 이미 당대에 그들의 생환은 확인되었던 것이다. 그런데 양자정의 사망 연도는 의심스럽게도 일부 『족보』에만 기록되어 있다. 따라서 납치되었다 돌아오지 못했을 가능성이 높다고 볼 수 있다. 문제는 '포로 양자정'에 대한 기록이 전혀 보이지 않으며, 납치되었다 돌아온 조카 양천경의 가족들 입에서도 그런 이야기가 나온 적이 없다는 점이다.

이상에서 양자정의 죽음에 대하여 네 가지의 가능성을 제시하였지만, 그 어떤 것도 현재 상태에서는 명확하게 확인할 수 없다. 하지만 정유재란이라는 외침의 소용돌이 속에서 그가 억울하거나 비참하게 목숨을 잃었을 것이라는 점은 분명해 보인다. 이 점은 정유년(1597) 난리에 양씨 집안 일문이 함몰을 당했다는 『동사상일록東槎上日錄』이라는 통신사 사행록을 통하여 충분히 짐작할 수 있다.[245] 양씨 집안 일문이 함몰을 당했다는

■ ■ ■

245) 『동사상일록』 정사년 10월 8일(『국역 해행총재』 II, 민족문화추진회, 1974, p.385).

사실이 통신정사로 『동사상일록』을 남긴 오윤겸吳允謙(1559~1636)의 귀에 들어갔다는 것은 그만큼 양씨가에 미친 전화가 심대했다는 것을 반증할 것이다.

여기서 궁금한 것은 임진왜란 당시 일본군 치하에서 벌어진 일상 생활에 대한 기록이 이상하리만큼 존재하지 않는다는 점이다. 의병을 일으켰다거나 왜적에게 억울하게 죽었다는 내용 외에는 생존과 죽음의 경계를 넘나든 긴박한 삶의 상황은 별로 보이지 않는다. 전쟁을 체험한 사람들에게 당시 상황은 너무나 치명적이어서, 아무도 그것을 기억하고 싶지 않고 입 밖으로 내기 싫었을 것이다. 실제 전쟁 중에 억압에 못 이겨 많은 대일 부역자가 발생하였지만, 종전 후 별다른 청산 작업이 없었던 것은 그것을 들춰낸들 그 누구에게 도움이 되지 않아서 그랬을 것이다. 바로 이런 사정에서 양자정의 죽음도 친족들은 기록하고 싶지 않았던 것이 아닐까.

이유야 어떠하든 왜란으로 '소쇄원가瀟灑園家'가 입은 피해는 막대하였다. 소쇄원과 마을이 소실되었을 뿐만 아니라 양자정 본인을 포함하여 많은 친족들이 운명을 달리하거나 일본에 끌려갔기 때문이다.

2 얽히고설킨 인연

양자정은 정언방鄭彦邦(본관 경주)의 딸, 그리고 현응수玄應壽(본관 성주)의 딸과 혼인하여 2남 3녀를 두었다. 2남 3녀가 누구의 소생인지에 대해서는 기록이 없어 알 수 없다. 정언방과 현응수는 모두 양자정과 한 고을 사람이다. 이 가운데 정언방은 소쇄원 남쪽 바로 옆 마을(현 전남교육연수원 앞) 출신으로, 정지반鄭之潘(1464~1517)의 둘째 아들로 생원시를 거쳐 참봉이 되었고, 양자징과 함께 김송명의 사위가 되었을 뿐만 아니라 함께 하서 김인후 문하에서 수학하였다. 그러므로 양자정은 형의 동서이자 동료의 딸과 결혼한 것이다.

한편, 정언방의 아들 삼우당三友堂 정명호鄭鳴濩는 매부의 형이자 이숙姨叔(이모부)인 고암 양자징 문하에서 수학하여 양자징의 만장뿐만 아니라 양자호(양자징의 이복 동생)의 만장을 짓기도 하였다. 그리고 그는 양자징·자정과 함께 학구당을 창건한 후 장의掌議라는 직임을 맡아 운영에 적극 참

여하기도 하였다.[246)]

　소쇄원가와 경주 정씨가의 관계는 이후에도 지속되었다. 앞에서 언급하였듯이, 정명호의 아들 정유달은 나천추 등과 함께 1697년(숙종 23)에 김인후가 향사된 필암서원에 양자징·변성온·기효간을 배향해 달라는 상소를 임금에게 올린 적이 있다. 그리고 정명호의 손자 정휴는 양진태(양자징의 증손자)와 함께 정홍명 문하에서 함께 교유하였고, 증손자 정면주는 양진태 문하에서 공부하였다.[247)] 양씨가와 정씨가의 관계가 오랫 동안 깊게 유지되었음을 알 수 있다.

　양자정의 처가 이야기는 이쯤에서 멈추고, 그의 자녀들에 대해 알아보자. 장남 천건千建은 후사 없이 일찍 죽었다(『족보』). 어린 아들을 잃고 시름에 젖어 있을 양자정을 보고 그의 절친한 친구 고경명이

　　　애쓰면서 키우던 일 생각하면
　　　속의 창자가 끊어지는 듯하지.
　　　재롱떨며 웃는 소리 들린 듯할 때
　　　두 눈에 솟는 눈물 옷자락이 젖을 거야.
　　　나도 이런 일을 겪었기 때문에
　　　오늘날 자네의 심정 알 수 있다네.
　　　고개지顧愷之도 반악潘岳도 서러움 못 이겨

■ ■ ■

246) 정동수 편, 『창평학구당안』, 영창문화사, 1986.
　　　『월성세고』 4, 『삼우당유고』, 잡저, 「학구당입의략」.
247) 『월성세고』 2, 면와공유고, 묘갈명. 「경주정씨세계연원록」.

터지는 울음 참으면서 도망시悼亡詩 지었다오.[248]

하여, 자신의 경험(둘째 준후와 다섯째 유후가 일찍 죽었음)을 예로 들며 극진히 위로한 적이 있는데, 바로 이 어린 아들이 천건일 것이다.

차남 천주千柱는 김대기金大器(1557~1631 본관 광산)의 딸과 결혼하여 딸만 둘을 둔 것으로 보인다. 김대기는 담양 대곡면 대산촌 출신으로 양자징의 장인인 김송명의 손자다. 그러므로 김대기에게 양자징은 고모부이고, 양자정은 사돈이다. 그리고 두 딸 가운데 차녀는 고경명 가문의 고부영에게 출가했다. 양천주는 아들이 없자 일본에서 돌아온 양몽기(양천경의 셋째)를 입양받아 대를 이었다.

김대기는 그런 양자징과 양자정으로부터 공부를 배웠다. 그는 16세에 양자정의 문하에 왕래하며 질의문답을 하였다. 그때에 양자징이 "김모는 어떤 사람인가?"라고 묻자, 양자정이 천성이 착하고 성실할 뿐만 아니라 재주와 도량이 넓어서 진실로 맹자가 말한 선인善人이고 신인信人이라고 답하였다. 26세 때에는 양자징과 한 달 동안 『춘추春秋』를 강론하기도 하였다. 양자징이 죽은 후 1620년(광해군 12)에 27명의 전라도 유생들과 함께 스승 양자징의 사우를 건립하는 문제를 연명으로 관찰사에게 올린 적이 있다. 여기에 서명한 유생들은 대부분 창평 인근 출신으로 양자징의 인척이나 제자들이었다.

이렇게 볼 때 양자정과 그의 아들은 광산 김씨나 경주 정씨와 중첩된 혼

■ ■ ■
248) 『제봉집』 3, 시, 「위양계명도요」(『한국문집총간』 42, p.80).

맥이나 학맥 관계를 유지하였다. 그런 연유로 인해 광산 김씨나 경주 정씨 들은 '소쇄원가'의 만장을 짓거나 서원의 건립이나 배향을 주장하였던 것이다.

3 부훤당 건립

양자정은 자녀 교육에 깊은 관심을 지닌 아버지(양산보)로부터 가정에서 학문을 익혔다. 그리고 하서와 석천이 그의 문장을 높은 수준이라고 평하였던 것으로 보아, 나중에 김인후와 임억령 밑에서도 수학하여 식견이 상당히 높았던 것으로 보인다.

양자정은 그가 태어나던 무렵부터 소쇄원을 방문한 하서 김인후金麟厚 (1510~1560)에게서 수학하였다. 이는 김인후가 그에게 준 시가 한두 편이 아닌 것으로 보아 쉽게 확인할 수 있다. 김인후는 둘째 형(양자징)의 스승이자 장인이었기 때문에, 그의 수학은 쉽게 이루어질 수 있었다. 다시 만날 날을 시로 기약할 정도로 두 사람 간의 사제 관계는 두터웠던 것으로 보인다.

비록 그는 어린 나이였지만, 김인후로부터 깊이 있는 학문을 배웠을 것이다. 양자정이 형을 통해서 시서정문詩書正文의 제목을 써달라고 부탁하자, 하서는 답시에서 학문하는 방법을 제시한 후 『대학』·『논어』·『맹자』

를 열심히 독서하라고 당부한 적이 있다.[249]

그리고 양자정은 소쇄원 아래 성산의 식영정에서 만년을 보낸 석천 임억령林億齡(1496~1568)으로부터도 학문을 배웠다. 임억령은 식영정이 완성된 1560년 무렵부터 성산에 머물렀기 때문에, 임억령 문하에서의 수학은 30대 중반부터 시작된 것으로 보인다. 임억령이 그를 군자君子로 평한 것으로 보아,[250] 그는 임억령으로부터 높은 평가를 받았던 것이 분명하다.

아버지 양산보를 비롯하여 김인후와 임억령 문하에서 배운 그의 학문 특성은 고경명이 평한 것처럼 효孝를 숭상하는 데에 있었다. 또 부훤이라는 당호를 걸면서 임금을 사랑하는 마음을 정성을 다하여 표했다거나, 선조가 의주로 파천하자 대책을 올렸다는 사실을 통하여 알 수 있듯이, 그가 충忠 또한 숭상하였음을 알 수 있다. 효와 충을 숭상한 그의 사상적 특징은 양자징의 고손자 방암 양경지梁敬之(1662~1734)가 1696년(숙종 22)에 남긴 『소쇄원 30영』에도 제시되어 있다. 방암은 『소쇄원 30영』의 제12영에서 부훤당負暄堂을 읊으면서, 종고조 양자정이 "충효는 원래 가정의 학문, 늘 태양처럼 품고 사랑하네"[251]라고 하여, 가학을 계승하여 높은 충효 사상을 지니었다고 노래하였다.

『족보』에 따르면, 그는 현감이라는 관직에 이르렀다. 이 점은 구체적으로 확인할 길이 없다. 그가 과거에 응시했고 천거를 받았다거나, 또는 고

■ ■ ■

249) 『소쇄원사실』 9, 지암공, 제현수증, 「양계명구사시서정문제목서차이증」, pp.255~256.
    『하서전집』 5, 「양계명인중명구사시서정문제목」(『한국문집총간』 33, p.94).
250) 『소쇄원사실』 9, 지암공, 제현수증, 「증지암」, p.254.
    『석천시집』 4, 「증지암」(『한국문집총간』 27, p.401).
251) 『방암유고』, 「근차중부가산삼십영운」.

관명현을 쫓아다녔다는 기록이 보이지 않기 때문이다. 그가 관직에 진출한 흔적은 보이지 않지만, 명유로부터 학문을 익혔고 명사들과 교유하였기 때문에 적지 않은 저술을 남겼을 것으로 짐작된다. 하지만 모든 저술이 병화兵火(정유재란)에 소실되고 말았으니, 『소쇄원사실』의 「소쇄원사실 범례」에서 편찬자가 지적한 것처럼 매우 안타까운 일이다.

그 역시 아버지처럼 소쇄원 인근을 벗어나지 않았다. 이 점은 고경명高敬命이 1570년(선조 3) 가을에 그에게 준 시에서

> 깔끔한 선비의 몸 외출을 끊고서
> 대나무 숲 깊은 곳에 사립문 닫았네.
> 조그마한 평무야平蕪野에 가을이 오면
> 은행정銀杏亭 앞에서 달구경만 일삼는다오.
> 벼랑 위에 달리는 샘 옥처럼 깨끗하고
> 새로 심은 대나무도 정자에 둘러져 있네.
> 인간 세상 무더운 더위 잊어버리면서
> 오동나무 그늘 속에서 돌을 베고 누웠었지.[252]

라고 한 것으로 보아 확인할 수 있다. 양자정은 고경명의 지적처럼 대나무 숲 깊은 곳에 깨끗하게 몸을 숨기고 나오지 않은 채 일생을 보냈다.

■ ■ ■

252) 『소쇄원사실』 7, 고암, 제현증장, 「기지산양로형」, p.215.
　　『제봉집』 2, 「기지암」(『한국문집총간』 42, p.51).

따라서 그는 소쇄원 주위의 인사들과 두터운 교유를 할 수 있었다. 그러한 교유를 토대로 양자정은 둘째 형(양자징)과 함께 1570년(선조 3)에 창평의 유력 인사들이 힘을 모아 창건한 학구당學求堂의 핵심 멤버가 되었다. 학구당의 주도적 인물은 조수문과 둘째 형 양자징이었지만, 둘째 형이 창당 직후 관직에 진출하는 바람에 동생인 양자정이 그 몫을 이어받아, 1577년에는 장의掌議를 맡았고 1580년에는 드디어 당장堂長에 취임하였다.[253] 여기에 그의 조카들(양천심·양천경·양천회)이 참여하였고, 나중에는 그의 아들 양천주도 참여하였다.

그 역시 소쇄원에서 주로 생활하였지만, 고향에서 지인들과 교유하려면 그만의 활동 공간이 필요할 수밖에 없었다. 그래서 자신의 서재로 건립한 것이 바로 부훤당이다.

부훤당은 양자징의 서재인 고암정사鼓巖精舍의 서쪽에 그의 나이 48세인 1574년(선조 7)에 신축되었다. 이때에 부훤당 신축 낙성연이 여러 지인들이 참석한 가운데 제법 성대하게 열렸다. 이날 초청 인사로 참석한 고경명이 남긴 축하 시를 보면

> 자손에게 물려주는 청전靑氈 기반이 있어
> 새로 지은 부훤당 옛날보다 낫다고들 하네.
> 낙성연 베푸는 자리 모든 친구 모였는데
> 시 한 편씩 읊어서 축하하는구나.

■ ■ ■

253) 『창평학구당안』, p.26.28.

나 같은 사람도 잊지 않고 맞아 주니

자네의 친근한 마음 참으로 감사하네.

고요히 누워서 가려운 데나 긁어 버리면

어지러운 세상이지만 아무 걱정 없을 거요.[254]

라 하여, 많은 친구들이 참석하여 부훤당 개설을 축하하는 시를 한 편씩 남기었다. 고경명의 표현대로, 그는 이제 아무 걱정 없이 부훤당에서 생활할 수 있었을 것이다.

이날 면앙정 송순도 축하 시를 보냈는데, 그 시는 현판에 판각되어 게시되었다. 이 무렵 송순은 담양 면앙정에 내려와 있었지만, 82세의 노구였기 때문에 직접 참석하였는지에 대해서는 확인할 수 없다. 그런데 송순이 지어준 이 시는 병란에 타버려 전하지 않는다고 『소쇄원사실』 편찬자는 고경명의 시에 부언하였다.

부훤당은 고암정사와 나란히 경치가 아름다운 소쇄원 영역에 있어, 맑고 깨끗한 생활이 가능하였을 뿐만 아니라, 부모의 유업을 계승하면서 형제가 나란히 우애를 다질 수 있었다. 또한 부훤당과 고암정사는 소쇄원의 내원과 외원을 가르는 담장 밖에 있어 아버지가 구축한 소쇄원의 공간을 훼손하지 않은 채 생활이 가능하도록 하였다.

이렇게 볼 때에 양자정은 소쇄원이 있지만, 자신만의 활동 공간을 확보

■ ■ ■

254) 『소쇄원사실』 9, 지암공, 제현수증, 「부훤당차면앙운증주인양계명」, p.256.
　　『제봉집』 3, 시, 「부훤당차면앙운」(『한국문집총간』 42, p.63).

하고자 1574년에 부훤당을 새로 지었음을 알 수 있다. 부훤당에서 그가 어떤 활동을 하였는지에 대해서는 자료가 남아 있지 않아 확인할 수 없다. 다만 김대기가 양천운과 함께 부훤당에서 술을 들며 그동안 적조했던 감회를 읊은 것만 발견된다.[255] 하지만 그가 상당한 학문적 식견을 지녔을 뿐만 아니라 고향을 떠나지 않고 주변 지인들과 활발하게 교유한 것으로 보아, 부훤당은 그의 주요한 활동 무대였음에 분명하다.

그렇지만 부훤당도 정유재란 때에 일본군에 의해 소쇄원이 불에 탈 때에 함께 사라진 것으로 보인다. 18세기 중반에 판각된 「소쇄원도」에 부훤당은 정면 3칸 건물로 새겨져 있다. 따라서 이 건물은 원래 3칸이었음을 알 수 있고, 그의 조카 양천운梁千運이 왜란이 끝나고 1614년(광해군 6)에 소쇄원을 중수할 때에 함께 재건되었을 것으로 추측된다. 이 또한 현재는 존재하지 않고, 그 터는 대밭으로 변해 있다.

■ ■ ■

255) 『소쇄원사실』, 11, 영주공, 「부훤당여한천내제파주감회」, p.348.

4 다정한 친구들

(1) 오랜 친구 김성원

양자정은 어려서 대학자 밑에서 수학한 후 고향을 떠나지 않고 학당인 학구당의 창건과 운영에 참여하였고, 형과 함께 소쇄원을 지키며 일생을 보냈다. 그러면서 그는 소쇄원 안에 자신의 서재인 부훤당을 짓고 후학을 양성하며 지인들과 교유하였다. 그리하여 그에게는 많은 친구들이 늘 함께하였다.

『족보』에 따르면 양자정은 제봉, 송강과 도의로 사귀었다 한다.[256] 그리고 서하당과도 절친한 사이였다. 그는 서하당 김성원金成遠(1525~1597)보다 두 살 연하이지만, 제봉 고경명高敬命(1533~1592)과 송강 정철鄭澈(1536~

■ ■ ■

256) 『제주양씨족보』.

1593)보다 각각 여섯 살과 아홉 살 연상이다.

특히 양자정, 김성원, 고경명 3인은 매우 절친하였던 것으로 보인다. 이들 3인은 무등산 자락의 경치가 아름다운 풍계楓溪라는 계곡에 놀러가서 울창한 대나무 그늘 밑에서 만발한 매화꽃을 벗 삼아 술잔을 기울이고 시를 주고받은 적이 있다.[257] 풍계는 현재 풍암정이 있는 계곡으로 추정된다. 그리고 김성원의 식영정과 양자정의 소쇄원에서 이들 3인이 가진 교유는 횟수를 셀 수 없을 정도로 빈번하였다. 또한 무등산 자락의 서봉사라는 절에 가서 지내기도 하였다.

김성원은 소쇄원 아래 석저촌石底村 출신이다. 석저촌과 소쇄원(창암촌)은 증암천을 사이에 두고 각각 광주와 창평 땅이지만, 지근거리로 한 생활권이다.

그는 아버지를 일찍 여의고 당숙(종숙부)인 사촌 김윤제金允悌(1501~1572)로부터 글을 배워 34세에 생원 시험에 합격한 후 고향에서 생활하다 57세에 제원도濟原道 찰방察訪에 임명되었다. 김윤제는 양산보의 처남이다. 김성원은 68세가 되는 1592년에 동복 현감에 임명되어 의병을 적극 지원하였고, 1597년 정유재란 때에는 어머니와 함께 동복의 성모산으로 피란갔다가 피살당하였다.[258]

김성원은 이른 나이에 소쇄원 바로 아래 성산에 서하당棲霞堂이라는 별서를 짓고 노년을 보낼 계획을 세웠다가, 30대에 식영정息影亭을 건립한

■ ■ ■

257) 『소쇄원사실』 9, 지암공, 제현수증, 「자서석하식풍계차계명강숙이군운」, p.258.
    『제봉집』 2, 「풍계차강숙계명이군운」,(『한국문집총간』 42, p.41).
258) 『서하당유고』 행장(『한국역대문집총서』 528, p.153).

후 그곳에서 대부분의 세월을 보냈다. 증암천을 사이에 두고 식영정 맞은 편에는 그의 당숙 김윤제가 지은 환벽당環碧堂이 있다. 따라서 그는 석저촌에서 태어나 그곳에 별서를 짓고 지역 엘리트들과 일생을 함께한 전형적인 '증암천권' 사람인 것이다.

또한 김성원은 양산보의 처 종조카이기 때문에, 양자정과는 촌수가 같은 셈이다. 김성원은 광주 출신 설강 유사柳泗(1503~1571)의 딸과 결혼하였는데, 유사의 손자 평玶이 양산보의 증손녀와 결혼하였다. 양자정과 김성원은 또한 혈연으로도 연결되어 있음을 알 수 있다.

그리고 김성원은 하서 김인후와 석천 임억령을 스승으로 모셨고, 율곡 이이와 송강 정철을 친구로 삼았다. 제봉 고경명, 고암 양자징, 옥봉 백광훈, 회재 박광옥 등과 교유했다고 그의 「행장」은 말하고 있다. 양자정도 위의 인물들을 스승으로 섬기거나 친구로 두었다. 이렇게 볼 때 양자정과 김성원은 학연으로도 연결되어 있음을 알 수 있다.

이러한 지연, 혈연, 학연 관계로 인해 양자정과 김성원은 매우 절친했다. 1588년에 양자정은 김성원에게 해류海榴나무 한 그루를 보내면서 시까지 곁들여 보냈다. 김성원은 차운次韻 시로 감사를 표시하면서 "황원荒園에 가수佳樹가 들어왔다"고 자랑하였다.[259] 1574년에 고경명이 무등산을 유람하며 서하당에 들렀을 때에 석류나무 몇 그루가 담장 위로 높이 뻗어 있었다고 하였으니, 이 해류海榴는 이미 있는 석류나무와는 다른 특

■ ■ ■

259) 『소쇄원사실』 9, 지암공, 제현수증, 「양계명송해류일근부이절구차운이사」, p.264.
　　『서하당유고』 상, 「양계명송해류일근부이절구차운이사」(『한국역대문집총서』 528, p.48).

별한 품종으로 추측된다.

김성원은 66세 되는 1590년(선조 23) 여름 복날에 11인과 함께 식영정과 환벽당에서 더위를 식히는 탁열濯熱 연회를 가졌다. 여기에 양자정도 김복억, 김부륜, 최경회, 오운, 정암수, 정대휴, 김사노, 김영휘, 임회 등과 함께 참여하였다. 이 장면은 판각되어 『서하당유고』에 수록되어 있는데, 당시 엘리트들의 연회 모습을 살피는 데에 중요한 자료이다.

가사문학관 내 『탁열도』

김성원은 양자정의 형 양자징과도 친분이 두터웠다. 그는 전라 감사의 추천을 받고 1570년(선조 3)에 목청전穆淸殿 참봉을 맡아 떠나는 양자징에게

> 고명한 그대가 어찌 산골에서 늙으랴
>
> 동굴 안에 이제야 햇빛이 드네.
>
> 망망한 호수에 춘색이 완연하니
>
> 행인 한 분이 말 몰아 산촌을 떠나시네.[260]

■ ■ ■

260) 『소쇄원사실』 7, 고암공, 제현증장, 「송고암배목청전참봉」, p.218.
　　『서하당유고』 상, 「송증명형배목청전참봉」(『한국역대문집총서』 528, p.36).
　　그런데 『소쇄원사실』의 "高才安得老雲林"이 『서하당유고』에는 "高才安得入深林"으로 수록되어 있다.

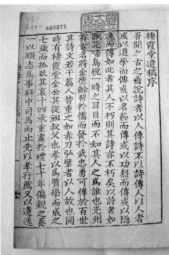

김성원의 『서하당유고』

라는 시로 축하해 주었다. 학덕 높은 분이 이제야 관직에 나아가니 참으로 다행이라는 축하 인사였다.

이외에 두 사람은 국화분菊花盆을 대하고 시를 짓거나,[261] 나이 들어 자주 만나지 못하는 사정을 애석해하기도 하였다.[262] 그리고 1594년과 1596년에 각각 세상을 뜬 양자징과 양자징의 부인(광산 김씨)의 만시挽詩를 김성원이 짓기도 하였다.[263]

이처럼 양자정은 지연 · 혈연 · 학연으로 연결된 김성원과 절친한 사이

261) 『소쇄원사실』 7, 고암공, 제현증장, 「고암시증인시독화인차기운시대분국」, p.218.
　　『서하당유고』 상, 「양형중명씨시기증인시석상독화지인차」(『한국역대문집총서』 528, p.49).
262) 『서하당유고』 상, 「차소쇄정운봉기증명형」(『한국역대문집총서』 528, p.65).
263) 『서하당유고』 상, 「만고암부인김씨」 · 「고암양석성만」(『한국역대문집총서』 528, p.70 · 76).
　　『소쇄원사실』 6, 고암공, 만장, 「고암선생만」 · 「공인김씨만사」, p.192 · 186.

였다. 김성원은 광주·창평 지역 엘리트들의 중요한 회합처였던 증암천 계곡의 서하당과 식영정 주인으로 유명한 인물이다. 따라서 양자정은 김성원과의 밀접한 교분을 토대로 지역 명망가와 폭넓은 교유를 할 수 있었던 것이다.

(2) 새 친구 고경명

양자정은 여러 친구 가운데 특히 5년 연하이며 소쇄원을 일찍부터 드나든 고경명과 절친했다. 서로 어려서 대면한 적은 있었지만, 본격적으로 우정을 나누기 시작한 시기는 고경명이 정치적 이유로 낙향한 때부터다. 그러므로 양자정에게 김성원은 지역 사회에서 늘 접한 오랜 친구였지만, 고경명은 나중에 절친한 사이가 된 새 친구였다고 볼 수 있다.

임란 의병장으로 유명한 고경명은 식년문과 장원 급제 후 중앙 요직에 재임하다 31세 되는 1563년(명종 18)에, '당로자當路者(중요한 지위나 직분에 있는 사람)'의 꺼림으로 좌천 임명된 울산 군수마저 내놓고 고향 광주에 내려왔다. 그의 「연보」에 따르면, 그는 고향에 내려온 후 독서와 산수 유람에 전념하며, 1581년(선조 14)에 영암 군수에 임명될 때까지 무려 19년 동안 생활하였다. 고경명은 당시 척신 세력가인 이량李樑(1519~1563)의 인척이어서,[264) 척신정치를 비판하는 신진사류들의 공격을 받아 좌천되었던 것으로 보인다.

고경명은 19년 동안 고향에 내려와 있으면서 광주 서쪽에 있는 자신의

양과동 사람들이 산 양과정

향리 압보촌鴨保村(줄여서 鴨村이라고도 함)에만 머물러 있지 않았다. 향리의
반대쪽 광주와 경계를 접하고 있으며 무등산을 끼고 있는 창평이나 동복
을 자주 방문하였다. 창평을 방문할 때마다 소쇄원은 물론이고 식영정과
환벽당에 늘 머물며 그곳을 무대로 활동하고 있는 양자징·자정, 임억령,
정철, 김성원 등과 긴밀한 관계를 유지하였다. 양자정과 고경명의 관계는
이때부터 본격적으로 맺어졌다.

■ ■ ■

264) 고영진, 「16세기 호남 사림의 활동과 학문」, 『조선시대 사상사를 어떻게 볼 것인가』, 풀빛, 1999,
    p.173.
    김우기, 「16세기 호남 사림의 중앙정계 진출과 활동」, 『한국중세사논총 ─ 이수건교수정년기념』, 2000,
    p.395.

고경명은 낙향한 지 얼마 지나지 않아 아예 소쇄원이 있는 지석동에 별서를 마련하고 체류지를 옮겼다. 그렇다고 전 가족이 옮겨온 것은 아니고, 그를 제외한 가족은 여전히 압보촌에 있었던 것으로 보인다. 1577년 생인 여섯째 아들 고용후高用厚가 압보촌 옛집에서 태어났다는 것으로 알 수 있다.

그가 광주 압보촌에서 창평 지석동으로 임시 거처지를 옮긴 이유에 대해서는 관련 자료가 없어 자세히 알 수 없다. 하지만 우리는 그 이유를 고경명이 고향 마을 압보촌 주민들과 친밀한 관계를 맺지 못했을 것이라는 점에서 찾을 수 있을 것이다.

고경명이 태어나고 살았던 압보촌은 지역촌인 '양과동'의 핵심 마을로, 이곳에는 15세기 말에 함양 박씨, 음성 박씨, 경주 최씨, 서산 유씨, 광주 이씨, 장택 고씨들에 의하여 '양과동약良苽洞約'이 창립되어 있었다.[265] 당시 이들 가문은 대체로 신진사류에 속하였고, 전라도는 물론이고 전국적으로 상당히 빠른 시기에 동약을 조직했다.

고경명 가문 또한 기묘사림이었던 조부 고운高雲(1479~1530) 대에 신진사류에 속하였다. 그러나 고운의 아들과 손자 대에는 신진사류와 경쟁 관계에 있는 척신 계열이었다. 1563년에 고경명의 아버지 고맹영高孟英과 장인 김백균金百鈞이 모두 척신 이량의 일당으로 지목되어 삭탈 관직되어 귀양가고, 고경명 본인은 파직되어 고향에 돌아왔다. 척신세력과 신진세력 간에 치열한 정치적 갈등이 벌어지고 있던 시기에 척신 계열인 고경명

■ ■ ■

265) 『광주양과동향약』, 광주민속박물관, 1996.

〈표 11〉 울산 김씨 김온의 가계

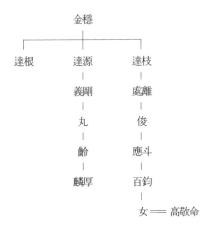

을 신진 계열인 고향 '양과동' 사람들이 달가워하지 않았을 것이다. 고씨
가와 '양과동' 사람들의 편치 않은 관계는 이미 할아버지 고운 대부터 나
타나기 시작한 것으로 보인다. 고운이 기묘사화로 고향 광주에 내려온 후
'양과동' 사람들보다는 인근의 박상朴祥, 윤지화尹之和와 주로 교유하였던
사실을 통해서 추측할 수 있다.[266]

　더군다나 "양과동약"의 초기 구성원을 보면 함양 박씨, 음성 박씨, 경주
최씨로 세 성씨가 주도하는 분위기였다. 그러므로 장택 고씨가 그곳에서
입지를 넓히기란 더더욱 쉽지 않았을 것이다. 고경명 본인도 이 점을 익히
알고 있었다. 고향에 있는 양과정良苽亭에서 읊은 시에서 "이제부터 이 마
을 왕래 익숙하리니, 심상한 닭과 개도 또한 서로 잊으리"[267]라고 언급한

■ ■ ■
266) 『하천유집』 3, 가장.

바 있다. 이 시는 매우 서먹서먹한 관계를 유지하고 있는 고향 마을 사람들과 하루 빨리 익숙해지고 싶은 그의 심정을 밝힌 것으로 보인다.

정치적인 입장 차이로 '양과동' 사람들과 매끄러운 관계를 지니지 못한 고경명은 자연 고향을 벗어날 수밖에 없었을 것이다. 그러면 그가 선택할 수 있는 곳은 창평밖에 없어 지석동으로 체류지를 옮긴 것으로 보인다. 이 점은 그가 20여 년이 지난 후 고향 광주가 아니라 담양에서 의병 봉기를 했고, 그의 주력군들이 광주 출신보다는 옥과(유팽로)나 남원(양대박) 및 순창(양사형) 출신으로 구성되었을 뿐만 아니라,[268] 유례를 찾을 수 없을 정도로 일가족(본인·장남·차남·차녀·서제·노복)이 줄줄이 순절의 길을 선택하였던 사실에서 확인할 수 있다. 또한 왜란이 끝난 후 그의 손자 고부천이 아예 주거지를 창평으로 옮긴 것도 압보촌을 떠날 수밖에 없었던 사정을 반영할 것이다.

그런데 지석동이 있는 증암천 계곡은 그의 처가와 관련 있는 곳이다. 고경명의 장인은 김백균으로 김인후와 10촌 사이지만, 그의 아버지 때에 장성에서 진원현珍原縣으로 이주하였다.[269] 김백균 본인은 증암천 서쪽 석저촌 출신으로 고경명의 절친한 친구인 김성원의 고모와 결혼했고, 그의 묘는 광주 석곡에 있다.[270] 김백균의 연고지가 증암천 유역에 있었음을 알

■ ■ ■

267) 『제봉집』 5, 시, 「제양과모정」(『한국문집총간』 42, p.121).
268) 조원래, 「고경명의 의병운동과 금산성전투」, 『임진왜란과 호남지방의 의병항쟁』, 아세아문화사, 2000, p.173.
269) 이해준, 「조선후기 하서 김인후의 선양활동」, 『하서 김인후의 사상과 문학』 2, 하서기념회, 2000, p.337.
270) 『울산김씨족보』

수 있다. 따라서 정치적 갈등을 겪고 낙향하여 고향 마을마저 떠날 수밖에 없는 그가 선택할 수 있는 곳은 자연 처가 쪽이었다.[271]

경위야 어떠하든, 그는 지석동으로 이사 계획을 세운 후 그것을 자랑하고파 양자정과 김성원에게 시를 보내면서 "일 없는 이 따라서 노닐까 하네"라 하여 함께 놀아주기를 부탁하였다.[272] 그리고 그는 지석동으로 거주지를 옮긴 후 김성원과 양자징에게 서신을 올려 화답을 구한 시에서

> 만년에 산협山峽으로 옮겨오니
> 깊은 가을 일 그윽도 하다.
> 전원에서 딴 채소 그 맛 신선하고
> 들에서 밥 지으니 기름기가 흐르네.
> 산중에서 빚은 술 어이 맛없음을 혐의하리
> 천진한 촌 늙은이들 근심을 모르네.
> 술에 만취해 시냇가에서 졸기 익숙했으니
> 어느 바위인들 베고 눕지 않았으니.[273]

라고 하여, 만년에 석촌石村(支石洞을 줄여서 석촌이나 石洞이라고 함) 산협으로

***

271) 고경명 아버지(고맹영)의 두 번째 부인이 임억령의 딸이고, 당시 임억령은 성산 식영정에 내려와 있었던 것도 고경명이 창평을 방문한 또 다른 이유가 되었을 것이다.
272) 『소쇄원사실』 9, 지암공, 제현수증, 「봉제시석명원겸시서하」, p.257.
  『제봉집』 4, 시, 「봉정서하노형겸간계명구화」(『한국문집총간』 42, p.90).
  『서하당유고』 하, 「봉정서하노형겸간계명구화」(『한국역대문집총서』 528, p.120).
273) 『소쇄원사실』 7, 고암공, 제현증장, 「봉간지석양구화」, p.212.
  『제봉집』 4, 시, 「이우석촌후봉간서하지석양옹구화용노두병적운」(『한국문집총간』 42, p.86).

옮겨와 보니 채소와 밥맛이 좋을 뿐만 아니라 산중에서 빚은 술 또한 비할 데 없어 근심을 모를 지경이라고 하였다. 지석촌에서의 생활이 마음에 편하였던 것이다.

그가 지석동에 마련한 주거지는 소쇄원 아래 반석천과 증암천이 만나는 곳인 삼사계三槎溪 서쪽에 있는 평무야平蕪野(평무들)라는 조그마한 들판에 지은 은행정銀杏亭이라는 정자였다. 고경명이 양자정에게 준 시의 부주에, 삼사계가 평무들의 은행정 앞에 있다는 기록을 통하여서도 은행정의 위치를 가늠할 수 있다.[274] 고경명은 자신이 지은 시의 주에서 본인의 별서 청문노포靑門老圃가 석보촌(석저촌을 석보촌이라고도 함) 동문 밖에 있다고 한 것으로 보아, 은행정은 청문노포로 불리기도 한 것 같다.[275]

이 은행정은 고경명이 1570년 가을에 양자정에게 준 시에 거명된 것으로 보아, 그는 1563년 낙향한 후 얼마 있지 않아 창평으로 와 새 보금자리로 은행정을 마련한 것 같다. 은행정의 행적은 이들 시를 제외하고는 전혀 찾아볼 수 없다. 아마 그의 금산전투 순절 후 파괴된 것으로 보인다. 유명 인사들의 별서가 주인공의 흥망성쇠에 따라 유무가 엇갈리는 경우는 흔히 있었던 일이다.

은행정은 소쇄원 바로 아래의 지근거리에 있었다. 은행정이 소쇄원과 가까운 거리에 있기 때문에, 그는 소쇄원을 자주 드나들 수 있었다. 그래서 그는 "옷자락이 술에 젖어도 모르면서, 은행정가로 나는 듯이 돌아왔

■ ■ ■

274) 『소쇄원사실』 9, 지암공, 제현수증, 「여양계명음삼사계상인과소쇄원시월계화성개」, p.260.
275) 『소쇄원사실』 13, 「광풍각중수상량시」, p.412.

고경명 등 임진왜란 때 전사한 호남 의병 5명의 충절을 기리기 위해 건립된 포충사

네"[276])라 하여, 술이 취하면 주인에게 인사도 잊은 채 가까운 은행정으로 돌아오기도 하였다. 은행정 바로 아래에는 환벽당 · 서하당 · 식영정이 있다. 그러므로 소쇄원 — 은행정 — 환벽당 · 서하당 · 식영정을 돌며 낙향 세월을 보냈을 것이다.

  그런데 그는 낙향하기 이전에도 소쇄원에 들른 적이 있었다. 그가 소쇄원에서 양자징 · 자정을 위해 지은 시의 주에 의하면, 젊어서부터 소쇄옹을 잘 알고 있었다.[277]) 소쇄옹 양산보는 그가 낙향하기 6년 전인 1557년 (명종 12)에 세상을 떠났기 때문에, 그는 청년기에 이미 소쇄원을 방문하여

■ ■ ■

276)『소쇄원사실』7, 고암공, 제현증장, 「우중…소쇄지유」, p.211.
    『제봉집』3, 시, 「우중…소쇄지유」(『한국문집총간』42, p.59).
277)『제봉집』2, 시, 「소쇄원차운」(『한국문집총간』42, p.54).

소쇄옹을 뵈었음을 알 수 있다. 아마 처가의 연고가 소쇄원 방면에 있어 일찍부터 소쇄원을 방문했을 것이고, 그가 양산보의 제문을 지었던 연유도 바로 여기에 있을 것이다.

그러면 고경명은 낙향 후 왜 소쇄원을 자주 찾아갔을까? 그가 소쇄원에 자주 드나든 이유 가운데 빼놓을 수 없는 것은 소쇄원의 빼어난 경치였다. 그는 여러 곳에서 다양한 표현으로 소쇄원을 "명원明園"이나 "선가仙家"로 평한 바 있다. 원림의 아름다움을 잊지 못해 다시 발걸음을 옮겼을 뿐만 아니라, '소쇄원가'의 친구들이 건네주는 정다운 이야기꽃과 연달아 나오는 술상 때문에라도 자주 들렀을 것이다.

고경명이 소쇄원을 자주 방문한 사연은 양자정에게 준 「지암의 운을 따라」라는 한 편의 시에 잘 나타나 있다.

> 얼음 같은 시냇물은 맑게도 흐르는데
> 빼어난 봉우리가 빙 둘려져 있구나.
> 이렇게 깨끗한 시내와 산
> 또 다시 어디에 가 찾으려 하오.
> 술에 취해서 바로 누우려고 했는데도
> 백의사자 연달아 들어오는구나.
> 물렸던 술상 또 다시 차려 놓으니
> 뭇 걱정 사라지고 웃음이 절로 나네.[278]

■ ■ ■

278) 『제봉집』 2, 「차지암운」(『한국문집총간』 42, p.44).

즉, 그는 소쇄원의 경치와 사람과 술자리를 으뜸으로 치면서 차마 잊을
수 없다고 스스로 술회하였다. 소쇄원과 그 사람들은 정치적 낭인 생활을
하고 있던 고경명을 끌어당기는 매력이 있었다. 소쇄원은 그 당시 정치적
갈등으로 상심한 고경명의 마음을 안아주는 '포근한 안식처' 역할을 했다
고 볼 수 있다. 그가 남긴 수많은 시 가운데 이 지역 '증암천권'과 관련된
작품이 적지 않은 것도 결코 우연이 아니다.

소쇄원의 '정겨움'과 지근거리의 은행정, 이러한 조건으로 인해 고경명
은 소쇄원을 자주 내왕하게 되었다. 그러한 결과 고경명은 '소쇄원 사람
들'과 깊이 있는 관계를 맺을 수밖에 없었다.

고경명은 '소쇄원 사람들' 가운데 양천심과 양천경을 제자로 두게 되었
다.[279] 양천심梁千尋(1548~1623)은 양자정의 큰형 양자홍의 둘째 아들이고,
양천경梁千頃(1560~1591)은 작은 형 양자징의 장남으로 '기축옥사' 때에 목
숨을 잃은 사람이다. 특히 양천경이 종이를 내놓고 시를 써달라고 하기에
고경명이 써 준 적이 있었던 것으로 보아,[280] 깊은 사제 관계를 맺었던 것
같다. 또한 양자징의 셋째 아들 양천운과 둘째 사위 안영(남원 출신)이 고
경명 의병진에 합류한 후, 28세의 젊은 안영이 금산에서 고경명과 운명을
같이 하였던 것도 고경명과 '소쇄원가'의 깊은 관계를 떠나서는 기대할
수 없는 일이었다.

그 이전에 이미 고경명 가문과 '소쇄원가'는 깊은 인연이 있었다. 일찍

■ ■ ■

279) 『제하휘록』 수록 문인록.
280) 『제봉집』 3, 시, 「양천경출전색구」(『한국문집총간』 42, p.57).

이 고씨가와 양씨가가 '양과동' 일원에서 함께 거주한 적이 있었을 뿐만 아니라, 고운(고경명의 조부)과 양산보(양자정의 부)가 정치적 운명을 함께한 기묘사림이었다. 그리고 양자정의 장조카 천리千里가 고경명의 숙부(고계영)의 딸과 결혼하였다. 이런 가문 간의 인연과 고경명의 낙향이 결합하여 고경명과 '소쇄원 사람들'의 관계가 깊어졌을 것이다.

고경명은 소쇄원을 빈번히 출입하며 양자징·자정 형제와 자주 접촉하였다. 그래서 그는 두 형제에게 동시에 주는 시도 여러 편 남겼는데, 1569년(선조 2)에 증여한 시에서 효성이 지극하고 우애가 깊은 두 형제를 세상에서 찾기 힘들 것이라는 점을 지적하였다.[281] 양자징·자정 형제의 효우孝友는 그의 아버지 대부터 내려온 것으로 면앙정 송순이나 하서 김인후가 이미 극찬한 적이 있다.

고경명은 소쇄원 2대 주인 양자징, 그리고 여러 지인들과 소쇄원의 '걸상바위'에 둘러앉아 날이 새는 줄도 모르고 흉금을 털어놓는 이야기꽃을 피웠을 뿐만 아니라, 두류산이나 방장산 같은 경치 좋은 곳을 구경할 계획도 세웠다.[282] 그런가 하면 1569년에 향시鄕試에서 말석을 차지한 양자징을 고경명이 시를 보내 축하하면서, 올 겨울에 임금이 뛰어난 선비 뽑는다 하니 분명코 합격할 것이라고 위로하기도 하였다.[283]

양자징은 1570년(선조 3)에 전라 감사 정종영鄭宗榮(재임 1569~1570)의 천

■ ■ ■

281) 『소쇄원사실』 7, 고암공, 제현증장, 「음소쇄원익일기고암양중명지암양계명곤중」, p.213.
　　　『제봉집』 2, 「음소쇄원익일증중명곤중」(『한국문집총간』 42, p.46).
282) 『소쇄원사실』 7, 고암공, 제현증장, 「여중명제공환좌석상」, p.213.
283) 『소쇄원사실』 7, 고암공, 제현증장, 「중명향시거말이시위지」, p.216.
　　　『제봉집』 2, 시, 「중명향시거말이시위지」(『한국문집총간』 42, p.46).

거를 받았다. 정종영의 추천으로 그가 처음 제수받은 관직은 이성계의 개성 저택인 목청전穆淸殿을 관리하는 참봉參奉이었다. 이때 고경명은 축하 시를 보냈는데,[284] 김성원도 길을 떠나는 양자징을 함께 축하하였다.

그렇지만 고경명은 두 형제 가운데 자신보다 10년 위인 양자징보다는 5년 위인 양자정과 절친한 사이가 되었다. 그리하여 1570년에 고경명이 양자정에게 보낸 시에 의하면,

> 우리들 서로 사귄 지 반평생이 넘었는데
> 강호에 뜬 갈매기와 굳게 맹세했지.
> 백사에 푸른 대밭 찾아가기도 하고
> 용문에 흐르는 물 막으려고도 해보았다.
> 가슴 속에 쌓은 글 이야기하면서
> 가득 부은 술잔 잡고 온갖 걱정 잊었었네.
> 무엇이든지 못할 말 없이 다하는데
> 옛사람 풍근인들 여기에 더했겠는가.[285]

고 하여, 두 사람은 서로 사귄 지가 반평생이나 되었다 한다. 그러는 사이에 그들은 세상을 바꿔보려고 하였을 뿐만 아니라, 가슴 속에 쌓인 글을 이야기하며 못할 말 없이 다했다고 하였다. 서로는 그야말로 마음을 터놓

■ ■ ■

284) 「소쇄원사실」 7, 고암공, 제현증장, 「증명이방백천장…」, p.217.
285) 「소쇄원사실」 9, 지암공, 제현수증, 「용만운시계명」, p.257.
　　「제봉집」 2, 시, 「용만운시계명」(「한국문집총간」 42, p.54).

고 이야기할 수 있는 상대였던 것이다.

두 사람 간의 깊은 우정은 서로의 경사를 축하하는 시 속에 그대로 담겨 있다. 1574년에 양자정의 활동 공간인 부훤당負暄堂을 완공한 낙성연 때에, 고경명은 여러 지인들과 함께 참석하여 축하 시를 남긴 적이 있다.[286] 반면에 양자정은 오랜 낭인 생활을 끝내고 1581년에 중국 명나라에 가는 연행사燕行使의 보좌관인 서장관書狀官으로 떠나는 고경명에게 잘 다녀오라는 시를 지어 주기도 하였다.[287] 이때 김성원도 고경명이 연경燕京에 가는 것을 축하하면서 약을 구해 달라는 부탁을 곁들기도 하였다.[288]

절친한 사이에 야유野遊는 빼놓을 수 없는 것이다. 그들은 서하당 김성원과 함께 무등산 자락 풍계라는 곳에 놀러가 여흥을 즐긴 적이 있다. 그리고 환벽당 앞 창계라는 맑은 계곡에서 노닐기도 하였다. 멀리 순창까지 가서 배를 타고 함께 야유를 한 적도 있었다.[289] 그리고 무등산 자락 서봉사에서 숙박을 하면서까지 교유하였는데, 이 점은 이어서 살펴보겠다.

절친한 사이였기에, 그들의 우정은 산천을 유람하는 것으로 그치지 않았다. 고경명은 어린 아들을 잃고 슬픔에 잠긴 양자정을 자신의 경험을 예로 들며 극진히 위로하기까지 하였다. 가정사뿐만 아니라 친구의 건강을 챙기는 것도 잊지 않았다. 양자정은 지병으로 늘 고생했는데, 고경명

■ ■ ■

286) 『소쇄원사실』 9, 지암공, 제현수증, 「부훤당차면앙운증주인양계명」, p.256.
    『제봉집』 3, 시, 「부훤당차면앙운」(『한국문집총간』 42, p.63).
287) 『소쇄원사실』 9, 지암공, 「송고이순서장관부경」, p.251.
288) 『서하당유고』 상, 「송고이순부연경」(『한국역대문집총서』 528, p.72).
289) 『소쇄원사실』 9, 지암공, 제현수증, 「적성주중…」, p.262.
    『제봉집』 5, 시, 「적성주중…」(『한국문집총간』 42, p.119).

은 새봄이 왔는데도 병치레만 하고 있어 차마 들르지 못하고 소쇄원을 그냥 지나치는 아쉬움을 시로 남기며 근황을 묻기까지 하였다.[290] 혈연보다 뜨거운 우정을 엿볼 수 있다.

호방한 성격의 고경명도 병이 들어 술을 끊고 소쇄원 발걸음마저 뜸하고 말았다.[291] 그리고 그는 다시 관직에 나아가고 의병 활동으로 사망함으로써 소쇄원과 멀어지게 되었다. 그러나 그의 아들 청사 고용후高用厚는 양천경과 절친한 사이여서 또 다시 소쇄원을 찾았고, 양자정의 손녀 사위로 고부영이 들어왔다.

■ ■ ■

290) 『소쇄원사실』 9, 지암공, 제현수증, 「시계명」, p.259.
　　『제봉집』 2, 시, 「시양계명」(『한국문집총간』 42, p.47).
291) 『소쇄원사실』 9, 지암공, 제현수증, 「병중차계명운」, p.260.
　　『제봉집』 4, 시, 「병중차계명」(『한국문집총간』 42, p.60).

5 양자정과 서봉사

양자정은 친구 김성원·고경명과 함께 소쇄원·식영정·환벽당에서 교유하기도 하였지만, 소쇄원에서 가까운 서봉사瑞峯寺라는 절에서 학문을 토론하고 시를 짓기도 하였다. 다른 절을 들르기도 하였지만, 특히 서봉사를 자주 찾아간 것으로 보인다.

16세기 지방 지식인들이 사찰에서 혼자 독서를 하고, 지인들과 강학을 하거나 회합을 연 사례는 매우 잦았다. 가령, 1515년(중종 10)에 순창 군수 김정金淨(1486~1521), 담양 부사 박상朴祥(1474~1530), 무안 현감 유옥柳沃(1487~1519)이 순창 강천사剛泉寺에서 '신비愼妃 복위 상소'를 의논하였던 것은 너무나 유명한 사실이다. 이외에도 실례를 들기가 번잡할 정도로 많은 사례가 있다.[292] 이러한 분위기 속에서 양자정도 서봉사에서 친구들과 교유하였던 것이다.

서봉사는 유래가 오래된 유명 절로 파악된다. 1407년(태종 7)에 의정부에서 여러 고을의 명복을 비는 사찰을 명찰名刹로 삼게 하였는데, 서봉사는 당시 조계·천태·화엄·자은·중신·총남·시흥종 7개 종파 가운데 총남종摠南宗의 사찰이었다.[293] 7개 종파는 세종 대에 화엄·자은·중신·시흥 4종을 합친 교종敎宗과 조계·천태·총남 3종을 합친 선종禪宗으로 통폐합되었다.[294] 그런데 1424년(세종 6)에 사찰을 정리하면서 예조에서 작성한 보고서에 따르면, 창평 서봉사는 교종 18개소 가운데 하나로 60결結(1결 =3,000~4,000평)이나 되는 넓은 토지를 보유하고 있었다.[295] 세종 대에 서봉사가 교종 사찰이었는지 아니면 선종 사찰이었는지에 대해서는 관련 자료를 더 추적해야 명확하게 밝혀지겠지만, 그 다음해에 예조에서 서봉사는 산수가 좋은 곳이 아니니 없애자고 청하여 국왕의 허락을 받기까지 하였다.[296] 그러나 이러한 조치에도 불구하고 서봉사는 이후에도 계속 존속하였다.

서봉사는 16세기에 발간된 『신증동국여지승람』 창평조에 의하면, 무등산 동쪽에 있으며 창평 소속이었다. 18세기의 『여지도서』에 따르면, 읍내 남쪽 30리 무등산 아래에 있다 하였다. 당시 창평 읍내는 소쇄원 아래 현재의 고서면에 있었고, 18세기 말기 정조 대에 현재의 창평면 소재지로 이전되었다.

19세기 중반에 김정호가 지은 『대동지지』 창평조에도 무등산에 서봉사

292) 가령, 호남 사림들의 경우 학포 양팽손이 능주 쌍봉사에서 독서했고, 죽천 박광전이 보성 대원사에서 강학을 했고, 난계 박종정은 많은 책을 가지고 송광사에 들어가 두문불출하고 독서에 정진했다. 만덕 김대기는 강천사에 들어가 맹자를 읽었다 한다.
293) 『태종실록』 14, 태종 7년 12월 2일(신사), 1-425.
294) 김영태, 「불교」, 『한국사』 26, 국사편찬위원회, 1995, p.252.
295) 『세종실록』 24, 세종 6년 4월 5일(경술), 2-592.
296) 『세종실록』 28, 세종 7년 5월 12일(신사), 2-669.

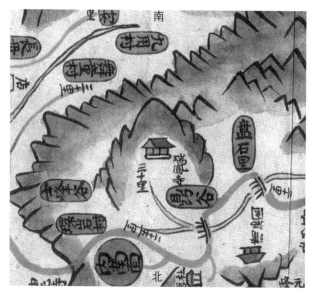

19세기 창평 고지도
속의 서봉사

가 있었다. 1872년경에 편찬된 『호남읍지』의 「창평읍지」에는 화재로 소실
된 후 경술년(?)에 중건할 때에 별도로 섭청각攝清閣을 입구에 지어 시내로
인해 끊어진 골짜기를 연결했고, 제봉 고경명의 시가 있다고 기록되어 있
다. 『읍지』뿐만 아니라, 18~19세기에 그려진 『해동지도』·『대동여지도』·
『전라도지도』 등의 지도에도 서봉사는 그려져 있거나 기록되어 있다.

그런데 이후 1895년 무렵에 편찬된 『호남읍지』에는 지금은 훼철되고
단지 터만 남아 있다고 기록되어 있다. 아마 이 무렵에 서봉사는 극도로
쇠락해지거나 아니면 아예 사라졌을 것으로 추정된다. 정확한 시기를 찾
을 수 없지만, 폐사 후 유물(부도·삼층석탑)은 여기저기 떠돌다 현재 전남대
에 흩어져 있다.

이렇게 볼 때에 무등산의 빼어난 풍치를 안고 있으며 아담한 절로 여겨

지는 서봉사는 16세기 이전부터 있었던 절로 중간에 화재를 입었지만 곧 재건되었다. 왜군이 침략한 정유재란 때에 불에 탔다는 지적이 있어,[297] 확인해 본 결과 김덕령의 『충장공유사』에 정유재란 때에 법당만 남고 모두 불타버렸다 한다. 그리고 상당한 경제력도 보유하고 있었음을 알 수 있고, 그 규모가 무려 500칸이나 되었다 한다.[298]

그런데 서봉사는 다른 절과는 달리 명산 무등산을 등지고 있을 뿐만 아니라, 경내에 계곡물이 흐르고 그 위에 누각이 있었던 것으로 보아 선비들의 야유지로 주목을 받기에 충분하였다. 그리고 그곳의 승려들이 시를 지어 방문객들에게 보이는 등 상당한 식견도 갖추고 있어, 승려와 방문자의 대화 또한 가능하였다. 더군다나 서봉사는 창평에서 동복으로 넘어가는 길목에 위치하여 사람들이 쉽게 들를 수 있는 곳이었다.

서봉사는 경치가 아름답고 스님들이 반갑게 접대했기 때문에 양자정은 고경명과 함께 그곳을 자주 들르게 되었다. 이들은 서봉사에서 숙박을 하며 서로 시를 지어 주고받았다.[299] 특히 고경명은 서봉사를 자주 드나든 것으로 보이고, 그곳에 시문을 남기기도 하였음을 알 수 있다.

당시 양자정과 고경명뿐만 아니라 임억령, 정철, 김대기, 김덕령, 고용후, 정홍명도 서봉사를 출입하였음이 확인되고 있다. 특히 김덕령은 1579년 12살에 6, 7명의 동지들과 책을 가지고 서봉사에 가 여러 달 동안 공부

■ ■ ■

297) 박선홍, 『무등산』, 다지리, 2003, p.364.
298) 『담양군 문화유적 학술조사』, 전남대 · 전라남도 · 담양군, 1995, p.132.
299) 『제봉집』 3, 시, 「차계명재서봉사기증운」(『한국문집총간』 42, p.65).
    『제봉집』 3, 시, 「차지암운」(『한국문집총간』 42, p.71).

하였다. 그때 계속되는 장마로 절 앞 시냇물이 불어 사람이 통행할 수 없
자 김덕령이 용력을 발휘하여 목발로 사람을 건너게 하였다 한다.[300] 이들
이 살았던 시대 이후에도 '소쇄원 사람들'은 물론이고 이 지역 엘리트들
또한 계속 서봉사를 방문했다.

■ ■ ■

300) 『충장공유사』 2, 연보.

제 6 장

왜란과 소쇄원 사람들, 그리고 소쇄원

1 임진왜란과 소쇄원 사람들의 창의·순절

16세기 중반에 건립된 전라도 창평의 소쇄원은 건립 당사자뿐만 아니라 지역 엘리트들의 주요 활동 공간이었다. 그러한 '소쇄원 사람들'과 소쇄원이 왜란으로 큰 피해를 입었던 것을 여기에서 알아보고자 한다.

임진왜란壬辰倭亂(1592~1596) 시기에 호남은 의병과 수군의 승전에 힘입어 일본군의 수중에 들어가지 않고, 후방 보급기지로서의 역할을 수행하였다. 그 결과 호남 출신 의병들이 대거 봉기를 하여 도처에서 활약하였고, 여기에 '소쇄원 사람들'도 예외가 아니었다.

그렇지만 정유재란丁酉再亂(1597~1598) 때에는 수륙 양면에 걸친 일본군의 집중적인 공략으로 호남 전 지역이 점령되어 지역민들은 무자비한 약탈·방화·살육을 겪어야만 하였다. 그 과정에서 오늘날 문화재로 분류되는 호남 지역 엘리트들의 활동 공간이 적지 않게 소실되었으며, 호남 사람들이 납치되어 일본에 강제로 끌려가기도 하였다. 이때 소쇄원도 엄청난 인적·물적 희생을 모면할 수가 없었다.

이 중에서 '소쇄원 사람들'이 무려 네 사람이나 전란 중에 일본군에 체포되어 일본에 끌려갔다가 20여 년 만에 돌아온 사실이 통신사通信使 사행록使行錄에 기록되어 있고,[301] 왜란 피로인被虜人 문제를 다룬 연구에서 그들의 이름을 이미 언급한 적이 있다.[302] 그러나 문중이나 지역에 관련 기록은 보이지 않고, 그렇기 때문에 소쇄원이나 호남 지역사 연구에서도 이점은 다뤄진 적이 없다. 문중이나 지역에 관련 기록이 존재하지 않은 이유는 당시 사람들이 포로 생활을 수치스러운 일로 여겨 사실 자체를 은폐하였던 데에 있는 것 같다. 소환된 이후에도 차별 대우를 받았고, 그렇기 때문에 고향으로 돌아가도 전혀 이득이 없어 심지어 귀환을 방해하는 자마저 있을 지경이었다.[303]

'소쇄원 사람들'이 왜란 중에 당한 인적 피해를 밝히는 과정에서, 일본군에 납치되어 일본에서 장기간 생활하다 귀국한 일가족의 역정이 비교적 자세히 드러날 것이다. 이러한 고찰은 피로인 한 가문을 추적한 것으로, 아직 시도된 적이 없는 이 방면 연구에 조그마한 초석이 될 것으로 여

■ ■ ■

301) 김덕진, 「통신사 사행록에 보이는 호남 출신 왜란 피로인」, 『전남문화재』 11, 전라남도, 2004.
왜란 전쟁 중에 일본에 끌려간 조선 민간인을 포로捕虜라고 하지 않고, 피로인被虜人이나 부로인俘虜人이라 한다. 포로는 전투에 참여했다가 붙잡힌 군인을 말하고, 피로인은 전투에 직접 가담하지 않은 민간인을 말한다.
302) 內藤雋輔, 『文祿·慶長役における被擄人の硏究』, 東京大學出版會, 1976, pp.100~111.
米谷均, 「朝鮮通信使と被虜人刷還活動について」, 『對馬宗家文書 朝鮮通信使紀錄』 別冊(中), ゆまに書房, 1999, p.50.
仲尾宏, 「壬辰·丁酉倭亂の朝鮮人被虜とその定住·歸國」, 『朝鮮通信使と壬辰倭亂』, 明石書店, 2000, p.184.
303) 민덕기, 「임진왜란에 납치된 조선인의 귀환과 잔류로의 길」, 『한일관계사연구』 20, 한일관계사학회, 2004.

긴다. 물론 일본 체류 생활이나 귀국 이후의 상황을 구체적으로 보여 주는 자료가 현존하지 않아 한계가 있다고 여겨진다.

소쇄원을 건설하기 시작한 인물은 전라도 창평 출신으로 사림파 일원이었던 양산보梁山甫(1503~1557)이다. 양산보는 김후金珝(본관 광산)의 딸과 결혼하여 3남 1녀를 낳았다. 그의 자녀 가운데 임진왜란과 관련된 인물로는 차남인 자징子澂(1523~1594)과 그 후손만이 현재 확인되고 있다.[304]

양자징은 충청도 석성 현감에 재임하다, 장남과 차남 두 아들이 '정여립 사건'과 관련하여 1591년에 목숨을 잃자, 집에 돌아와 두문불출하고 있었다. 이듬해에 임진왜란이 일어나 북진하는 일본군을 막지 못하고 국왕이 의주로 피신한다는 소식을 듣고 의병을 일으키려 하였지만, 70세로 연로하여 실행하지 못하였다. 대신 아들 양천운梁千運을 의병장 고경명과 김천일에게 보내 함께하도록 하고, 군량까지 보내 지원하였다.

양천운은 '소쇄원가'와 인연이 깊은 고경명 의병진에 들어간 것 같다. 그러나 부친의 당부에도 불구하고 양천운의 의병진 합류는 쉽지 않았다. 송암 기정익奇挺翼(1627~1690)이 쓴 그의 「행장」에

임진년 왜구가 서울을 범하여 고암공(양자징)이 변을 듣고 달려가려고 하자 공(양천운)이 울면서 간하기를 노병의 처지에 아무런 힘이 될 수 없을 거

■ ■ ■

304) '소쇄원가'의 직계는 아니지만, 양산보의 증손자인 성晟(1571~?)의 장인 오빈吳玭(본관 해주)이 이때 의병 활동을 하였다. 오빈은 광주 출신으로 1593년에 고종후高從厚(高敬命의 아들)와 함께 진주성 전투에서 순절하였다(『광주읍지』, 인물, 『읍지』 4, 아세아문화사, 1982, p.374). 양산보의 장자 자홍子洪(1521~?), 자홍의 장자 천리千里(1544~?), 천리의 장자가 바로 성晟이다.

라고 하니 선생이 갈 수가 없음을 헤아리고 또 제봉霽峯(고경명)과 건재健齋
(김천일) 두 분이 의병을 일으킨다는 말을 듣고 공을 명하여 가서 도우라고
했다. 그리고 결별하면서 "부자가 마음을 같이하여 이승뿐만 아니라 저승
에 가서도 협력하자"는 말을 하였다. 그러나 고공高公이 형제간도 없이 부
친이 늙으심을 민망하게 생각하여 돌아가서 봉양하라고 권했으며 때마침
공의 자형인 안공安公 영瑛도 휘하에 찾아왔으므로 공은 서로 다짐을 하고
작별을 했는데, 뒤에 안安은 과연 싸움에서 발꿈치를 돌리지 않고 죽었으
니, 이는 공의 부자가 앞장을 섰기 때문이었다.[305]

고 기록한 것처럼, 의병장 고경명이 두 형의 죽음으로 형제도 없이 독자
가 되어 버린 양천운으로 하여금 돌아가서 늙은 부친을 잘 봉양하라고 권
했기 때문이다.

조선시대의 사회 윤리에서 부모 봉양과 가계 계승은 매우 중요한 일이
어서 국난에 처하여도 절대적인 우선 순위였다. 가령, 형 덕홍과 함께 의
병을 일으킨 김덕령金德齡이 따라나서는 동생 덕보에게 돌아가 노모를 모
시며 집안을 지키라고 하니, 덕보는 형의 분부를 따라 집으로 돌아간 적
이 있다.[306] 『광주읍지』에 따르면, 덕보는 이후 그것에 대한 죄책감과 두
형의 죽음에 대한 슬픔 때문에 풍암정楓嵒亭이라는 정자를 짓고 은둔 생활
에 들어갔다.

305) 『소쇄원사실』 12, 영주공, 「행장」, pp.359~366.
    『송암집』 5, 행장, 「영주양공행장」.
306) 『김충장공유사』 2, 「연보」.

양자징은 노병으로 의병에 참여하지 못하고 국가와 임금에 충정만 보내다 왜란이 한창인 1594년에 72세를 마지막으로 창평 자택에서 세상을 뜨고 말았다. 그러나 그의 아들은 앞에서 언급한 것처럼 군량을 보내 의병에 간접 참여하였고, 사위 안영安瑛(1565~1592)은 고경명 의병진에 의병장으로 참여하여 큰 활약을 하였다.

안영에 관한 기록은 『왕조실록』 등 관찬 자료는 말할 것 없고, 『남원읍지』, 『호남절의록』, 『호남삼강록』, 『정충록』 등 여러 사찬 자료에도 널리 수록되어 있다. 이 중에서 『정충록旌忠錄』은 임진왜란 때 많은 무공을 세운 후 진주와 금산 싸움에서 각각 전사한 황진黃進(1550~1593), 고득뢰高得賚(?~1593), 그리고 안영 등 남원 출신의 세 충신에 관한 행적을 모아 놓은 책으로, 황진의 손자 황위黃暐가 1653년(효종 4)에 처음 자료를 모으기 시

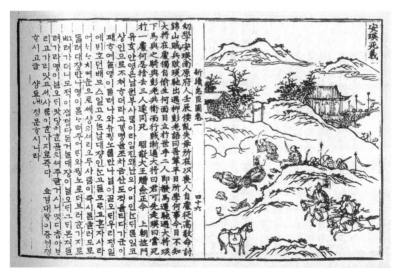

양자징의 사위 안영의 순절 모습이 그려진 『동국신속삼강행실』

작하여 7대손 황재수黃再洙가 순조 때 편찬했다. 이 책에는 「청계안공사실」, 「행장」, 「유사」, 「서술」 등이 수록되어 있어 안영의 행적을 살피는 데 많은 도움이 된다.

안영은 순흥을 본관으로 하는 남원의 명문가 출신으로 증조가 기묘명현이자 호남의 명사인 사재당 안처순安處順(1492~1534)이고, 외조가 문장이 뛰어나고 사림의 추앙을 받은 청련 이후백李後白(1520~1578)이다. 그는 일찍 아버지를 여의고 큰아버지 매담 이창국李昌國 밑에서 자라면서 학문을 연마했고, 20세 가까운 1584년에 고암 양자징 문하에 들어가 성리학 서적을 공부하였는데, 이때 양자징은 남원에서 가까운 거창 현감(재임 1581~1584)이었다. 따라서 이 무렵에 안영은 양자징의 사위가 된 것 같다. 1588년(선조 21)부터 과거를 단념하고 성리학 연구에 전심하며 스스로 호를 청계거사淸溪居士라 하였다.

왜란 직전 1591년에 하카다博多 출신의 승려 겐소玄蘇(1537~1611)와 쓰시마의 도주 소 요시시게宗義調·요시토시義智(1568~1615) 부자가 서울을 내왕하였다. 이후 왜적의 침입이 있을 것이라는 소문이 전국에 퍼져 온 국민들이 두려워하고 있었다. 이때 안영은 분통을 이기지 못하고 보검을 구입하여 집에 보관했다 한다.

이보다 앞서 1587년(선조 20)에 왜적이 전라도 흥양 관내의 손죽도損竹島를 침입하여 일본에 대한 경각심이 한층 높아 있었다.[307] 그 결과 당시 개인 스스로 전란을 대비했던 사례는 여러 곳에서 발견된다. 옥과 출신 월

■ ■ ■

307) 「선조실록」 21, 선조 20년 3월 2일(신묘), 21-431.

파 유팽로柳彭老(1564~1592)가 옥출산 정상에 군비를 비축하고 전쟁을 대비하였고,[308] 나중에 문제가 되었지만 정여립鄭汝立은 머지않아 전란이 있을 것으로 알고 전주 주변의 건장한 자들과 대동계를 만들어 무술을 연마했던 것이다.[309]

도요토미 히데요시豊臣秀吉는 국내를 통일하면서 침공 의사를 타진하기 위해 승려 겐소와 도주島主 부자를 각각 정사正使와 부사副使로 삼아 세 차례나 조선에 파견하였다. 이들은 1588년에 1회째, 1589년에 2회째 들어왔고, 3회째는 1591년에 전 해에 파견된 통신사 일행(정사 황윤길, 부사 김성일, 서장관 허성)과 함께 들어와 '가도입명假道入明'을 통고하여 전국 국민을 온통 긴장시켰다.[310] 바로 이때 안영은 왜침을 예상하고 무장을 서둘렀던 것이다.

드디어 1592년(선조 25) 4월 13일 일본군은 대규모 군대를 거느리고 조선을 침략하는 임진왜란을 일으켰다. 일본군은 육로를 따라 경상도 전역을 휩쓸고, 문경 조령을 넘어 신립申砬이 버티고 있는 충주까지 점령하였다. 충주에서 서울로 곧장 달린 일본군에 의해 조선은 개전 20여 일 만에 서울을 빼앗기고 말았고, 국왕은 서울을 뒤로 한 채 평안도 의주로 피란 가고 있었다. 바로 이 무렵 안영은 인근의 유팽로에게 글을 보내 함께 창의하니 응모자가 매우 많았다. 이어 5월 29일 담양에서 함께 봉기하여 제봉 고경명을 대장으로 추대하고, 안영은 유팽로 · 양대박梁大樸(1544~1592,

■ ■ ■

308) 『월파집』 3, 「일기」.
309) 『선조수정실록』 23, 선조 22년 10월 1일(을해), 25-583.
310) 최영희, 「일본의 침구」, 『한국사』 12, 국사편찬위원회, 1981, pp.281~282.

남원 출신)과 함께 종사관이 되었다.

6월 11일에 담양을 출발한 고경명 의병진은 전주에 머물며 대오를 정리하고 북상 계책을 세우고 있었다. 25일 여산에 이르렀을 때, 고경명은 격문을 지어 국왕이 있는 평안도에, 안영과 유팽로 또한 격문을 지어 충청·경기·황해·평안 4도에 보냈다. 의병진이 27일 충청도 은진에 이르렀을 때 경상도를 거쳐 전라도 접경 황간으로 내려온 일본군이 전라도 금산錦山을 정복하고 장차 전주까지 점령하려 하였다.

이에 안영은 북상하여 임금을 구하는 것도 중요하지만, 만약 전주가 무너지면 충청·전라도의 형세가 위급하고 게다가 전주는 어진과 사고가 있는 경기전慶基殿이 있는 곳이어서 부득이 먼저 구할 수밖에 없다고 고경명에게 건의하자, 고경명도 동의하였다. 이 무렵 전국을 유린한 일본군은 6, 7월에 접어들면서 전라도를 본격적으로 공략하기 시작하였다.

고경명 의병진은 7월 접어들어 연산을 거쳐 진산에 이르고, 일본군이 머물고 있는 금산성을 공략하기 위해 유팽로를 선봉장으로 하고 안영을 후군장으로 삼아 8일 금산에 이르렀다. 드디어 9일에 방어사 곽영郭嶸 부대와 의병 부대는 좌우익으로 나누어 금산성을 공격하기 시작하였다. 다음날 10일까지 이어진 전투에서 안영은 동료 의병들과 함께 현장에서 28세에 순절하였고, 나머지 병력들은 후퇴하고 말았다.

이 금산전투는 임진왜란 초에 전라도의 일본군 근거지를 공격하여 적을 섬멸하지는 못하였지만, 일본군의 주력군이었던 고바야가와 다카카게 小早川隆景(1533~1597) 부대에게 큰 타격을 가함으로써 결국 호남지방을 지켜냈다는 점에 있어서 그 의의가 컸다.[311]

안영은 사후 광주에 있는 포충사褒忠祠에 배향되었다. 포충사는 금산전투에서 순절한 고경명을 위시하여 고종후 · 고인후 · 유팽로 · 안영을 제향하기 위해 1601년(선조 34)에 호남 유생들에 의해 건립되어, 2년 뒤에 사액서원賜額書院으로 승격되었다. 이 서원은 대원군의 서원철폐령 때에 태인의 무성서원, 장성의 필암서원과 함께 훼철되지 않은 전라도 3개 서원 가운데 하나이다.[312)]

■ ■ ■

311) 조원래, 「두 차례의 금산전투와 그 전략적 의의」, 『임진왜란사 연구』, 아세아문화사, 2005, p.154.
312) 목포대 · 전라남도, 『전남의 서원 · 사우』, 1988, p.17.
    윤희면, 「고종대의 서원 철폐와 양반유림의 대응」, 『조선시대 서원과 양반』, 집문당, 2004, p.163.

2 정유재란과 소쇄원의 물적·인적 피해

(1) 일본군의 창평 점령

임진왜란 시기에 전라도 지역은 극히 일부 지역을 제외하고는 안전하였다. 전라도로 진격해 들어오는 일본군을 육지에서 양호兩湖(전라도·충청도) 의병진의 고경명·조헌, 관군의 권율·황진·정담 등이 금산·이치·웅치전투에서 물리쳤고, 바다에서 이순신이 한산도전투에서 대첩을 거둔 결과였다. 그로 인해 1593년(선조 26) 6월의 경우 진산·금산·용담·무주 등 전라도의 동북단은 일본의 침략을 겪고 있었지만, 나머지 지역은 안전하였다.[313]

소쇄원이 있는 창평은 임진왜란 당시 안전 지대여서 인근 지역과 함께

■ ■ ■

313) 『선조실록』 39, 선조 26년 6월 5일(무자), 22-4.

군량을 보급하는 창고 역할을 하였다. 1595년 접어들어 거의 모든 지역의 군량이 바닥나고 있었지만, 충용장으로 활동하고 있는 김덕령은 전라도 담양 등 네 고을(광주·장성·창평으로 추정)에서 군량을 조달하고 있었다. 비변사에서는 그것을 군량이 떨어져 어려움을 겪고 있는 영남 장수들에게 운송하도록 건의까지 하였다.[314]

당시 창평 인근 담양은 관내에 금성산성金城山城이라는 중요한 방어시설이 있어 적을 대적할 수 있는 요충지로 여겨져, 전라 감사가 머무는 진영이 담양으로 이전되는 조치가 단행되었다. 그로 인해 접대와 사무의 복잡함이 다른 고을보다 열 배나 되니, 인심을 제압하고 잡무를 다스릴 수 있는 인재가 담양 수령守令으로 와야 한다고 할 정도였다.[315] 든든한 군사 시설과 감사 진영마저 인근에 있어 창평은 임진왜란 당시 더더욱 안전한 곳이었다.

그러나 정유재란 때에는 사정이 바뀌어 창평에도 전운이 밀려오게 된다. 명과 일본 간에 비밀리 진행된 화의가 결렬되자, 도요토미는 재침의 명령을 내리어 적국赤國(전라도)을 집중 공략하게 하였기 때문이다. 14만 명을 보낸 도요토미는 출병군의 행동 목표를 전라도의 평정에 두었고,[316] 최고의 전투력을 자랑한 시마즈 요시히로島津義弘(1535~1619)의 경우, 그 명령을 받들어 전라우도 남부로 내려오기 직전에 정읍井邑에서 군사회의를 하면서 전라도 점령을 재차 확인하였다.[317]

■ ■ ■

314) 『선조실록』 60, 선조 28년 2월 3일(병오), 22-430.
315) 『선조실록』 90, 선조 30년 7월 16일(을사), 23-265.
　　『선조실록』 91, 선조 30년 8월 14일(임신), 23-279.
316) 北島万次, 『朝鮮日日記·高麗日記』, そしえて, 1982, p.284.

1597년(선조 30) 1월 선봉부대 1만 4,500명의 군사가 규슈 하카다를 출발하여 조선에 침입해 왔고, 3월 중순부터는 후속군이 합세하여 총병력이 14만 1,500명에 이르렀다. 일본군은 먼저 동래·기장·울산 등지를 점거하고, 웅천·김해·진주·사천·곤양 등지를 왕래하며 경상도 남해안에 주둔하였다.

7월 들어 다대포·서생포·가덕도 등지에서 조선 수군을 연파하더니, 15일에는 거제도 앞 칠천漆川에 머물러 있던 조선 수군을 수백 척의 수군과 육군을 동원하여 대대적으로 공격하였다. 통제사 원균元均은 수륙 양면의 공격을 받아 대패하고, 자신도 육지로 탈출하다 전사하였다. 전라우수사·충청수사·조방장 등이 전사하고, 경상우수사 배설裵楔만이 생존하여 12척의 전함을 이끌고 한산도로 후퇴하였다. 이 해전의 패배로 조선수군의 진영은 일시에 무너지고, 남해안 제해권마저 내주게 되었다.

이에 힘입은 일본군은 호남과 호서를 석권한 후 북진할 계획을 실행하기 시작하였다. 고바야가와 히데아키小早川秀秋(1582~1602)를 총대장으로 한 일본 육군은 좌우로 나누어 8월에 남원을 거쳐 전주를 공략하였다. 우키다 히데이에宇喜多秀家(1573~1655), 고니시 유키나가小西行長(?~1600), 시마즈 요시히로, 하치스카 이에마사蜂須賀家政(1559~1638) 등으로 편성된 좌군, 모리 히데모토毛利秀元(1579~1650), 가토 기요마사加藤淸正(1562~1611), 구로다 나가마사黑田長政(1568~1623), 나베지마 나오시게鍋島直茂(1538~1618)

■ ■ ■

317) 北島万次, 『豊臣政權の對外認識と朝鮮侵略』, 倉書房, 1990, p.262. 일본은 전라도를 적국赤國이라 칭하였는데, 적赤은 방위상 남쪽을 지칭한다. 따라서 전라도가 남쪽에 있어 적국으로 명명한 것 같다.

등으로 편성된 우군은 남원성을 공격하여 16일에 함락시키고, 19일에는 전주까지 점령하였다.[318]

한편, 도도 다카도라藤堂高虎(1556~1630), 가토 요시아키加藤嘉明(1563~ 1631), 와키자카 야스하루脇坂安治(1554~1626) 등으로 편성된 수군은 남해안에 상륙하거나 섬진강을 거슬러 육군과 합세하여 남원 공략에 나섰다. 이들은 광양 섬진에 상륙한 후 하동을 거쳐 좌군의 주력 부대와 합세한 뒤 구례 석주관에서 조선군을 무너뜨리고 남원을 향해 쳐들어왔다.

전주 점령 후 북진을 하던 일본군은 9월 6일 천안 직산에서 패전한 후 남하하기 시작하여 전라도 전역을 점령하게 된다. 그러면 창평 지역으로 내려온 일본 장수는 누구였을까? 우선 아래의 내용들을 검토해 보자.

① 왜란사를 연구한 이형석李炯錫과 기타지마 만지北島万次에 의하면, 시마즈 요시히로 · 나베지마 나오시게 등의 부대가 금구 · 정읍을 거쳐 나주 · 영암 · 해남 · 강진 등지로 내려갔다가, 다시 장성 · 담양 · 광주 · 창평 · 순창 · 옥과 · 동복 · 능성 · 화순 등지를 경유하여 남원 쪽으로 사라졌다.[319]

② 임진왜란 때 남원의 의병장 조경남趙慶男(1570~1641)이 남긴 『난중잡록亂中雜錄』에 따르면, 나베지마 나오시게와 가토 요시아키 등은 호서우

■ ■ ■

318) 『선조실록』 91, 선조 30년 8월 18일(병자), 23-282.
　　　『난중잡록』 3, 정유 8월 16일,19일.
319) 이형석, 『임진전란사』 중, 신현실사, 1974, p.987.
　　　北島万次, 『壬辰倭亂と秀吉 · 島津 · 李舜臣』, 校倉書房, 2002, p.70.

로를 거쳐 전라우도로 내려오면서, 여러 고을에 나눠 주둔하며 백성을 모아 쌀을 거두었다. 그런가 하면, 순창·담양을 거쳐 창평·광주·옥과·동복·능성·화순 등지를 점령한 시마즈 요시히로 부대는 패牌를 나눠 주며 항복을 유도하니 따르는 자가 날로 늘어나 시장을 열고 교역을 할 정도였다.[320]

③ 사가佐賀의 번주藩主(일명 城主·領主)인 나베시마를 수행한 종군 승려 태장원泰長院의 제3대 주지 고레다쿠是琢(일명 明琳)가 작성하고 현재 그 후손이 소장하고 있는 「高麗陣諸將郡割並二陣立人數書出案」이라는 문건

〈표 12〉 정유재란 때 전라도를 나누어 점령한 일본 장수

점령 고을	점령 장수
만경, 부안	宗義智(對馬守 兵庫頭)
금구, 김제, 화순, 능주	鍋島直茂(佐賀守)
흥덕, 동복	毛利吉成(壹岐守)
고부, 나주	長曾我部盛親(土佐守 侍從)
태인, 광주	池田秀氏(伊豫守), 中川秀成(修理大夫)
무장, 영광, 진원, 창평	中國衆
장성, 담양, 보성, 장흥	宇喜多秀家(備前守 中納言)
구례, 옥과, 곡성, 낙안, 순천, 광양	小西行長(攝津守)
함평, 무안	船手衆
강진, 해남	島津義弘(大隅守 兵庫頭)
정읍, 고창, 남평, 영암	蜂須賀家政(阿波守), 生駒一正(讚岐守)

■ ■ ■

320) 『난중잡록』 3, 정유 9월 15일.

을 보도록 하자.[321] 이 문건은 직산전투 패전 후 남하하다 정읍에서 9월 16일 군사회의를 하며 전라도 정책을 논의하는 과정에서 작성된 것으로 추정된다. 여기에는 정읍 이남의 34개 고을을 나눠 점령한 13명 이상의 일본 장수들이 자세하게 열거되어 있는데, 그것을 정리하면 〈표 12〉와 같다. 이에 의하면, 창평은 진원 · 무장 · 영광 등과 함께 '中國 衆'이라 하여 주고쿠中國 지방[322] 출신의 군소 장수가 점령하였다.

이렇게 볼 때 창평에 들어온 일본 장수가 누구인지 정확하지 않지만, 시마즈 · 나베지마, 그리고 주고쿠 출신 부대로 추정할 수 있다. 전라도 총지휘관은 시마즈나 나베지마였지만, 창평에 들어온 현지 지휘관은 주고쿠 출신 군소 장수였던 것 같다.

그런데 이들이 경내에 들어오기 이전인데도, 남원성이 함락되었다는 소문만 듣고 호서와 호남 백성들이 모두 도망갔을 뿐 아니라, 수령들도 앞을 다투어 도피하니 무인지경 고을이 속출하고 있다고 8월 27일자 『선조실록』은 기록하였다. 전라 감사 황신黃愼이 관아를 버리고 도망간 수령들을 보고하였는데, 그 가운데 창평 현령 백유항白惟恒은 왜적이 경내에 들어올 때 최후에 피신하다 적에게 사로잡혔다가 가까스로 도망쳐 도내에 머물고 있었다.[323] 이리하여 창평에 들어온 일본군은 손쉽게 전역을 장악할 수 있었다.

■ ■ ■

321) 『佐賀縣史料集成』 古文書編 3, 佐賀縣立圖書館, 1958, pp.404~405.
322) 주고쿠는 山陰道와 山陽道로 나뉜다. 산음도는 丹波, 丹後, 但馬, 因潘, 伯潘, 出雲, 石見, 隱岐 등 8번으로, 그리고 산양도는 播摩, 美作, 備前, 備中, 備後, 安藝, 周防, 長門 등 8번으로 각각 구성되었다.
323) 『선조실록』 93, 선조 30년 10월 13일(경오), 23-316.

그러나 9월 16일 명량해전嗚梁海戰 대패 이후 일본군은 남해안으로 이동하기 시작하였다. 그 결과 10월 중하순에 접어들면 광주와 나주 주둔군이 바다로 내려갈 것이라는 정보가 보고되었고, 그들이 물러난 후 텅 빈 전라도를 지킬 만한 군사와 장수가 필요하니 그에 대한 대책도 세워야 한다는 점도 제기되었다.[324] 12월 무렵이 되면, 일본군은 대부분 전라도 중앙 내륙 지방에서 철수하고, 반면에 해안 지역(장흥·보성·낙안·순천·흥양 등)에 머물며 목책을 쌓고 곡식을 모으면서 오래 머물 계획을 세우고 있었다.[325]

따라서 일본군은 8·9월부터 11·12월까지 2~3개월간 창평에 주둔했던 것으로 추정할 수 있다. 창평에 주둔한 일본군이 어디로 빠져나갔는지 자세히 알 수 없다. 그런데 『난중잡록』 1597년 10월 15일자에 따르면, 명나라 군대 30여 명이 남원에서 곡성으로 향하고 있을 때 창평 주둔 왜적들이 하동으로 철수하기 위하여 사람과 곡물을 가지고 섬진으로 가고 있었다.

(2) 소쇄원의 소실

남원과 전주 점령 후 북진하던 일본군은 충청도 직산에서 조선군에게 패전한 후 남하하기 시작하여 전라도 전역을 점령하게 된다. 전라도를 점

■■■

324) 『선조실록』 93, 선조 30년 10월 14일(신미), 23-317.
　　　『선조실록』 93, 선조 30년 10월 27일(갑신), 23-327.
325) 『선조실록』 95, 선조 30년 12월 10일(병인), 23-347.

령한 일본군은 야만적인 약탈과 방화 및 납치와 살상을 자행하였다. 바로 이러한 운명에서 창평 지역 또한 벗어날 수가 없었을뿐더러 '소쇄원 사람들'에게까지 고난의 손길이 밀려왔다.

그런데 정유재란 당시 전라도는 일본군의 최대 공격 목표가 되어 집중 공략을 당한 결과 엄청난 피해를 입었다. 그 가운데 창평의 전화는 다른 지역에 비하여 더 심했던 것으로 보인다.

창평의 전화가 심했던 제일차적인 요인은 이곳에 들어온 일본군의 잔악성에 있었다. 〈표 12〉에서 알 수 있듯이, 창평과 무장·영광·진원에 들어온 적장은 군소 장수들이었다. 그들이 구체적으로 누구인지를 일일이 확인하기란 어려운 작업이다. 하지만 적어도 군소 장수들이 전과를 높이어 지위를 올리기 위해 앞을 다퉈 목·코·귀를 자르는 살상과 포로 확보를 위한 납치를 누구 못지않게 지나치게 자행했을 것이라는 정도는 쉽게 추측할 수 있다.

이러한 추측이 가능한 것은 창평과 함께 주고쿠 출신 장수들의 점령지였던 진원현珍原縣이 전란으로 몰락하여 자립이 불가능하자 종전 직후 1600년(선조 33)에 장성에 편입되었던 사실이 있기 때문이다.[326] 그런데 독립 고을인 진원현이 전란 이후 폐읍廢邑되어 영원히 사라진 사례는 전국에서 유일하게 발생한 일이다.[327] 따라서 경상도 남해안처럼 여러 해 동안 점령당한 고을을 제치고, 불과 2~3개월 점령당한 고을이 폐읍되었다는

■ ■ ■

326) 『장성부읍지』, 건치연혁(『읍지』 4, p.34).
327) 경상도 단성현丹城縣도 왜란 후 탕잔蕩殘하여 1599년(선조 32)에 산청현山淸縣에 합속되었지만, 14년이 지난 1613년(광해군 5)에 바로 복읍復邑되었다(『단성현읍지』, 건치연혁, 『읍지』 1, p.871).

것은 그만큼 이곳에 들어온 일본군의 만행이 가혹했다는 것을 반증한다.

창평 지역의 전화가 격심한 또 다른 이유로는 부역자가 많았던 사실을 빼놓을 수 없다. 이 점에 대하여 조경남은 『난중잡록』 9월 15일자에서

시마즈 요시히로島津義弘 등의 적은 순창·담양으로부터 사방으로 흩어져 주둔하고 지켰다. 창평·광주·옥과·동복·능주·화순 같은 데는 적병이 많고, 죽이고 노략질하는 것을 엄금하며 민패를 발급하여 불러다 항복시키니, 달려가 붙는 자가 날로 많아져서 저자를 열어 교역하는 데까지 이르렀고, 연도 각읍의 왜적도 모두 이같이 하였다. 동복의 생원 김우추金遇秋가 본현의 왜장에게 편지를 올려 이르기를, "누구나 부리면 백성이요 누구나 섬기면 임금이니, 한 호로 편입되어 성인의 백성이 되기를 바랍니다." 하고, 끝에다 시를 지어 붙이기를 (중략) 하였다. 그 뒤 난리가 평정되자 사림士林들이 왜적에게 부역했다는 것으로 죄 주었다. 이때에, "창전昌全·옥삼玉三·동이同二·곡일谷一"이란 말이 있었는데, 전全이란 것은 창평 한 고을 사람이 전부 들어갔다는 것을 말함이고, 3·2·1이라 함은 그 괴수가 옥과에는 셋, 동복에는 둘, 곡성에는 하나라는 말이다.

고 하여, 창평은 고을 사람 전체가 일본군 밑에 들어갔을 정도로 인근 고을보다 부역자가 많았다. 부역자가 많았던 이유는 정부나 지배층의 억압과 수탈에 대한 하층민들의 반발에 있지 않았을까 한다. 개전 직후 1592년 5월에 인근 옥과·순창의 군인들이 난을 일으켜 순창 관사와 형옥을 불사르고 약탈한 사건은[328] 이와 무관하지 않을 것이다.

일찍부터 두텁게 형성된 이 지역 사족士族 세력들이 이 무렵 서로 갈등을 겪었던 것도 부역자를 발생하게 한 요인이 되었을 것이다. 임진왜란 직전에 있었던 1589년 기축옥사(정여립 사건) 때에 동인東人을 강하게 공격한 서인西人의 주요 인사(정철, 양천경ㆍ천회)가 이 지역 출신이었던 점이 바로 그 예가 될 수 있다. 또한 1570년(선조 3)에 창립된 학구당學求堂의 운영을 놓고 사족간에 분란이 있지 않았을까 하는데, 창당한 지 얼마 지나지 않아 1577년, 1580년, 1595년에 단행된 대대적인 규정 개정이 이와 무관하지 않을 것이다.

어떠하든 간에 창평 지역은 잔악한 일본군 진입과 많은 부역자 때문에 막대한 물적ㆍ인적 희생을 치르게 되었고, 여기에서 소쇄원과 그 사람들 또한 벗어날 수가 없어 엄청난 시련을 겪게 되었다. 창평이나 광주ㆍ담양에서 인근 동복으로 가는 길목에 위치한 소쇄원은 일본군의 접근에 손쉽게 노출되어 더더욱 큰 피해를 입었을 것이다.

소쇄원이 입은 물적 피해와 관련하여 대표적인 것이 소쇄원 건물과 마을의 소실이다. 소쇄원은 양산보에 의해 1520년대에 처음 착공되어 1530년대에 본격적으로 조성되었고, 1540년대에 일단락된 것으로 보인다. 그 공간 구성은 하서 김인후가 1548년경에 지은 『소쇄원48영』을 통하여 알 수 있는데, 소쇄정ㆍ광풍각ㆍ연못ㆍ물레방아ㆍ담장ㆍ다리ㆍ애양단 등의 건물이나 시설물이 구비되어 있었다. 그 후 양산보의 두 아들 고암 양자징과 지암 양자정이 고암정사와 부훤당 같은 새로운 건물을 짓기도 하였다.

■ ■ ■

328) 『선조수정실록』 26, 선조 25년 5월, 25-616.

이러한 소쇄원은 60여 년이 지난 1597년(선조 30) 정유재란 때에 일본군의 잔혹한 방화와 약탈로 인해 거의 대부분 타버리고 망가졌던 것 같다. 양자징의 삼남 천운이 남긴 「소쇄원계당중수상량문瀟灑園溪堂重修上梁文」에 따르면, 소쇄원 내의 대표적 건물인 광풍각光風閣이 정유년(1597) 병란으로 불탔고, 1614년(광해군 6)에 중수했다 한다.

소쇄원에 들어온 일본군이 구체적으로 어떤 만행을 저질렀는지에 대해서는 관련 자료가 남아 있지 않아 자세히 알 수 없다. 그러나 윤운구尹雲衢[329]가 전란을 치른 후 양천운에게 보낸 시에서

　　명원名園가에 시냇물은 무너진 돌이요

　　빈 마을 사립문은 연기에 그을렸네.

　　새로운 그림자는 녹죽綠竹이 드리웠고

　　구원舊園 주변 소나무도 푸르기만 해.

　　하늘에서 이제부터 노닐어 보소

　　곡曲을 해도 대답하는 사람 없구려.

　　항아리 기울여서 술을 마시며

　　세상 근심 모두를 삭혀 본다네.[330]

---

329) 윤운구는 이귀의 아들인 이시백의 처남으로 호남 출신 인물로 추정되고, 『실록』이나 『연려실기술』에 따르면 인조(재위 1623~1649) 초기에 옥사에 연루된 인물이다. 그가 양천운과 어떤 관계인지에 대해서는 자세히 알 수 없다.

330) 『소쇄원사실』4, 「차운봉정양상사사건회시동유자」, p.120.

라고 할 정도로, 명원이던 소쇄원은 일본군들의 만행으로 무너진 돌만이 맑은 개울에 나뒹굴고, 수목이 잡초처럼 무성하여 마치 폐허 상태나 다름 없었다. 바로 이때에 광풍각을 포함하여 소쇄원 내의 거의 모든 건물이 소실되었던 것 같다.

뒤에 양천운이 광풍각 중수 상량문에 남긴 아래의 글을 보아도, 정유재란 당시 일본군이 휩쓴 소쇄원의 황량함을 충분히 짐작할 수 있다. 그는 소쇄원의 아름다움과 선현들의 발자취를 읊은 후

> 아! 그런데 이게 무슨 날벼락입니까. 과연 하늘은 무슨 뜻이 있어 이리
> 도 무참한 짓을 한단 말입니까. 불에 탈 수 있는 것은 모조리 불에 태워져
> 가시덩굴로 뒤덮여 있고 흙 담은 허물어져 쑥대밭이 되었으니 책 읽고 거
> 문고 튕기시던 곳은 온데간데없구나.

고 하여, 불에 탈 수 있는 것은 모조리 불에 타서 가시덩굴로 뒤덮여 있고, 흙 담은 허물어져 쑥대밭이 되어 책 읽고 거문고 튕길 곳이 온데간데없을 정도로 무참히 짓밟힌 참상을 노래하였다. 소쇄원이 이렇게 무참히 짓밟힌 상황에서 '소쇄원 사람들'이 살고 있는 마을 또한 온전할 리 없었다.

'소쇄원 사람들'은 양산보의 부친(양사원) 이래 소쇄원 바로 밑에 창암촌이라는 마을을 개척하여 살고 있었다. 이 창암촌도 윤운구의 시에 드러나 있듯이, 마을은 비어 있고 사립문은 연기에 그을려 있었다. 이는 일본군의 잔인한 살육이나 납치 및 약탈에서 벗어나기 위해 마을을 비우고 어디론가 하나둘씩 떠나버렸고, 그 사이에 일본군이 불을 지른 결과였다. 이

때 양천운도 그의 「행장」에

> 정유재란에 적병이 깊이 침입하자 신주神主를 업고 피란을 했는데 아무
> 리 다급하고 위태로운 속에서도 반드시 틈을 타서 전奠을 드리고 슬퍼하기
> 를 극진히 하니 동행을 하며 피란을 하던 자가 모두 감읍을 할 지경이었다.

고 하여, 조상의 위패인 신주神主만을 받들고 황급히 피란길에 올랐다. 이
때 그의 가족들도 모두 어디론가 피하였을 것이다. 화마에 휩쓸려 그을린
연기 자욱이 만연한 마을을 뒤로한 채, 2~3개월 주둔한 일본군의 만행을
피하고자 '소쇄원 사람들'이 길을 떠나니 창암촌 마을은 잿더미인 채 텅
빌 수밖에 없었다.

이때 집안에서 소장하고 있는 양사원·산보·자징·자정의 서적이나
문서들도 거의 소실되었다.[331] 그래서 나중에 양진태梁晉泰가 병란에 타고
남은 선조들의 행적을 모아 『소쇄사실』을 편찬했던 것이다.

인근 엘리트들도 마찬가지의 참화를 겪었다. 양산보의 외종형 송순이
지은 담양의 면앙정도 정유재란 때에 불탔으며, 이때 그와 명사들이 주고
받은 글도 모두 사라졌다.[332] 창평 유곡에 거주하였던 유옥柳沃(1487~1519)
의 많은 가전家傳도 정유재란 때에 유실되어 남은 것을 모아 그의 「행장」
을 편찬했다.[333]

■ ■ ■

331) 『소쇄원사실』, 「소쇄원사실범례」.
332) 『면앙집』 6, 부록, 「연보」(『한국문집총간』 26, p.282).
333) 『석헌집』, 「행장」.

또 소쇄원을 포함하여 증암천 좌우에 있는 죽림재竹林齋(조수문의 강학소), 관수정觀水亭(1544년에 조여충이 창건), 식영정息影亭(1560년에 김성원이 건립) 등도 소실된 것으로 보인다. 이 지역 엘리트들의 또 다른 활동 무대였던 무등산 자락 사찰들로 역시 사라졌다. 인근 담양에 있는 연계정漣溪亭(유희춘이 건립), 지정池亭(이윤공이 건립) 등도 또한 소실되었다.[334] 뿐만 아니라 창평 읍내에 있는 향교도 일부 소실되었다가 1620년에 중수되었다.[335] 이들 누정이나 향교는 소쇄원과 마찬가지로 지역 엘리트들의 활동 공간이었다. 따라서 정유재란 당시 소쇄원을 포함하여 지역 엘리트들의 활동 공간이 대부분 파괴된 것으로 보인다.

(3) 소쇄원 사람들의 창의 · 순절

정유재란 당시 일본군이 전라도로 들어오기 위해 남원으로 향하자, 전라도 의병들은 남원을 방어하여 전라도를 지키기 위해 남원성으로 집결하였다. 이때 창의한 '소쇄원 사람들'로 양산보의 장남인 자홍子洪의 차남 천심千尋이 있었다고 문중 기록에 전한다.

양자홍(1521~?)은 광주 '양과동' 출신 최대윤崔大潤(본관 경주)의 딸과 결혼하여 2남을 낳았다. 그의 장남 천리千里(1544~?)는 두 번 결혼했는데, 첫

■ ■ ■

334) 『호남문화연구』 14, 전남대 호남문화연구소, 1985.
335) 『전남의 향교』, 전라남도, 1987, p.817.

번째는 역시 '양과동' 출신인 박인朴訒(본관 함양)의 딸과, 두 번째는 고계영高季英(본관 장택, 고경명의 숙부)의 딸(양팽손의 외증손)과 혼인하였다. 차남 천심(1548~1623)은 광주 출신으로 추정되는 이충달李忠達(본관 함풍)의 딸과 혼인하였다.

『제주양씨족보』에 따르면, 양천심은 50세 되던 1597년 정유재란 때에 의병을 일으켜 군사를 이끌고 창평 현감 윤설尹說과 함께 남원으로 진격하였다. 팔량현八良峴에서 적세를 엿보다 적을 만나 공격하여 수십 명을 죽이고 진영으로 돌아왔으나, 남원이 함락되었다는 소식에 통곡하며 가족을 거느리고 강원도 지방으로 피신하였다. 이 사실은 일부 족보에만 기록되어 있다.

또한 일제강점기에 간행된 『호남창평지』(인물, 음사조)에도, 양천심은 "자징의 조카로 호는 가헌稼軒이며 별검別檢이 되었다. 정유년에 의병을 일으켰다."고 하여, 그가 정유재란 때에 의병 활동을 했음을 전해 준다. 이 사실 또한 이전의 읍지에 보이지 않는 것이다.

그런데 창평의 역대 수령을 기록한 「선생안先生案」을 보면, 현감 윤설은 정유재란 이전인 1592년에 도임했다가 이듬해에 체임되었고, 이어 백유항白惟恒이 부임해 와 1597년 정유재란 때까지 재임하였다.[336] 백유항은 일본군의 창평 진입 당시 재임한 인물로 실록에도 등장한다. 그러한 백유항을 윤설로 착각할 가능성도 있지만, 양천심의 의병 활동에 관한 기록을 면밀히 검토할 필요가 있다.

■ ■ ■

336) 『담양문헌집』, 담양향토문화연구회, 2004, p.723.

왜적에 죽은 양자징의 장녀에 관한 기록이 보이는 『창평읍지』

소쇄원의 비운은 일본군이 전라도 일원에 주둔하면서 본격화되어 순절자뿐만 아니라 피체자까지 나오게 되었다. 소쇄원을 건립한 양산보의 차남 양자징과 그의 처는 임진왜란이 한창인 1594년과 1596년에 각각 세상을 떠났다. 양자징에게는 3남 3녀가 있었는데, 장녀가 일본군의 만행에 순절하고, 1591년에 옥사한 장남 천경의 처와 그 두 아들과 한 딸 등 가족 4명이 함께 일본에 끌려가는 희생을 겪었다.

양자징의 장녀는 오급吳岌(본관 낙안)에게 출가하였는데, 『제주양씨족보』에 의하면 그는 검열檢閱을 역임한 빈賓의 손자이다. 『광주읍지』와 『광주향교지』에 따르면, 오빈吳賓은 1549년에 문과에 급제하여 검열을 역임했고 향안鄕案에 입록된 인물이다. 따라서 양자징의 장녀는 광주 출신의 명문 오씨 가문에 출가했음을 알 수 있는데, 바로 그녀가 정유재란 때에 남편과 함께 피란을 가다 갑자기 적을 만나 남편이 먼저 살해를 당해 시체가 강에 던져지자, 적의 손에 더럽혀지지 않으려고 강에 뛰어들어 죽었다. 이 사실은 그녀의 친정인 창평은 물론이고, 시가인 광주의 읍지에도 실려 있다.

양자징의 동생 양자정도 정유재란 때에 억울하게 목숨을 잃은 것 같다. 현재 그 사연을 정확하게 밝힐 수는 없지만, 피란을 포기하고 소쇄원을 지키다 비참하게 운명을 달리하였을 것으로 추측된다.

이 당시 산 자와 죽은 자의 모습은 극명했다. 붙들리면 일가족이 몰살을 당했다. 고봉 기대승 가족의 경우, 장남을 제외한 차남 기효민의 부부, 삼남 기효맹의 부부, 그리고 사위 김남중의 딸 등 모두 5명이 적을 만나 죽거나 겁박을 피해 강물에 몸을 던져 자살하였다.[337]

따라서 살기 위해서는 배를 타고 멀리 바다로 나가거나 깊은 산속으로 들어가 몸을 숨겨야 했지만, 왜군의 추격을 뿌리치기가 쉽지 않았다. 담양 출신 김대기金大器는 왜적이 밀어닥치자 모두들 짐을 싸고 부자가 뿔뿔이 흩어진다는 소문을 듣고, 노모를 업고 동굴로 들어가 풀뿌리와 나무 열매로 연명하며 살아남았다.[338] 그러나 의병장 김덕령의 부인 흥양 이씨는 정유재란 때에 담양의 험한 추월산으로 피신했다가 추격해 오는 일본

■ ■ ■

337) 『고봉집』 부록 1, 행장(『한국문집총간』 40, p.286).
338) 『만덕집』 4, 부록, 「행장」(『한국역대문집총서』 593, p.461).

군에게 더럽힐 수 없다 하여 높은 절벽에서 몸을 날려 순절하였다. 서하당 김성원金成遠은 노모를 모시고 동복의 성모산聖母山으로 피신하였다가, 적이 나타나 노모를 살해하자 몸으로 가리어 함께 죽었기 때문에 후인들이 그 산을 모호산母護山이라고 부른 일화도 기록으로 전한다.

살려면 부역을 하거나 아예 멀리 떠나야 했다. 소쇄원가의 양천리梁千里는 강원도 지방으로 피신한 것으로 보아,[339] 전선戰線 밖으로 도피한 것 같다. 나중에 천리의 사돈이 되는 광주 출신 유평柳玶(1577~1645)은 노모를 모시고 황해도로 피신했고,[340] 유옥의 증손자로 '소쇄원가'와 함께 학구당을 운영한 유호柳灝(1576~1646)도 부친·아내·형·동생·자녀들을 데리고 강원도 방면으로 피신하였다.[341] 뿐만 아니라 의병장 고경명高敬命의 여섯째 아들 용후用厚도 이때 어머니 울산 김씨를 모시고 경상도 안동으로 피신했다가 이듬해에 돌아왔다.[342]

(4) 소쇄원 사람들의 피로·송환

왜란 7년 동안 일본군은 10만 명으로 추산되는 조선 사람들을 일본으로 강제 납치해 갔다.[343] 납치자는 정유재란 때에 목·코·귀와 함께 전리품

■ ■ ■

339) 『제주양씨족보』.
340) 『송암유고』, 「행장」.
341) 송준호, 「남원에 들어오는 창평 월구실 유씨」, 『조선사회사연구』, 일조각, 1987, p.308.
342) 『제하휘록』 하, 『청사공유적』, 「연보」.

의 일환으로 취급되어 집중적으로 증가하였다. 전라도 함평 출신 정희득 鄭希得(1573~1623)이 『해상록海上錄』에 "정유년에 삼남三南에서 포로가 된 사람은 그 수가 임진년보다 10배나 되었습니다."[344]고 기록하였다. 정희 득은 고향 함평을 떠나 배로 피란 중 영광 칠산 앞바다에서 1597년 9월 27일에 아와阿波 성주인 하치스카 이에마사의 부하에게 붙들려 창원을 거 쳐 도쿠시마德島에 끌려갔다가, 1599년에 돌아온 후 스스로 포로 생활을 기록한 『해상록』을 남겼다.[345]

이때 일본군은 피로인 숫자를 늘리기 위해 조선 양민을 이전과 비교가 되지 않을 정도로 잔인하게 납치하였다. 규슈의 분고豊後 우스키臼杵의 번 주인 오타 가즈요시太田一吉의 의사로 종군한 안뇨사安養寺의 주지 게이넨 慶念이 쓴 『조선일일기朝鮮日日記』의 1597년 8월 6일자에 의하면,

들도 산도 섬도 죄다 불태우고, 사람을 쳐 죽인다. 그리고 산 사람은 금 속 줄과 대나무 통으로 목을 묶어서 끌어간다. 어버이 되는 사람은 자식 걱정에 탄식하고, 자식은 부모를 찾아 헤매는 비참한 모습을 난생 처음 보 게 되었다.[346]

■ ■ ■

343) 이원순, 「임진·정유재란시의 조선부로노예문제 — 왜란 성격 일모」, 『변태섭박사화갑기념 사학논 총』, 삼영사, 1985, p.630.
피로인의 규모에 대해서는 다음의 논문도 참고된다. 민덕기, 「임진왜란 중의 납치된 조선인 문제 — 피로인 규모와 기존연구의 검토를 중심으로」, 『임진왜란과 한일관계』(한일관계사연구논집 편찬위원회 편), 경인문화사, 2005.
344) 『해상록』 1, 「자적왜중환박부산일봉소」(『국역 해행총재』 Ⅷ, 민족문화추진회, p.302).
345) 那波利貞, 「慶長丁酉役の水軍虜鄭希得の月峯海上錄」, 『韓來文化の後榮』(金正柱編), 韓國資料研究所, 1962.
346) 신용태 역주, 『임진왜란 종군기』 1597년 8월 6일, 경서원, 1997, p.61.

고 하여, 닥치는 대로 죽이고 잡아가는데, 잡아간 자를 못 도망가게 쇠줄이나 대나무 통으로 목을 묶어 끌고 갔다. 1597년 11월 19일자에 따르면, 남녀노소 할 것 없이 줄로 묶어 모아서 앞으로 몰고 가는데, 잘 걸어가지 못하면 뒤에서 지팡이로 몰아붙여 두들겨 패는 모습은 지옥과 같다고 하였다. 그리하여 전투 요원보다 비전투 요원인 어린이나 부녀자들이 납치자의 대다수를 차지하였고, 개인뿐만 아니라 가족 단위 피로인들도 적지 않았다.

이들은 조선 현지에서 일본 상인에게 팔려나가기도 하였다. 『조선일일기』 7월 9일자에 따르면, 당시 부산에는 일본 여러 지역에서 온 상인들이 진을 치고 있었다. 그들은 군수물자를 보급하면서, 조선 피로인을 구매하기도 하였다.

또 피로인 일부는 조선의 수용소에서 탈출하기도 하였다. 『선조실록』의 1598년 8월 5일자 전라 병사 이광악李光岳의 보고에 따르면, 순천 예교曳橋(왜교성·왜성)에 붙들려 있는 사람들이 일부 탈출하였고, 일부는 탈출 기회를 엿보고 있었다. 그러나 대부분은 일본으로 끌려가 일본 전역에 광범위하게 분산되어 있었고, 그들의 생활은 비참하기 짝이 없었다.

피란 중 전라도 영광 해안에서 이요伊豫 영주인 도도 다카도라의 부장에게 1597년 9월 23일에 붙잡혀 순천 왜교성을 거쳐 오쓰大津에 끌려온 영광 출신 강항姜沆(1567~1618)은, 우리나라에서 잡혀 온 사람들이 조석으로 마을에서 무리를 지어 통곡하였다고 술회하였다.[347] 피로인들의 삶에 대

■ ■ ■

347) 『간양록』, 「적중봉소」(『국역 해행총재』 II, p.114).

하여 보다 사실적으로 묘사한 정희득은 『해상록』 1598년 3월 4일자에서 "우리나라 사람들은 달밤이면 다리 위에 모여, 혹 노래도 부르고 휘파람도 불며, 혹은 회포도 말하고 한숨지어 울부짖기도 하다가 밤이 깊어서야 헤어진다."고 하였다.

이들은 자력으로 일본에서 탈출하기 위해 갖은 노력을 하였다. 정희득은 글씨 품값으로 얻은 은화로 배와 사공을 사서 쓰시마까지 왔다가 붙들리고 말았으나, 1599년 6월에 쓰시마 측의 호의로 정경득·호인 일족 등 15명의 일행과 함께 중국 선박을 타고 돌아왔다. 강항은 탈출하다 붙잡혀 오쓰로 환송된 후 오사카大阪의 후시미伏見성으로 이송되고, 후시미성에서 다시 탈출을 시도하다 붙잡힌 후 적장이 길을 열어줘 1600년에 돌아오게 되었다. 전라도 나주 출신으로 1597년 8월 남원성 전투에서 체포되어 방답포·안골포에 수용되었다가 이요伊像를 거쳐 사누키讚岐에 온 노인魯認(1566~1622)은, 1599년 1월 15일에 포로 수십 인과 작은 배를 구해 탈출하다 성주의 부하에게 붙잡혔으나, 다행히도 죽음은 면하고 오사카 근처의 이즈미和泉로 강제 이송되었다가 여기서 중국 상선을 통해 탈출하여 중국을 거쳐 귀국한다.[348]

그러나 탈출은 쉬운 일이 아니었을 뿐만 아니라, 탈출하다 발각되어 보복을 당하기도 하였다. 강항이 자신의 포로 생활을 기록한 『간양록』에 따르면, 전라 좌병사 이엽李曄은 사로잡혀 온 사람들과 결탁하여 배를 사서

■ ■ ■

348) 『금계집』 3, 「정유피부~화관결약」(『한국문집총간』 71, pp.196~198).
　　　노인은 귀국 후 억류 생활을 기록한 『금계일기』(『국역 해행총재』 Ⅸ)를 남겼다.

서쪽으로 나가 아카마세키赤間關(현재 시모노세키)에 이르렀으나, 추격자가 대기하고 있자 칼을 빼어 자해한 후 바다에 뛰어들었다. 그러자 추격자가 시체를 끌어내어 수레에 걸어 찢어 죽였다 한다. 정희득도 자신의 포로 생활 일기에서 배를 훔쳐 타고 도망가다 들키어 죽는 자가 많았다고 하였다.

자력으로 돌아오지 못한 포로들은 나중에 정부 쇄환책刷還策으로 돌아 오기도 하였다. 왜란으로 단절된 조일 양국 관계는 도요토미 사후 새 집권자로 등장하여 정권 안정을 노린 도쿠가와 이에야스德川家康(1542~1616) 의 통교 간청과 조선과의 무역이 생명줄과 다름없는 쓰시마의 중개로 개선되기 시작하였다. 도쿠가와 막부와 쓰시마는 국교 재개를 위해 포로 송환에 적극적이었고, 조선 정부도 마찬가지였다. 그에 따라 쓰시마는 수회에 걸쳐 피로인을 보내 주었고, 조선 정부도 1604년(선조 37)에 손문욱孫文彧과 유정惟政을 파견하여 3,000명을, 1606년에는 전계신全繼信을 보내어 174명의 피로인을 데려왔다.[349]

이를 토대로 1607년(선조 40) 도쿠가와 막부에 '회답겸쇄환사回答兼刷還使'라는 명칭의 사절을 보냄으로써 양국의 국교는 정식 재개되었고, 이때 사절단은 1,340명의 피로인을 데리고 돌아왔다. 논란 끝에 통신사通信使 라는 명칭을 사용하지 않고 '회답겸쇄환사'로 호칭한 것은 피로인 송환에 정부의 의지가 강했음을 의미한다. 정부에서는 이후에도 피로인 송환에 지속적인 관심을 보여, 1617년(광해군 9)과 1624년(인조 2)에 각각 '회답겸쇄 환사'를 또 파견하였다. 사행 명칭을 통신사로 개칭한 이후에도 피로인

■ ■ ■

349) 이훈, 「일본과의 관계」, 『한국사』 32, 국사편찬위원회, 1997.

송환 활동은 계속되어 1636년(인조 14)과 1643년(인조 21) 사행 때까지 지속되다가, 전쟁이 끝난 지 60년 정도 지난 1655년(효종 6) 사행에 이르면 공식적으로 중단된다.

이렇게 하여 일본에 납치된 조선인 10만 명 가운데 10%에 해당하는 1만 명 정도만 돌아왔다고 한다.[350] 그런가 하면 7,500명[351] 또는 6,300~6,400명[352]만이 돌아왔다는 연구도 있다. 이들 귀환자들의 체험은 문학적으로 표현되어 지금까지 전해 오고 있다.[353]

어떠하든 극히 일부만이 고국으로 돌아왔고, 나머지 대부분은 끝내 돌아오지 못하고 일본 현지에 정주하여 일본 장수들의 노예가 되거나 기술인이 되어 그들의 생산을 담당하였을 뿐만 아니라, 일본 내 유력 계층으로 자리를 잡은 자도 있었다. 나가사키長崎에 정주한 피로인들, 아키萩의 무사가 된 피로인에 대한 연구가 있어 그들의 행적을 이해하는 데 참고된다.[354] 그런가 하면 멀리 해외로 팔려 나간 사람도 적지 않았다.

한편, '소쇄원 사람들'이 포로로 일본에 억류되어 있다는 사실은 1617

■ ■ ■

350) 이장희, 「왜란 중의 사회상」, 『한국사』 29, 국사편찬위원회, 1995, p.176.
351) 內藤雋輔, 『文祿‧慶長役における被擄人の研究』, 東京大學出版會, 1976.
352) 米谷均, 「17세기 日‧朝關係에서의 朝鮮 被虜人의 送還 ─ 惟政의 在日 刷還活動을 중심으로」, 『사명당 유정』, 지식산업사, 2000, p.330.
　　피로인 귀환에 대해서는 다음의 논문도 참고된다. 김문자, 「16-17세기 조일관계에 있어서의 피로인 귀환」, 『상명사학』 8‧9, 상명사학회, 2003.
353) 소재영, 「임란피로들의 해외체험」, 『여행과 체험의 문학』(소재영‧김태준 편), 민족문화문고, 1985.
　　이채연, 『임진왜란 포로실기 연구』, 박이정, 1995.
　　김기빈, 「임란시 피부 문인의 체험적 문학의 고찰 ─ 『간양록』과 『월봉해상록』을 중심으로」, 『한국한문학연구』 21, 한국한문학회, 1998.
354) 中村質, 「壬辰丁酉倭亂の被虜人の軌跡 ─ 長崎在住者の場合」, 『한국사론』 22, 국사편찬위원회, 1992.
　　木部和昭, 「萩藩における朝鮮人捕虜と武士社會」, 『歷史評論』 593, 歷史科學協議會, 1999.

년에 일본에 간 제2회 '회답겸쇄환사'에 의해서 알려지게 되었다. 이 사절단은 부친 이에야스를 이어 최고 권력자가 된 히데타다秀忠(1579~1632)가 도요토미 세력을 물리치고 1615년에 오사카를 평정한 것을 축하하고, 후금 등장에 따른 국제질서 변화에 대처하기 위해 파견된 것이다.[355]

'소쇄원 사람들'이 돌아오게 된 것도 바로 이 사절단에 의해서였다. 이러한 사실은 이때 일본에 간 외교 사절단이 남긴 문헌에 수록되어 있다. 당시 사절단은 정사正使 오윤겸吳允謙, 부사副使 박재朴榟, 종사관從事官 이경직李景稷으로 구성되었는데, 이들은 귀국 후 각각 『동사상일록東槎上日錄』(『해행총재』 수록), 『동사일기東槎日記』(서울대 古4254-46), 『부상록扶桑錄』(『해행총재』 수록)이라는 사행록을 남겼다. 이 가운데 『동사상일록』과 『부상록』에만 '소쇄원 사람들'이 소개되어 있다.

일본에 끌려간 '소쇄원 사람들'은 1591년에 신묘사화로 장살당한 양천경의 처, 그리고 그의 두 아들(몽린夢麟, 몽인夢寅)과 딸을 포함하여 모두 4명이다. 이들 일가족은 오윤겸의 『동사상일록』 1617년 10월 8일자에

양몽인梁夢寅도 또한 여섯 사람을 거느리고 작은 배를 타고 오다가 서로 이키壹岐섬에서 만나 바람을 기다린다는 것이다. 몽인은 바로 몽린夢麟의 아우요 몽린은 천경千頃의 아들인데, 정유년丁酉年 난리에 양씨 집안 일문이 함몰을 당하고 천경의 처 및 자녀 세 사람은 함께 사로잡혀 왔었는데, 오늘날에야 모두 살아서 돌아오니 실로 천행이었다.

■ ■ ■

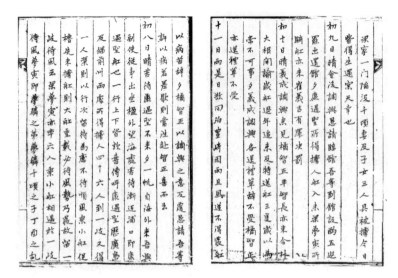

정유재란 때 일본에 납치되어 간 양씨 일가에 관한 기록이 보이는 『동사상일록』

고 하였듯이, 정유재란이 발발한 해인 1597년에 사로잡혀 일본에 끌려 갔다. 이들의 납치는 일본군이 1597년 8월 16일과 19일에 남원과 전주를 각각 점령한 후 12월 무렵까지 전라도 일대를 휩쓸 때에 벌어진 일로 여겨진다.

고암 양자징의 장자인 양천경은 함풍 이씨와 결혼하여 3남 1녀를 두었다. 유일하게 납치를 모면한 자가 장자 몽웅夢熊(1581~1635)이다. 차자는 몽린夢麟(1583~1613)으로 15세에 납치되어 할아버지 때부터 친분이 있는 유명환柳命環(어머니와 같이 납치)과 함께 귀국한 후, 그의 누이와 결혼한다. 삼남은 몽인夢寅(1588~?)으로 10세에 납치되었는데, 귀국 후 몽기夢夔로 개명되었고, 양천주(양자정의 둘째)에게 입양되었다. 장녀는 몽린이 누이동생으로 부른 것으로 보아 납치 당시 12·13세로 추정되는데, 귀국 후 채립

蔡昱에게 출가했다. 이렇게 볼 때 양천경의 4남매 가운데 장자를 제외한 차자, 말자, 장녀 3남매가 10~15세의 어린 나이에 어머니와 함께 포로 신세가 되었던 것이다.

그런데 잔혹하게 전라도를 휩쓸고 간 일본군이 이들을 죽여 목이나 코 및 귀를 가지고 가지 않고, 생포해간 이유는 무엇이었을까? 순천 방답포 억류 중 수천 명의 명문사족名門士族 연소남녀年少男女들이 체포되어 있는 것을 목격한 노인魯認이, 자신을 죽이지 않고 잡아가는 이유를 통역에게 물었다. 그러자 그는 연장자年壯者는 사로잡고 노약자老弱者는 코를 베는데, 그대는 연장자일 뿐만 아니라 글을 아는 관인官人이기 때문에 사로잡아 데리고 간다고 답변하였다. 강항도 일본군에게 왜 우리 일가족을 죽이지 아니하냐고 묻자, 관인이라고 생각하여 포박하여 일본에 송치하려 한다고 하였다. 결국 문관, 관인, 사족으로 불리는 조선의 엘리트들이 그들에게 필요한 존재였기에 죽이지 않고 노약자임에도 불구하고 강제로 끌고 갔던 것이다.

그러면 소쇄원의 가족 4명은 누구에 의해 체포되었을까? 이 점에 대해서는 기록이 없어 전혀 알 수 없다. 그렇지만 그들은, 『동사상일록』 1617년 9월 2일자에 따르면, '회답겸쇄환사'에게 발견될 당시

유식柳植의 딸과 양몽린梁夢麟·몽인夢寅 형제의 편지가 왔다. 지금 협판 중서脇坂中書의 관하에 있다가, 중서中書가 이요伊預에서 시나노信濃로 바꾸어 지키게 되었으므로, 유식의 딸 및 양씨 형제가 오사카에 따라왔다고 한다. 곧 답서를 내고, 이어 집정執政에게 별도로 쇄출刷出해 줄 것을 청하였

다. 유명환柳命環이 와서 어머니와 함께 돌아가겠다고 했다. 유녀柳女와 양

씨梁氏의 편지를 명환命環이 가지고 왔다.

고 하여, 협판중서協判中書, 즉 와키자카 야스하루脇坂安治(1554~1626)의 관

하에 있었다. 와키자카가 매입하거나 양여받은 것이 아니라 직접 체포하

여 일본에 데려 간 후 그때까지 억류하고 있었던 것으로 보인다.

　그렇다면 소쇄원 일가족은 어디에서 납치되었을까? 이 또한 분명한 기

록이 없지만, 양천운과 양천심이 피란을 갔던 점을 감안한다면, 이들 가

족 4명도 분명 어디론가 피난을 가다 와키자카 부대원에게 체포된 것으로

보인다.

　와키자카에 대해서는 그의 일대기를 다룬 『협판기脇坂記』라는 자료가 있

어 그것을 중심으로 서술하고자 한다.[356] 그는 오미近江 출신으로 젊었을

때에 반란을 일으켜 오다 노부나가織田信長를 자살하게 한 아케치 미쓰히

데明智光秀 밑에서 활약하였다. 곧이어 도요토미 휘하로 들어가 그와 함께

1583년에 오다의 유력 무장이었던 시바다 가쓰이에柴田勝家를 물리친 시즈

카다케賤ヶ岳 전투에서 승리를 한다. 이 공로로 그는 야마시로山城(3,000석),

야마토大和(2만 석), 그리고 아와지淡路(3만 3,000석)의 영주가 되었다. 임진왜

란 때 도도 등과 함께 수군으로 참전하였으나 이순신에게 패배해서 별다

른 활약을 펴지 못했다. 1597년 정유재란 때에는 1,200명을 거느리고, 전

체 8군 가운데 제7조에 편성되어 들어왔다. 조선에 들어온 후 그는 도도,

■ ■ ■

356) 『脇坂記』, 『續群書類從』 20, 속군서유종완성회, 1923.

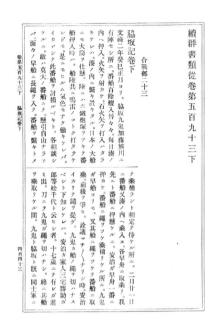

續群書類從卷第五百九十三下

脇坂記卷下

合戰部二十三

文祿二年癸巳正月ヨリ。脇坂九鬼加藤熊川ニ
有陣セシ所ニ。番船百隻艘入替々々毎日湊ノ
内ヘ押入。火矢ヲ射カケ。石火矢ヲ打入ハタラ
キケレハ。湊ノ内ニ繋キ沒キタル。日本ノ大船
ニモ大筒ヲ仕懸。陸ニハ鐵砲塚ヲツキテ番
船押入ル時ハ。船陸共ニ鳴雷ノコトク打立テ
レドモ是モヒルム氣色モナク働キケレバ。
敵ハ各相談シ

テ乘捕ラントノ相定テ待ケル所ニ。二月廿一日
ニ番船又湊ノ内ヘ乘入ル。各早舟ニ取乘リ。我
先ニ番船ニ押懸ケル。安治ガ早舟一番ニ
押カケ番船ニ繩ヲツケ乘捕リケル所ニ。九鬼
ガ早船ヨリモ。又其船ニ繩ヲツケテ番船ヲ取
乘ン前後ヲ爭ヒ。詮議マチ〱ナリシ時安治
イカリヲ立提ゲ。九鬼ガ船ノ繩ヲ切ハナス
ベシト下知シケレハ。安治ガ家人三宅勝助ト
云者。十七歳ニテ有レガ是ニテ勝助ノ
郎等松千代ト云ヒシ者。刀ニテ九鬼ガ繩ヲ切ハナシ。終ニ其船
ヲ乘取リケル間。九鬼ト脇坂ト既ニ同士軍ニ

卷第五百九十三下　脇坂記卷下

四百四十三

소쇄원 사람들을 붙잡아 간 와키자카의 일기

가토 요시아키 등과 함께 수군을 편성하였다.[357] 7월 칠천량 해전에서 원
균을 물리치고 8월에 남원성 전투를 승리로 이끌어 공을 세우기도 하였
다. 그는 남원성 전투에서 우키다·도도와 함께 성의 남면을 공략하였
다.[358]

8월 15일 남원성을 함락시킨 후 와키자카는 전주까지 진격했다가 곧바
로 임진왜란 때부터 주둔지였던 경상도 안골포성安骨浦城으로 돌아간 것
같다. 피란 중인 '소쇄원 사람들'은 바로 이때 와키자카 부대원에게 체포

■■■
357) 「島津家文書」 1, 豊臣秀吉高麗再度出勢法度(「大日本古文書」 16-1, 東京大學校 史料編纂所, 1942, p.395).
358) 이희환, 「정유재란시의 남원성 전투에 대하여」, 「전북사학」 7, 1983, 전북대 사학회, p.84.

되어 그들과 함께 이동한 것으로 보인다. 당시 일본 장수들은 휘하 부대원이 체포한 포로들을 그들이 주둔하고 있는 성에 억류시킨 채 함께 생활하는 것이 보통이었다.

9월 16일에 정읍에서 전라도 점령 정책을 논의하기 위해 열린 군사 회의에 우키다 외에 14명의 왜장이 참여하지만, 와키자카는 불참하였다.[359] 사마즈 부대가 광주·나주를 거쳐 해남·강진으로 내려간 후 점령지 지배를 위해 장수 13명의 연대 서명을 받은 훈령을 발표하는데, 여기에도 와키자카는 들어 있지 않다.[360] 대신 와키자카는 9월 16일에 있었던 명량해전에 참여하였다. 당시 명량해전에 동원된 일본 함대는 도도, 가토, 와키자카 등이 이끄는 300척이었다.[361]

와키자카는 명량해전 패배 직후 안골포성으로 들어갔고, 쓰시마 도주 소宗가 수비하는 남해성을 수축하는 데에 참여하기도 하였다.[362] 당시 일본군은 북진 계획이 좌절되자 장기 주둔을 위해 남해안에 성을 쌓고 웅거하기 시작하였는데, 10월 중하순부터 성을 구축하기 시작하여 12월에 이르러 거의 완성했다. 바로 이 무렵 울산성에서 격렬한 전투가 벌어졌다.

일본군의 주력 부대였던 가토 기요마사는 1만 6,000여 명을 거느리고 울산에 도산성島山城을 축조하고 웅거하였다. 이를 조명연합군은 4만 6,000명의 병력으로 1597년 12월에 대대적인 공격을 감행하였으나, 공취

■ ■ ■

359)『島津家文書』2, 宇喜多秀家外十四名連署言上狀案(『大日本古文書』16-2, pp.278~281).
360) 北島万次,『朝鮮日記·高麗日記』, p.311.
361) 佐藤和夫,『海と水軍の日本史』, 原書房, 1995, p.303.
362) 有馬成甫,『朝鮮役水軍史』, 海と空社, 1942, p.267.

하지 못하고 철수했다. 그 이유는 남해안에 주둔해 있던 일본군의 구원병이 울산에 출동하여 조명연합군의 후방을 에워쌀 기세였기 때문이다.[363] 이때 울산에 온 일본군은 15명의 장수가 거느린 1만 3,000명이었다.[364] 와키자카도 그 일원으로 150명을 거느리고 12월 27일 출격하여 서생포에 집결한 후 다음해 1월 2일 울산에 도착했으나, 4일에 조명연합군이 퇴각하자 6일 다시 안골포성으로 돌아갔다.

와키자카는 조선에서 상당히 일찍 철수한 것 같다. 그는 1598년 봄에 부산성을 거쳐 일본으로 돌아가 후시미성을 고치는 데 참여하기도 하였다. 이때 소쇄원의 가족 4명도 그와 함께 일본에 들어간 것으로 보인다. 당시 와키자카는 아와지淡路 영주였기 때문에 그들도 당연히 그곳으로 송치되었을 것이다.

와키자카가 귀국하자 도요토미는 조선에서의 공로를 들어 그에게 작록을 내렸다. 도요토미 사망 후 그는 도쿠가와 세력에 아들 야쓰모토安元(1584~1653)와 함께 가담하여 공을 세운다. 그 공로로 1609년에 5만 3,000석을 수령하는 이요伊豫의 대영주가 되었다.

그가 영지領地를 아와지에서 이요로 옮김에 따라, 당연히 '소쇄원 사람들'도 함께 옮겨갔을 것이다. 그리하여 '소쇄원 사람들'은 이요에서 오랫동안 거주하게 되는데,『부상록』9월 13일자에 "소위 양몽린梁夢麟이란 사람은 즉 포로가 되어 오랫동안 이요에 있던 사람이다."고 한 그대로다. 그

■ ■ ■

363) 최효식,『임란기 경상좌도의 의병항쟁』, 국학자료원, 2004, p.432.
364) 貫井正之,『秀吉と戰つた朝鮮武將』, 六興出版, 1992, pp.156~157.

래서 역관譯官 강우성康遇聖이 시고쿠四國 지방 사정을 물을 때에, 양몽린은 이요와의 거리 및 그곳에 있는 피로인 상황 등을 자세하게 설명하였다. 그의 해박한 지역 사정은 쇄환사들의 활동에 많은 도움이 되었다.

와키자카는 1615년에 이요의 영주 자리를 아들에게 물려주고, 제2회 '회답겸쇄환사'가 일본을 방문한 1617년에 관직에서 물러나 교토로 이주하였다. 이때 야쓰모토는 5만 5,000석을 수령하는 시나노信濃의 대영주가 되었다. 이 점은 『부상록』 9월 2일자에도 기록되어 있고, 그러한 영지 변경에 따라 광주 출신 유명환柳命環이

협판중서脇坂中書가 나이 많아 그 임무를 그 아들에게 전해 주어서, 그 아들이 시나노信濃로 바꿔 제수되어서 장차 그곳에 부임하고, 중서中書는 왜경에 영주永住하게 되므로, 권속眷屬을 데리고 오사카에 왔으나, 장군이 후시미성에 있기 때문에 들어오지 못하고 우선 체류하고 있습니다. 저희 모자母子와 양몽인梁夢寅은 제 뜻대로 가고 옴을 허락하나 그 나머지는 모두 나가는 것을 허락하지 않습니다. 그중에도 몽린夢麟은 중이 되어 차 끓이는 것을 맡아 하는데 중서中書가 가장 애중愛重하게 여기므로 도망갈까 염려하여 그 모친을 담보로 하고 있습니다. 모친은 비록 늙었으나 이 때문에 돌아가기가 어렵습니다.

고 한 것처럼, '소쇄원 사람들'도 와키자카를 따라 오사카로 들어갔다. 와키자카는 원래 왜경(교토)으로 가려고 했으나, 도쿠가와 히데타다德川秀忠가 오사카를 평정하고 그곳 후시미성에 있었기 때문에 와키자카 또한 일시 오

사카에 머물고 있었던 것이다.[365] 그곳에서 몽린夢麟은 와키자카의 다방주茶坊主 역할을 하고 있었고, 그런 그가 행여 도주할까봐 그의 늙은 모친을 인질로 붙들고 있었고, 누이동생 또한 모친과 함께 있었던 것으로 보인다.

그러나 소쇄원의 가족 4명이 모두 오사카로 들어간 것은 아니었다. 몽인夢寅은 오사카로 가지 못하고 혼자 이요에 그대로 있었다. 당시 조선 피로인들이 거처를 강제로 이동당하였던 것은 흔히 있는 일이었다.

이들 네 사람은 일본에서 모진 고생을 하며 돌아갈 날만을 고대하고 있었지만, 벗어날 수가 없어 20여 년 동안 고향 생각만 품고 있었다. 그러던 차에 쇄환사가 왔다는 소식을 접하자마자 돌아갈 노력을 기울이기 시작하였다. 그러나 와키자카가 그들을 돌려보내는 것을 싫어했기 때문에 그 일은 쉽지 않았다.[366] 그래서 몽린과 몽인은 9월 2일 교토에 머물고 있는 쇄환사에게 돌아가고 싶다는 편지를 광주 출신 유명환을 통해서 보냈다. 『부상록』에 실려 있는 몽린(원문에는 몽인으로 잘못 기록)의 편지에는

어머니를 모시고 아우·누이동생과 같이 탈 없이 보존하고 있습니다.

멀리 동떨어진 지역에 흘러온 지 20년 동안 여름의 긴 날, 겨울의 긴 밤 잠

■ ■ ■

365) 와키자카는 오사카에 잠시 머문 후 교토로 들어가 1626년에 일생을 마쳤다. 그의 묘는 현재 교토의 묘심사妙心寺라는 절에 있다. 한편, 그는 1599년에 남화南化라는 승려를 개조로 하여 인화원隣華院이라는 절을 묘심사 말사로 지어 그의 가문의 원당으로 삼았다.

366) 조선의 유력 양반가 출신인 양씨 일가를 붙잡아 두어 그의 심복으로 삼으려는 와키자카의 의지는 생각보다 강하였을 것 같다. 이러한 속셈을 당시 조선인을 인질로 잡아간 일본 장수들은 공통적으로 지니고 있었을 것으로 보인다. 양씨 일가를 붙잡아 두려는 와키자카의 강한 태도 때문에, 결국 양씨 일가는 귀국하고 싶은 애끓는 심정에도 불구하고 그동안 탈출을 단행하거나 쇄환에 응하지도 못한 채 그의 수중에 20년간이나 머물러 있었던 것이다.

깐 동안도 고국으로 돌아가려는 심정을 잊지 못하고 있습니다마는, 호랑이 아가리 같은 데를 벗어나기 어려워 지금까지 그 뜻을 이루지 못하니, 부끄럽고도 부끄럽습니다. 원컨대 은덕恩德을 힘입어 고국에 돌아가고 싶습니다.

고 하여, 돌아가고 싶은 심정이 애절하게 담겨 있다. 이번에 못 돌아가면 죽을 것이라는 말도 잊지 않았다.

　그것을 접한 쇄환사는 그들에게 답신을 보낸 후, 바쿠후幕府에서 장군 다음 가는 최고 유력자인 집정執政에게 그들을 내보내 줄 것을 역관을 통해서 별도로 요청하였다. 돌아가고 싶은 사람의 성명을 별지別紙에다 기록하여 쓰시마의 유력자로서 통신사를 수행하고 있는 야나가와 시게오키柳

피로인 송환을 위한 통신사 행렬

川調興에게 주며 집정에게 청해서 돌아갈 수 있도록 하였다. 이때 『부상록』 9월 4일자에 "별지에다 포로된 사람 중에 사족으로서 두드러진 자인 유식柳植・신향愼向・양천경의 자녀 등 40여 인을 열거하여 시게오키調興에게 주면서, 후시미의 집정들에게 보내어 각별히 분부하여 찾아내도록 하였다"고 한 것으로 보아, 사족 출신들이 우선 순위였던 것 같다.

드디어 9월 8일 조선으로 돌아가도 좋다는 바쿠후의 허락이 내려졌다. 양몽린의 편지를 보고 유명환이 전한 바를 『부상록』에 따르면,

> 이타구라板倉가 이미 협판중서에게 편지를 하여 말끔히 찾아내어 보내
> 도록 했고, 중서中書란 자도 마땅히 보내겠다는 것으로써 답했는데, 몽린
> 이 그 편지를 베껴 보냈으니 일은 이미 되었습니다. 다만 외출하는 것을
> 허락하지 않으니 밤중에 그가 잠들기를 기다렸다가 관소館所로 나가서 곡
> 절을 자세하게 아뢰겠습니다.

고 하여, 집정 가운데 한 사람인 이타구라 시게마사板倉重昌(1588~1638, 伊賀守)가 바쿠후의 결정에 따라 와키자카에게 양씨 일가를 내보내도록 요청했고, 그것을 접한 와키자카도 상부의 방침대로 기꺼이 보내겠다고 하였다. 그러나 결정은 쉽게 내려지지 않았다. 『동사상일록』 9월 9일자에 따르면, 와키자카가 내보내기를 싫어하자 역관 최의길崔義吉이 집정의 글을 가지고 직접 그의 집에 가서 반복하여 논설을 벌인 후에야 비로소 내보낸다는 허락을 받았던 것이다.

이에 몽린은 감격한 나머지, 9월 8일 종사관 이경직李景稷(1577~1640)을

보고

> 20년 동안 욕을 참고 이에 이른 것은 다만 오늘이 있기 위한 것이었습니다. 이번에 만약 나가지 못하게 된다면 맹세코 자결코자 합니다. 지금 노모를 모시고 고국으로 돌아가게 되니 기쁨을 스스로 견디지 못하겠습니다.

고 하였다. 참으로 기쁜 순간이었다.

그러나 몽인은 여전히 이요에 혼자 남아 있었다. 그래서 몽린은 이요에 떨어져 있는 동생을 구하기 위해 노력한다. 『부상록』9월 13일자에 따르면, 몽린은 역관 강우성에게 내 아우 몽인이 지금 이요에 있으니 내가 만약 편지를 만들어서 몽인에게 나오는 방법을 자세히 통지하고, 또 쇄환사가 가지고 온 유시문諭示文 및 집정의 문서를 서로 아는 믿을 만한 사람에게 보내어 찾아오도록 하면 편리할 듯하다고 하였다. 이 노력은 성공하였다.

드디어 몽린과 그의 어머니, 그리고 누이동생은 일본에 온 '회답겸쇄환사'와 함께 1617년(광해군 9) 9월 15일 오사카를 출발하여 귀국길에 올라 쓰시마에 이르렀다. 몽인은 이요에서 여섯 사람을 거느리고 작은 배를 타고 별도로 출발하여 바람 때문에 10월 6일 이키壹岐섬에 도착하여 머물고 있었다. 마침내 10월 9일 몽인이 탄 배가 쓰시마에 도착하여 쇄환사 일행과 합류했으니, 잠시나마 떨어져 있던 소쇄원의 가족 네 사람이 상봉한 것이다. 이렇게 하여 쇄환사를 따라 소쇄원의 네 사람을 포함한 321명이 일본에서 제공한 3척의 선박에 올라타 10월 18일 부산에 도착하였다. 이로써 10대에 끌려갔다가 30대에 돌아온 '소쇄원 사람들'의 20년에 걸친 일본 생활은 끝나게 되었다.

그런데 『쇄미록瑣尾錄』이라는 일기를 남긴 오희문의 아들로 통신사 사절단을 이끌었던 정사 오윤겸吳允謙(1559~1636)과 '소쇄원가'는 이 이전에 깊은 인연이 있었다. 오윤겸은 1581년(선조 14)에 우계 성혼 문하에 들어가 수학하였다.[367] 오윤겸보다 한 살 아래인 양천경, 네 살 아래인 양천회, 아홉 살 아래인 양천운도 정확한 시기는 알 수 없지만 성혼 문하에서 수학하였다. 따라서 오윤겸과 양천경·천회·천운 3형제는 서로 대면하였거나 적어도 이름 석 자는 알고 있는 사이였을 것이다.

더군다나 오윤겸은 1582년에 성균관에 입교하였고, 1589년 '기축옥사' 때에 성균관에서 이춘영·양천경 등이 정여립 동조자를 강력하게 처벌해야 한다는 상소를 올리려 하자 조정 역할을 한 것으로 보인다. 따라서 오윤겸이 기축옥사 진행 과정에서 정국을 파란으로 몰고 간 양천경·천회 형제를 몰랐을 리가 없다.

그리고 오윤겸은 1593년에 삼도체찰사 송강 정철의 종사관으로 활약하기도 하였다. 정철은 창평에서 '소쇄원가'와 상당히 깊은 관계를 맺으며 함께 산 인물이다. 그러므로 오윤겸은 정철을 통해서도 양천경이란 존재를 들었을 수도 있다.

이렇게 볼 때 20~30년이란 세월이 흘렀지만, 오윤겸이 1617년 당시까지 양천경이란 인물을 기억하고 있었을 것 같다. 그렇다면 와키자카의 사

■ ■ ■
367) 『추탄집』, 연보(『한국문집총간』 64).

슬에서 못 벗어날 것 같아 두려움에 떨고 있거나, 아니면 쇄환선 안에서 고향 친족들과의 만남을 상상하며 흥분에 젖어 있을 양천경 일가족과 오윤겸이 마주쳤을 가능성도 상상해 볼 수 있다. 그런데 바로 그 자리에 광주 출신 정충신鄭忠信(1576~1636)이 있었다. 정충신은 광주에서 통인通引이라는 향리직을 맡다 임진왜란 때에 광주 목사 권율을 수행하며 전공을 세운 인물이다. 바로 이 정충신이 오윤겸의 추천으로 통신사 군관에 임명되어 그를 보좌하였다.[368] 통신사 군관이란 정사와 부사가 7인, 종사관이 3인을 각각 대동하는데, 주로 호위나 규찰 일을 수행하는 직책이다.[369] 정충신은 오윤겸 측근에서, 아니면 규찰 업무를 수행하는 과정에서 양천경 가족을 만났을 가능성도 또한 상상해 볼 수 있다.

■ ■ ■

368) 『만운집』 부록2, 연보(『한국문집총간』 83, p.357).
369) 『통문관지』 6, 교린 하, 「통신사행」.

제 7 장
양천운의 소쇄원 중건과 호란 의병

1 가족 관계와 정치 활동

(1) 양산보의 손자 양천운

16세기에 호남의 엘리트 가문으로 자리를 잡아가던 '소쇄원 사람들'은 세기말에 큰 위기를 맞게 된다. 주위의 촉망을 받는 젊은 두 형제가 기축옥사라는 정쟁에 휘말려 1591년에 억울하게 목숨을 잃었기 때문이다. '소쇄원 사람들'의 불운은 여기에서 끝나지 않았다. 왜란[倭亂] 7년 동안 의병에 참여하거나 피란을 가다 목숨을 잃었고, 일가족이 체포되어 이국 일본에 끌려가기도 하였을 뿐만 아니라, 삶의 공간인 마을과 소쇄원마저 화마로 잃는 등 혹독한 희생을 치렀다.

그리하여 정쟁이나 전란으로 남편이나 부모 혹은 자식을 잃고 혼자 남은 '소쇄원 사람들'이 한둘이 아니었다. 왜란 후에 그러한 가족을 돌본 사람이 소쇄원 건립자 양산보의 손자이자, 거창·석성 현감을 역임한 양자징의 아들인 양천운梁千運(1568~1637)이다. 또한 그는 정유재란으로 불타 버린 마을과 소쇄원을 중수하여 생활의 터전을 다시 일군 데에 주도적 역할을 한 사람이다. 결국 양천운은 정쟁에 이어 전란으로 파괴된 소쇄원 가문을 재건하는 데에 큰 역할을 한 셈인데, 바로 이 점을 여기에서 알아 보려고 한다.

그런데 양천운은 정쟁과 왜란으로 입은 가문의 상처를 치유하면서, 활발한 사회 활동을 펴기도 하였다. 일찍이 진사 시험에 합격한 후 서울에 올라가 성균관에서 수학하거나 관직에 진출하였고, 고향에 내려와서는 유력 인사들과 어울리거나 제자를 양성하다가 노년에 청나라가 침략할 때에 의병을 일으키기도 하였다. 이 점도 여기에서 언급될 것이다.

이러한 검토를 통해서 양천운의 생애가 여러 측면에서 밝혀질 것이다. 그 중에서 왜란 전후 복구와 호란 의병 활동이 주목되지 않을까 한다. 지금까지 왜란 전후 복구는 임진왜란사 연구에서 다뤄진 적이 거의 없고,[370] 사족 지배 체제의 재확립 측면에서만 언급되었을 뿐,[371] 가족사적인 관점에서 검토된 바가 없는 형편이다. 그리고 왜란에 이어 호란 때에 봉기했던 호남 의병들에 대해서도 기초적인 연구는 행해졌지만,[372] '소쇄원 사

■ ■ ■

370) 조원래, 「임진왜란사 연구의 추이와 과제」, 『조선후기사 연구의 현황과 과제』, 창작과비평사, 2000(조원래, 『임진왜란사 연구』, 아세아문화사, 2005).
371) 정진영, 「사족의 향촌지배조직 정비」, 『한국사』 31, 국사편찬위원회, 1998.
   김성우, 『조선중기 국가와 사족』, 역사비평사, 2001.
372) 이장희, 「정묘병자호란의병고」, 『건대사학』 4, 건국대학교 사학회, 1974.
   이장희, 「정묘병자호란시 의병 연구」, 『국사관논총』 30, 국사편찬위원회, 1991.
   이장희, 「병자호란」, 『한국사』 29, 1995.
   이장희, 「병자호란과 호남의병의 봉기」, 『순천시사』(정치 · 사회편), 순천시사편찬위원회, 1997.

람들'에 대해 주목한 적은 없다. 결론적으로 이 연구는 정쟁과 전란으로 위기에 빠진 '소쇄원가'를 어떻게 다시 세웠느냐, 그리고 그 원동력은 어디에 있었느냐를 밝혀 보려는 것이다.

(2) 첫째 부인과 둘째 부인의 자녀들

양천운은 아버지 양자징梁子澂과 어머니 광산 김씨와의 사이에서 3남 3녀 가운데 셋째 아들로 1568년(선조 1)에 태어났다. 그의 두 형 천경과 천회가 1591년에 먼저 세상을 떠났기 때문에, 그는 24세부터 사실상 장자나 마찬가지의 일생을 보냈다. 그러한 관계로 그는 '소쇄원가'의 전후 복구 때에 주도적 역할을 수행할 수밖에 없었다. 더군다나 그의 아버지는 차남이지만, 큰아버지(자홍)가 일찍 죽은 관계로 '소쇄원가'의 주인공 역할을 하였다.

양천운의 자는 사형士亨 또는 사건士健, 호는 영주瀛洲 또는 한천寒泉이라고 하였다. 한천이라는 호는 그가 소쇄원 뒷산에 개인 서실로 건립한 한천정사寒泉精舍에서 유래한다. 그래서 그의 친구들은 그를 "한천거사寒泉居士"라고 부르기도 했는데, 이는 친구들이 그에게 준 시 속에 들어 있다.

그는 소쇄원에서 출생하여, 짧은 서울 생활을 제외한 대부분의 세월을 소쇄원에서 보냈다. 그리고 불에 탄 소쇄원을 중건하였을 뿐만 아니라, 1637년(인조 15)에 70세로 세상을 떠날 때에도 소쇄원과 함께하였다. 따라서 그는 전형적인 '소쇄원 사람'이었으며, 소쇄원의 제3대 주인공이었다.

이는 창평 출신 조한빈曹漢賓(1583~1640)이 양천운의 죽음을 애도하며, 그가 죽음으로써 처량한 소쇄원에 주인이 없는 것과 같다고 평한 것으로도 확인할 수 있다.[373]

양천운이 세상을 뜬 지 53년이 지난 1690년(숙종 16)에, 손자 진태晉泰 (1649~1714)의 요청에 의해 전라도 장성 출신의 기정익奇挺翼(1627~1690)이 행장行狀을 지었다.[374] 기정익은 서인(노론)의 영수인 송시열宋時烈 (1607~1689) 문하에서 공부한 후 식년 별시에 급제하여 효릉 참봉에 제수되었으나 나아가지 않았다. 기정익의 할아버지 기효간奇孝諫(1530~1593)은 양천운의 아버지 양자징과 함께 김인후로부터 공부한 동문이고, 김인후가 죽은 후 동료 변이중邊以中 · 변성온卜成溫 등과 함께 스승을 배향하는 필암서원을 건립하는 데에 앞장서기도 했다. 따라서 양천운의 행장을 지은 기정익과 '소쇄원가'는 상당히 두터운 인연이 있는 셈이다.

그리고 양천운의 묘지명은 1726년(영조 2)에 예조판서 겸 춘추관사 이의현李宜顯(1669~1745)이 지었다.[375] 돌아가신 지 90년이 지났는데도 묘에 표지가 없다고, 증손자 채지采之가 부탁하여 이뤄진 것이다. 부탁을 받은 이의현은 증조부 이사경李士慶(1569~1621)과 양천운이 진사 시험 합격 동기로 서로 간에 '좋은 의리'가 있어 사양할 수 없어 묘지명을 지었다 한다. '소쇄원가'의 가승家乘 발문을 쓰기도 한[376] 이의현은 노론의 대표적 인물

■ ■ ■

373) 『계음집』 2, 시, 「양주부한천사건만」.
374) 『소쇄원사실』 12, 영주공, 「행장」.
　　『송암집』 5, 행장, 「영주양공행장」.
375) 『소쇄원사실』 12, 영주공, 「묘지명」.
　　『도곡집』 16, 묘지명, 「사헌부감찰양공묘지명」(『한국문집총간』 181).

로, 1726년 당시 정국이 소론(경종 대)에서 노론(영조 대)으로 바뀌어 고위직을 두루 거쳤다. 소쇄원가는 서인에서 노론으로 이어지는 정치세력의 움직임과 가문의 운명을 늘 함께하였음을 알 수 있다.

양천운은 전라도 금구 출신 김고언金顧言(본관 안동)의 딸과 혼인하였다. 김고언은 무주 현감을 역임한 김춘의 아들인데, 김춘은 『금구읍지』에 효자로 기록되어 있다. 김고언은 장흥 부사 유충정의 딸과 결혼하여 3남 2녀를 두었다.[377] 3남 가운데 김극인金克寅은 태인에서 후학을 양성하던 이항李恒(1499~1576)의 제자로,[378] 동생 김극관 및 양천경·양천회·강견(나중에 해로 개명) 등과 함께 '정여립 사건' 때에 동인을 처벌해야 한다는 상소를 올려 무고죄로 압송된 적이 있다.[379] 그리고 두 딸은 양천운과 선조·광해군 대에 대사간·대사헌을 역임한 홍이상洪履祥(1459~1615, 본관 풍산)에게 각각 출가했다. 이렇게 볼 때에 양천운은 두 형들과 정치적 운명을 함께한 김극인·극관 형제의 누이와 결혼한 것이다.

부인 안동 김씨(1567~1593)는 몽우夢禹(1589~1635) 1남만을 낳은 채 27세에 죽었다. 양몽우는 자가 하경夏卿이고, 호는 기암奇巖으로 1612년(광해군 4)에 진사시험에 합격하였다. 그는 1597년 정유재란 당시 아홉 살로 아버지와 함께 멀리 피란을 가 생존하였던 것 같다. 서인의 대표적 인물인 김장생金長生에게 학문을 배워 상당한 수준에 이른 것으로 보인다.

■ ■ ■

376) 『소쇄원사실』, 「양씨가승발」.
377) 『고봉집』 3, 문, 「무주현감김춘묘갈명」(『한국문집총간』 40, p.119).
378) 『일재집』 3, 부록, 문인록.
　　오항녕, 「일재 이항의 생애와 학문」, 『남명학연구』 3, 경상대 남명학연구소, 1993, p.85.
379) 『선조실록』 25, 선조 24년 8월 13일(을사), 21-481.

양몽우를 포함한 송정 10현을 그린 그림, 「송정십현도」

양몽우는 순창 출신으로 1609년(광해군 1)에 생원시험에 합격하고[380] 임란 의병장 양사형楊士衡의 조카인 양시익楊時益(본관 남원)의 딸과 혼인하였으나, 그녀를 일찍 저 세상으로 보내고 말았다. 이어 태인 출신으로 동복현감(1602~1603)[381]을 역임한 송처중宋處中(본관 여산)의 딸과 결혼하여 진망晉望과 진섭晉燮 두 아들을 두었다. 그 가운데 진섭의 아들 택지擇之(나중에 양자홍-천리-진행의 아들로 입양)는 1703년(숙종 29)에 김장생金長生(1548~1631)을 문묘文廟에 배향하자는 상소를 대표로 올린 인물로 유명하다.[382]

양몽우의 묘는 태인에 있고, 그는 태인에서 송정松亭이라는 정자를 건립하는 데 동참하는 등 활발한 현지 사회 활동을 하였을 뿐만 아니라, 태인의 송정영당松亭影堂에 10현과 함께 배향되었다.[383] 송정10현의 은둔 모습을 그린 「송정십현도松亭十賢圖」가 제작되어 현재 고현내의 송산사에 보관되어 있다. 또한 송정은 1621년(광해군 13)에 김응윤·김관·이탁·양몽우·김정·송치중·김감·김급·송민고·김우직 등 10현이 광해군과 대북 정권의 폐모廢母 조치에 반대하여 은둔 생활을 위해 건립한 것으로,[384] 태인 엘리트들의 대표적인 활동 공간이었다. 『여산송씨족보』에 의하면, 10현 가운데 일원인 송치중은 양몽우의 장인 송처중과 6촌간이다.[385]

■ ■ ■

380) 「순창읍지」, 인물, 생원(「읍지」 4, p.428).
381) 「동복읍지」, 선생안(「읍지」 4, p.97).
382) 「숙종실록」 38, 숙종 29년 3월 10일(을묘), 40-9. 양택지는 3월 10일자를 필두로 12일, 13일, 14일 연거푸 네 번이나 김장생의 문묘 종사를 청하는 상소를 올렸는데, 이 사실은 「승정원일기」에 수록되어 있다.
383) 「정읍문화재총람」, 정읍군문화원, 1993, p.250.
384) 윤희면, 「조선 후기 양반사족의 향촌지배 — 전북 정읍의 송정, 후송정의 건립을 중심으로」, 「호남문화연구」 25, 전남대 호남문화연구소, 1997, p.156.

이렇게 볼 때에 양천운은 금구 출신과 결혼하였다. 그 사이에서 태어난 몽우는 어머니가 돌아가시자 소쇄원을 떠나 처가인 태인에서 일생을 보낸 것으로 여겨진다. 이러한 추측은, 1570년(선조 3)에 창평 지역의 유력 인사들이 교육 기관으로 건립한 학구당學求堂의 명부에 그를 '거타관居他官'으로 추서한 기록을 통하여[386] 확인할 수 있다.

양천운은 안동 김씨가 죽자 둘째 부인으로 진사시에 합격한 동복 출신 정창운丁昌運(본관 창원)[387]의 딸(1583~1665)을 맞이하여 몽희夢羲(1607~1629), 몽염夢炎(?~?), 몽요夢堯(1616~1671) 등 3남, 그리고 3녀를 두었다. 창원 정씨와의 사이에서 태어난 이들 3형제와 그 후손은 양천운의 선양뿐만 아니라, '소쇄원가'의 중흥에 큰 활약을 하였다. 양천운의 행장과 묘지명 작성에 앞장 선 진태晉泰와 채지采之가 바로 몽요의 아들·손자이다. 이들은 여기에 그치지 않고 선대들의 문집 및 족보를 발간하기도 하였다. 그리고 증손자 학연學淵(敬之의 아들)은 1771년(영조 47)에 김인후를 문묘에 배향하자는 상소를 최초로 올린 사람으로, 앞서 김장생과 송시열의 문묘 배향 상소를 올린 택지·진태와 함께 '소쇄원가'의 위상 향상에 큰 역할을 하였다.

몽우·몽희·몽염은 모두 아버지보다 먼저 세상을 떠났지만, 몽요만 그

■ ■ ■

385) 曇
汝孝 ── 健 ── 處中
汝信
汝良 ── 儵 ── 致中
汝厚

386) 정동수 편, 『창평학구당안』, 영창문화사, 1988, p.61.

387) 『동복읍지』, 과환, 진사(『읍지』 4, p.94).

〈표 13〉 양천운의 가계

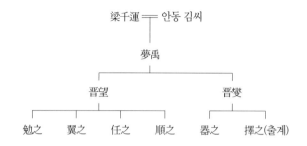

```
        梁千運 ══ 안동 김씨
               │
             夢禹
               │
      ┌────────┴────────┐
    晋望              晋燮
  ┌───┼───┬───┐      ┌──┴──┐
勉之 翼之 任之 順之   器之  擇之(출계)
```

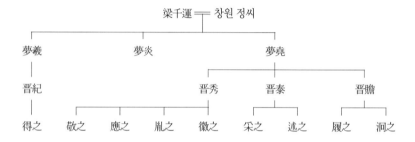

```
                梁千運 ══ 창원 정씨
    ┌──────────────┼──────────────────┐
  夢義          夢炎               夢堯
    │                    ┌─────────┼─────────┐
  晋紀                 晋秀       晋泰       晋瞻
    │          ┌───┬───┬───┬───┐  ┌──┴──┐    ┌──┴──┐
  得之       敬之 應之 胤之 徽之  朶之 述之  履之 洞之
```

렇지 않았다. 양몽요梁夢堯는 자가 강수康叟이고 호는 나은懶隱으로, 송강 정철의 아들인 기암 정홍명鄭弘溟(1592~1650)의 문하에서 공부하였다. 자연을 벗삼아 살았으며 명예와 이익을 추구하지는 않았다 한다. 노형진盧亨震(본관 풍천)의 딸과 결혼하여 진수晋秀, 진태晋泰, 진섬晋瞻 등 3남을 두었다.

양진수梁晋秀는 순천 박씨와 결혼하여 경지를 두었다. 양경지梁敬之(1662~1734)는 호가 방암方菴으로 사마시에 합격하였고, 송시열이 제주도로 유배갈 때 강진에서 박광일·박중회 등과 배알한 적이 있다. 김상헌의 증손자로 노론의 대신인 김창흡金昌翕(1653~1722)이 소쇄원을 방문하여 여러 달 동안 머물자 함께 강학과 창화를 하였다. 또한 그는 당시 능주 목사 조정만, 나주 목사 김진옥과 교유하였으며, 조정만의 추천으로 영릉 참봉에 천거되기도 하였다. 이인좌가 영조를 몰아내고 소론 왕자를 옹립하기 위해 1728년(영조 4)에 거사한 무신란戊申亂이 일어났을 때 정민하·양채지와 함께 의병을 일으키려고 하였으나, 난이 평정되었다는 말을 듣고 그만두었다.[388)]

양진태梁晋泰는 호가 인재忍齋이다. 『족보』에 따르면, 우암 송시열의 문인으로 이민서·김수항·정호의 문하에 출입하였고, 노론의 대신인 김창협·김창흡·민진장·조정만·김진옥 등과 도의로 사귀었다. 그리고 김장생과 송시열을 문묘에 배향할 것을 주장하기도 하였다.[389)] 그런가 하면, 경서의 뜻을 훼손시킨 윤휴尹鑴를 중벌로 처벌할 것을 대궐문 앞에 엎드려 울면서 상소문을 올린 적도 있었다. 선대 양천경·천회 이후 또 다시 중앙 정계의 움직임에 가담한 사례가 된다.

당대 원로대신 문하에서 수학하고 명망가와 교유한 양진태는 학문 수준이 상당히 높았던 것 같다. 정민하·박민행과 종유한 창평 출신의 정면周鄭冕周가 그의 문하에서 수학하였던 사실이 그의 높은 학식을 반증할 것이다.[390)] 그러한 높은 식견 때문에 주변 인사들과 많은 시를 주고받는 등 활발한 향촌 활동도 펼쳤다.

그는 병란으로 소실되고 남은 행적을 모으고, 양산보와 양자징의 행장과 묘갈명을 원로대가(박세채·이민서·송시열 등)들에게 부탁하여 『소쇄원사

■ ■ ■
388) 『방암유고』 부록, 「행장초」.
389) 『승정원일기』 숙종 38년 10월 18일.
390) 『월성세고』, 「경주정씨세계연원록」.

양택지가 부탁하여 송시열이 쓴 "소쇄처사양공지려"

실』을 편찬하기 위한 토대를 마련하였다. 이를 토대로 그의 아들 채지와
손자 학겸, 그리고 장조카 택지와 그의 아들 학연에 의해 『소쇄원사실』이
1755년(영조 31)에 편찬되었는데, 체제는 이황이 편찬한 김굉필의 실기인
『경현록景賢錄』을 모방했다 한다. 『소쇄원사실』 발간 때에 함께 「소쇄원도」
도 조판되었다. 그는 또한 족보가 전하지 않은 것을 애통히 여겨 능주綾州
의 여러 친족과 함께 파보를 발간하기도 하였다. 능주는 양팽손의 후손이
거주하던 곳이다. 고명 대신들과 맺은 넓은 인간 관계가 있었기에 이러한
일들이 가능했을 것이다. 그는 광산 김씨와 결혼하여 채지采之를 낳았다.

　양채지梁采之는 호가 죽은竹隱으로 어려서부터 집안의 가훈을 이어받아
학문이 높았다. 1717년(숙종 43)에 소쇄원 중건에 참여하였고, 『호남창평
지』에 의하면 무신란戊申亂 때 숙부(양진수)와 함께 의병을 일으키기도 하

였다. 바로 이 양채지가 양천운의 묘지명을 작성하는 데에 앞장섰던 것이다.

이처럼 양천운은 금구 출신 안동 김씨와 결혼하여 몽우 1남을 두었는데, 몽우는 태인에서 그곳 출신과 혼인하여 활발한 사회 활동을 하며 일생을 보냈다. 이어 양천운은 창원 정씨와 결혼하여 3남 3녀를 두었는데, 그들의 후손들이 노론의 유명 인사들과 교유하면서 선대의 행장과 묘지명을 작성하고 문집과 족보를 발간하였을 뿐만 아니라, 노론 대표 인사의 문묘 배향을 주창하며 '소쇄원가'의 재건에 노력하였다.

(3) 짧은 정치 활동

양천운은 어려서 기상이 특이하고 효성과 우애가 두터웠고 말과 웃음이 적었는데, 이는 그의 선친이 항상 『소학』과 『삼강록』으로 자녀들을 가르친 결과였다. 그는 천경, 천회 두 형과 함께 성혼成渾(1535~1598)의 문하에서 수학하였다. 당시 전라도에는 성혼의 제자가 상당히 많았다. 성혼은 퇴계 이황, 율곡 이이 등과 함께 조선 성리학을 대표하는 학자로, 그의 아버지 성수침과 양천운의 조부 양산보가 정암 조광조 문하에서 함께 공부하였다. 그러한 인연으로 천운의 3형제가 우계 성혼에게서 수학하였던 것이다.

중봉 조헌趙憲(1544~1592)이 어린 양천운을 한번 보고 앞으로 큰 재목이 될 것이라고 칭찬하였다. 조헌은 사림의 추앙을 받았던 인물로 1592년에 금산에서 일본군을 공격하다 순절하였다.[391] 조헌도 성혼 밑에서 공부하였기 때문에 양천운과 동문 수학한 셈이다. 이러한 인연 때문에, 양천경·천회가 죽음에 이르자 조헌은 억울하게 송사에 휘말려 이러한 결과가 나왔다고 한탄하였다.

양천운은 1590년(선조 23)에 23세의 나이로 진사시에 합격하였다. 이때 그는 형 천경과 함께 응시하였다. 예비시험인 향시鄕試에서 천경은 상당히 우수한 성적으로 합격하고 천운은 그러지 못하였음에도 불구하고, 최종 시험인 회시會試에서 천경은 낙방하고 천운만 합격하였다.

당시 양천운의 진사시 합격 동기로 김상헌, 이사경, 임환이 있다. 이들은 일생 동안 그의 든든한 후원자가 되었다. 특히 서인 청서파의 영수인 김상헌金尙憲(1570~1652)은 병자호란 때 청과 끝까지 싸우자는 주전론을 주장한 인물로 유명한 사람인데, 양천운과 각별한 친분이 있었다. 양천운의 어린 아들(장남 몽희夢羲로 추정)이 1629년(인조 7)에 역병으로 죽자 김상헌이 면포 1필을 부의로 보낸 적이 있다.[392]

두 형 천경과 천회가 1589년(선조 22)에 일어난 '정여립 사건' 때에, 역적 정여립을 지원하고 있는 동인을 처벌해야 한다는 상소를 올렸다가, 1591년에 무고로 밝혀져 곤장을 맞다 그만 목숨을 잃었다. 이때 양천운은 하마터면 정여립 쪽으로 연루될 뻔하였다. 사건이 발생하기 이전에 정여립이 사람들을 끌어 모으면서, 비록 나이는 어리지만 제법 이름이 알려진 천운을 찾아온 적이 있었다. 이때에 천운이 절만 하고 친절히 대하지 않

■ ■ ■

391) 조원래, 「임란초기 두 차례의 금산전투와 그 전략적 의의」, 『충남사학』 12, 충남사학회, 2000.
392) 『소쇄원사실』 11, 영주공, 제현간독, 「장상」, pp.353~354.

자 여립이 얼굴을 붉히며 돌아갔다 한다. 양천운의 처남 김극관이 정여립의 처족이기 때문에,[393] 이런 일이 발생한 것으로 보인다.

두 아들을 잃자, 아버지 양자징은 몹시 슬퍼하며 천운에게 근신하고 자신을 지키라고 훈계하였다. 그러나 그럴 수는 없었다. 그는 임진왜란이 끝나자 곧바로 서울로 올라갔다. 스승인 우계 성혼이 1598년(선조 31)에 죽자 경기도 파주에 들러 조문을 하고, 그 길로 곧장 서울로 들어가 조선 최고 교육 기관인 성균관에 입학하려고 하였다.

성균관 입교자는 생원·진사 출신의 상재생과 추천으로 들어오는 기재생으로 구성되어 있는데,[394] 소과小科의 진사시나 생원시 합격자들은 대과大科를 준비하기 위해 입교하였다. 진사인 양천운 또한 문과 응시를 위해 성균관에 들어가려고 하였던 것이다.

그런데 친구 임환林懽(1561~1608)이 시국의 의론이 다르다고 하여 그의 성균관 입교를 말렸다. 임환은 양천운과 진사시험 동기로 서로 정치적 입장이 일치했던 것 같다. 그는 나주 출신으로 임진왜란 때 의병장 김천일金千鎰 밑에서 종사관으로서 군무를 맡은 적이 있으며, 본인 스스로 의병장으로도 활동하였다.[395] 선조 대 말기는 세자(광해군)를 앞세운 북인北人이 집권한 시기인데,[396] 이때 그는 무주·직산·문화 수령을 역임하였다. 그

■ ■ ■

393) 『선조수정실록』 24, 선조 23년 6월 1일(신미), 25-598.
394) 이성무, 「선초의 성균관 연구」, 『역사학보』 35·36, 역사학회, 1967.
395) 『나주읍지』, 인물(『읍지』 4, p.16).
　　　『호남절의록』, 임환.
396) 구덕회, 「선조대 후반 정치제체의 재편과 정국의 동향」, 『한국사론』 20, 서울대 국사학과, 1988.
　　　정홍준, 「임진왜란 직후 정국의 추이와 북인정권의 성립」, 『사총』 34, 고려대 사학회, 1988.

런데 문화 현령으로 재임하던 1605년(선조 38)에 황해도 안문어사 이지완李
志完으로부터 법을 무시하고 결혼한 자식을 데리고 임지에 왔다는 문책을
받은 후,[397] 조정 대신들과 갈등을 겪고 낙향하고 만다.

서인의 정치적 입장을 지닌 임환이나 양천운이 동인에서 분파한 북인
집권기에 출사하거나 입교하기란 쉬운 일이 아니었을 것이다. 그래서 양
천운은 즉시 집으로 돌아오고 말았다. 친구가 아니었으면 큰일 날 뻔했다
고 나중에 술회하기도 하였다. 선조 대 말기에 새로운 꿈을 갖고 상경했
지만, 정국이 맞지 않아 서둘러 낙향한 것이다. 그런데 동인의 유력 인사
들을 죽음으로 몰고 간 상소를 올렸던 양천경·천회의 동생인 양천운을
북인 인사들이 달갑게 맞을 리는 없었을 것이다. 북인은 집권한 후 '정여
립 사건'을 재론하기까지 하였다. 양천운의 난관은 바로 여기에 있었다고
볼 수 있다.

선조를 이어 광해군이 등극하자 양천운은 다시 서울에 올라갔다. 그의
상경은 아들 몽우가 1612년(광해군 4)에 진사시에 합격한 것과 무관하지 않
을 것이다. 그런데 당시 그와 친교가 있는 권세가 이이첨李爾瞻(1560~1623)
이 1613년에 '계축옥사癸丑獄事'를 일으켜 영창대군을 죽이고 인목대비仁
穆大妃에 대한 폐모론을 주장하였다.[398] 「행장」에 따르면, 이이첨의 이러한
주장을 접한 양천운은 그와의 관계를 즉시 끊어버렸다. 아마 그 길로 낙
향한 것 같고, 바로 이때에 소쇄원을 중수하고(1614년) 한천정사를 건립한

■ ■ ■

397) 『선조실록』 186, 선조 38년 4월 26일(경오), 25-59.
398) 한명기, 「광해군대의 대북세력과 정국의 동향」, 『한국사론』 20, 1988.

것으로 보인다.

양천운과 깊은 교유가 있는 청사 고용후高用厚(1577~1648, 고경명의 아들)
도 이 무렵에 낙향한다. 그는 1624년(인조 2)에 광주 풍영정風詠亭에서 권
희경, 김치원, 그리고 새로 부임한 광주 목사 조희일과 함께 시를 지었는
데, 그 시에서 폐모가 단행된 1618년(광해군 10) 겨울에 관직을 버리고 내
려와 6년 동안 향리에서 생활하고 있었다.[399] 월봉 고부천高傅川(1578~
1636, 고경명의 손자)도 1621년에 창평 유촌으로 내려와 정홍명·임득열, 그
리고 양천운과 보낸 적이 있었다.[400] 7광 또는 10현으로 불리는 태인의
송정 건립자들도 이때에 낙향하였다. 양천운을 포함한 서인측 인사들은
당시를 난세로 평하고 줄줄이 낙향하여 낙향이 다시 한번 러시를 이루었
음을 알 수 있다.

그렇다고 양천운이 출사를 단념한 것은 아니었다. 그가 이명한李明漢
(1595~1645)에게 증여한 시에서, "술동이 앞에서 조정朝廷에 이를 날을 헤
아려 보니, 친정親庭을 뵈올 시기도 늦지 않으리"[401]라고 한 적이 있다. 정
국이 바뀌어 출사한 후 임금을 뵐 날을 기다리고 있었던 것이다. 이명한
은 인목대비의 폐모론이 일어났을 때 정청庭請에 참여하지 않았다 하여
파직된 인물이다.

양천운은 인조의 즉위로 서인 정권이 들어서자 곧바로 서울로 올라가

■ ■ ■

399) 『청사집』, 「풍영정근차…」(『한국문집총간』 84, p.144).
400) 고영진, 「17세기 전반 호남사족의 학문과 사상 ─ 안방준·고부천·정홍명을 중심으로」, 『한국사학사
연구』, 우송조동걸선생정년기념론총간행위원회, 1997, p.310.
401) 『소쇄원사실』 11, 영주공, 「증백사이천장명한」, p.324.

전에 이루지 못했던 성균관 입학을 단행하였다. 그는 성균관에서 경전에 밝고 행실이 독실한 학생으로 활동하여 1623년(인조 1)에 천거되었다. 당시 성균관의 최고 책임자로 그를 천거한 대사성大司成 이경함李慶涵은 인재를 얻었다고 기뻐하였다. 그런데 이경함은 선조 대 말기 1604~1606년에 광주 목사를 역임한 인물이다. 광주 목사를 역임하면서 '소쇄원가'와 인연을 맺었을 것이다.

양천운은 성균관에 오래 있지 않고 바로 창평으로 내려온 것으로 보인다. 1624년에 부임한 광주 목사 조희일趙希逸(1575~1638)[402]을 만나 시문 창화를 하였다. 그때 그는 별 하는 일도 없이 세월만 보내 배움이 일천하지만 늘 임금님을 생각하며 더러운 속세에서 벗어나려 하고 있다는 자신의 심정을 담은 시를 보내자, 조희일이 술과 안주를 들고 소쇄원을 방문하여 시로 화답하였다.[403] 그리고 그는 이듬해 광주에서 임기를 마치고 돌아가는 조희일을 송별하는 시를 주기도 하였다. 그런데 조희일은 1627년부터 이듬해까지 담양 부사를 역임하였고 1635년에 양자징의 묘갈명을 지었으니, 양천운과 조희일은 남다른 인연이 있었던 것 같다. 1625년부터 1627년까지 담양 부사를 역임한 윤천구尹天衢와 함께 무등산을 유람하였던 사실도 그가 이 당시 향리 창평에 있었음을 알려 준다.[404]

창평에 내려와 있던 양천운은 드디어 1628년(인조 6)에 60을 넘은 나이

■ ■ ■

402) 『광주읍지』, 선생안.
403) 『소쇄원사실』 11, 영주공, 「차사조즉음이숙희일증운」 「사증양상사사형지주효래방구호」, pp.313~314.
  『죽음집』 9, 「사증양상사사형지주효래방구호」(『한국문집총간』 83, p.231).
404) 『소쇄원사실』 11, 영주공, 제현간독, 「사형형배사상장」, p.356.

에 최초의 관직인 동몽교관童蒙敎官에 제수되었다. 이 사실은 고부천高傅川 (1578~1636)이 숙부뻘 되는 양천운에게 그해 6월 25일에 보낸 편지로 보아 알 수 있다.[405] 당시 고부천은 종5품의 부사직副司直이라는 관직에 재임 중 이었는데,[406] 24일 도정都政(6월과 12월의 인사 발령)에 숙부님이 동몽교관에 제수되었으니 즉시 임소任所로 떠남이 어떠하겠습니까 하며, 창평 신임 수령으로 김천석金天錫이 제수되었다는 소식도 편지에 덧붙였다(김천석은 임명되지 못함). 동몽교관은 서울의 4부 학당學堂에서 아이들을 가르치는 종 9품의 관직으로 체아록遞兒祿을 받는다.

고부천의 편지에 담긴, 빨리 부임해 주시라는 재촉은 가볍게 넘길 수 없 는 내용을 담고 있다. 양천운은 미관말직인 동몽교관을 탐탁지 않게 여겼 던 것 같다. 그의 증손자 양경지의 「행장」에 의하면, 양천운은 김상헌·조 희일과 함께 공부하여 우의가 두터웠는데, 이들은 당시 재상급 반열에 이 미 올라 있었다. 이러한 인연 때문에 그의 후손(양진수·진태·채지)과 김상 헌·조희일의 후손(김창협·조정만)이 상호 교유했던 것 같다.

양천운이 미관말직을 탐탁지 않게 여기리라는 것을 미리 짐작한 고부 천이 사양 말고 즉시 임지로 떠나 달라는 당부를 하였을 것으로 짐작된 다. 마음에 들지는 않았지만 양천운은 바로 서울로 올라간 것으로 보인 다. 그의 동서 홍이상의 조카인 홍방洪霶이 "아직 나가 뵙지 못했지만, 관 직에서 벗어나기를 기다려 즉시 달려가겠습니다"[407]는 편지를 그해 10월

■ ■ ■

405) 『소쇄원사실』 11, 영주공, 제현간독, 「한천숙주상장양공교관하리」, p.354.
406) 『승정원일기』 인조 5년 10월 2일.
407) 『소쇄원사실』 11, 영주공, 제현간독, 「숙주전상사장」, p.350.

에 양천운에게 보낸 것으로 보아 알 수 있다. 그 무렵 홍방은 판결사判決事
와 특진관特進官이라는 고위직에 재임 중이었다.[408]

양천운은 이어 언론과 감찰을 담당하는 곳으로 조선의 선비들이 선망
하는 관청인 사헌부 감찰監察(정6품)과 노비 신공을 관장하는 사섬시 주부
主簿(종6품)를 지냈다. 이러한 직책을 역임했다 하여 그의 친구들이 양감찰
이나 감찰공, 또는 주부공이라는 호칭을 사용하기도 하였다. 그런데 감찰
과 주부를 역임한 기간은 매우 짧았고 별다른 활동도 없었다. 그가 오래
재임하며 활발한 관직 생활을 했다면 『실록』이나 『승정원일기』에 활동 상
황이 어떤 형태로든 남아 있을 것인데, 현재 아무런 기록도 발견되지 않
는다.

그의 「행장」에 따르면, 그는 1634년에 병으로 관직을 사임하고 고향으
로 돌아왔다. 그런데 그 이전인 1620년대 후반에 낙향했던 것 같다. 동갑
내기인 나주 출신 김선金璇(1568~1642)이[409] 양천운을 생각하며 남긴 시에
따르면

친구가 말하기를 석동石洞의 양감찰이
돌아온 지 십년 만에 아주 늙었다네.
긴 대나무는 이제 원院의 북쪽을 막아섰고
긴 솔은 전과 같이 담장 동쪽에 서 있다.

■ ■ ■

408) 『승정원일기』 인조 6년 10월 8 · 9일.
409) 김선은 나주 출신으로 본관이 광산이고, 1605년에 진사가 되었다(『금성읍지』, 1897년, 사마안).

아스라이 벼슬살이는 초록蕉鹿의 꿈일 뿐이요

멀리 날아간 고향 생각 기러기를 따라가네.

형과 내가 똑같이 칠십에 임하였으니

취향醉鄕 속에 드러누워 보내니만 못해라.[410]

고 하여, 양천운이 칠십에 임한 1637년으로부터 10여 년 전에 지석동으로 내려온 것으로 보인다. 그의 아들 몽희夢羲가 1629년에 사망한 것으로 보아, 이 무렵에 그는 낙향하였을 것이다. 1628년에 관직에 나가기 위해 서울에 올라갔지만, 1년 만에 고향으로 내려왔다고 여겨진다.

그는 창평에 돌아온 후 더 이상 관직에 나아가려고 하지 않았다. 자신보다 아들을 먼저 저 세상으로 보낸 비통함과 60을 넘긴 연로함 때문이었을 것이다. 긴 대나무 숲이 북쪽을 가로막고 있다는 표현으로 미루어 다시 상경할 마음을 접고 있었음이 분명하다. 그는 고향에 내려와 8년 여 생활하다 1637년에 일생을 마친다.

이처럼 양천운은 이른 나이에 진사시에 합격한 후, 선조 대 말기에 상경하여 성균관에 입교하려 하였지만 정치적 입장이 맞지 않아 바로 낙향하였다. 그리고 광해군 대에도 상경하였지만 관직에 진출하지 못한 채 고향 창평으로 내려왔다. 인조반정으로 서인이 집권하자 또 다시 상경하였지만, 연로한 나이에 미관에 제수된 데다가 가정의 우환까지 겹쳐 오래 있지 못하고 낙향하였다.

■ ■ ■

410) 『소쇄원사실』 11, 영주공, 「억양감찰사건경형」, p.346.

2 왜란 체험과 전후 복구

(1) 친족 구호

1592년 임진왜란 때 나주와 담양에서 김천일金千鎰(1537~1593)과 고경명高敬命(1533~1592)이 각각 5월에 의병을 일으켜 6월에 출진하였다. 이때 양자징도 거병하려 하였지만, 노환으로 불가능하자 아들 천운에게 김천일·고경경 의병진에 합류하도록 하였다.

아버지의 권유에 따라 양천운은 의병에 동참하기로 하고, 고경명 의병진으로 찾아갔다. 광주 출신 고경명은 창평 인접 담양에서 거병했을 뿐만 아니라, '소쇄원가'와도 밀접한 인연이 있었다. 고경명은 양자징·자정과의 우정을 토대로 소쇄원을 자주 방문하였고, 양천운의 사촌 형인 양천리梁千里(1544~?)가 고경명의 숙부 고계영의 딸과 혼인하였다. 뿐만 아니라 사촌형 양천심, 큰형 양천경, 매부 오급, 매부 서호갑의 형 서용갑이 모두 고경명의 제자였다.

　그런데 의병장 고경명은 두 형의 죽음으로 독자가 되어 버린 양천운으로 하여금 집에 돌아가서 70세나 되는 연로하신 부친을 잘 봉양하라고 권하였다. 마침 그때 매형인 남원 출신 안영安瑛(1565~1592)이 고경명 의병진에 합류하자, 그는 매형과 작별을 하고 돌아왔다. 그의 의병진 합류는 불발로 그치고 말았던 것이다.

　집에 돌아온 그는 1593년에 첫째 부인(안동 김씨)을, 1594년에 아버지(양자징)를, 그리고 1596년에 어머니(광산 김씨)를 차례로 저 세상으로 보냈다. 전란 중에 줄초상을 치른 셈이다. 숙부 가운데 유일하게 남아 있는 양자정과 이 모든 일을 치러야 했다.

　전란의 소용돌이에서 벗어나 안전 지역이던 창평은 1597년 일본군이 재차 침략한 정유재란이 발발하면서 사정이 급변했다. 전라도 점령을 주요 공격 목표로 정한 일본군은 남원과 전주를 장악한 후 전라도 전역에 주둔하였다. 창평과 무장·영광·진원에는 주고쿠中國 지방 출신의 군소 장수들이 들이닥쳤다. 수령마저 도망가 텅 빈 창평에 들어온 그들은 잔인하게 마을에 불을 지르고 물건을 약탈하고 사람들을 죽이고 잡아갔다.

　동복同福으로 내려가는 길목에 위치한 소쇄원에도 일본군들은 손쉽게 들이닥쳤다. 그들은 소쇄원의 거의 모든 건물을 불태워 버렸을 뿐만 아니라, '소쇄원 사람들'이 사는 창암촌에도 몰려와 불을 질러 완전히 잿더미로 만들었다. 이때 집안에서 소장하고 있던 선조들의 서적이나 문서들도 거의 사라져 버렸다.

　양천운은 불타는 소쇄원과 창암촌을 뒤로 한 채 조상 신주만을 받들고 황급히 가족들과 함께 피란길에 올랐다. 언제 돌아왔는지는 알 수 없지만, 이제 그에게 남은 것은 복구뿐이었다. 양천운은 소쇄원을 지키는 데에 있어서 매우 중요한 역할을 하였다. 그는 왜란으로 흩어지고 파괴된 '소쇄원 사람들'을 돌보고 소쇄원을 재건하였을 뿐만 아니라, 왕성한 사회 활동을 하여 호남의 명문가인 '소쇄원가'의 지위를 유지하는 데에 적지 않은 공헌을 하였다.

당시 '소쇄원가'에는 인연이 닿지 못하여 일찍 세상을 뜬 친족이 많았는데, 양천운은 그러한 친족의 가족을 거의 혼자 돌본 것으로 보인다. 그의 묘지명에 의하면, 두 분 형이 정쟁으로 형벌을 받고 죽자 매우 가슴 아파했으며, 자매가 굳게 지조를 지키다 죽거나 매부가 전란에 목숨을 바치자 슬퍼하였으며, 외로운 조카들을 어루만지고 홀어머니를 불쌍히 여기는 데에 이르러서는 남들이 미치기 어려울 정도라고 하였다. 그러므로 정쟁과 전란으로 홀로 남은 친족을 돌보는 데에 가장 앞장 선 사람이 바로 양천운이다.

양천운에게는 두 형과 누이 셋이 있는데, 모두 우여곡절을 겪었다. 하나씩 살펴보자.

1591년에 죽은 큰형 천경千頃(1560~1591)의 장남 몽웅夢熊은 진사시험에 응시하여 합격했는데, 이때 양천운은 시詩로 조카의 합격을 기원하였다.[411] 양천운이 그의 수학을 뒷바라지한 것으로 보인다. 1597년에 형수(함풍 이씨)와 함께 10~15세에 일본에 끌려갔다가 20년 만에 어엿한 성인

■ ■ ■

411) 『소쇄원사실』 11, 영주공, 「송사질몽웅부회시」, p.340.

이 되어 귀국한 조카들(夢麟·夢虁·女)의 새로운 출발을 돌봐준 이가 양천운일 것으로 추정된다. 이들이 돌아온 1617년은 양천운이 폐모론을 주장하는 이이첨과 정치적 갈등을 빚고 그와 결별한 후 낙향해 있던 때다.

양천운의 작은형 천회千會(1563~1591) 또한 형과 함께 1591년에 죽었다. 그는 광주廣州 이씨와 혼인하였으나, 후사 없이 죽고 말았다. 그리하여 후사를 잇기 위해 천경의 차남 몽린이 환국 후 양천회에게 입양되었다. 그리고 몽린의 동생 몽기도 양천주에게 입양되었다. 이러한 일들도 양천운이 주관하였을 것이다.

첫째 누이는 광주 출신 오급吳岌과 혼인하였다. 그녀는 정유재란 때에 남편과 함께 피란을 가다 왜적을 만났다. 남편이 먼저 왜적에게 살해를 당해 강물에 던져지자, 더러운 적의 손에 죽지 않기 위해 스스로 강물에 뛰어들어 자결하였다. 양천운은 이렇게 비명에 간 큰누이를 늘 생각하며 슬퍼했다 한다.

둘째 누이는 금산전투에서 28세의 나이로 고경명과 함께 순절한 남원 출신 의병장 안영安瑛에게 시집갔다. 양천운은 남편이 죽어 갈 데가 없는 누이를 데려와 한 집에서 지내며 섬기기를 극진히 했다 한다. 안영은 일찍 아버지를 여의고 큰아버지 밑에서 성장했고, 그의 어머니는 서울에 거주했다. 이러한 관계 때문에 그녀는 시댁으로 돌아가지 못하고 친정으로 온 것 같다.

셋째 누이는 서호갑徐虎甲에게 출가했는데, 시댁이 가화家禍를 당하여 남편이 귀양지에서 죽었다. 양천운은 오갈 데 없게 된 셋째 누이와 자녀를 역시 데려와 끝까지 사랑하고 도와주었다.

이처럼 정쟁과 전란으로 혼자 남아 의지할 곳 없는 형수, 조카, 누이들을 양천운은 극진히 거두어 구호하였다. 그가 이렇게 친족들을 보살펴 준 데에는 '소쇄원가'의 친족 구조와 당시의 사회 윤리가 적지 않게 작용하였다.

양자징은 장형 양자홍이 일찍 죽자 동생 양자정과 함께 소쇄원을 지키며 친족을 이끌어왔다. 형수를 어머니처럼 모셨으며 여러 동생과 자매를 구호하였다 한다.[412) 그런데 양자징이 1594년에 죽고, 양자정마저 1597년에 비명에 죽고 말았다. 그리고 양자징의 3자 가운데 장자와 차자가 옥사로 세상을 뜨자 셋째 양천운에게 장자의 역할이 돌아올 수밖에 없었다. 조선시대의 유교 친족 윤리에서 장자는 조상을 숭배하고 문중을 지키는 일에 전념해야 했다. 따라서 '소쇄원가'의 중흥은 양천운의 몫이었던 것이다.

(2) 소쇄원 중건

소쇄원은 16세기 전반기에 양산보에 의해 건립되기 시작하여 당대에 현재와 같은 공간 구성이 조성되었다. 물론 그의 아들 양자징에 의해 신설 건물이나 보강 시설이 구축되기도 하였다. 그리하여 소쇄원은 당시에 '소쇄원가' 뿐만 아니라 지역 엘리트들의 주요한 활동 공간으로 주목을 받은 곳이었다.

■ ■ ■
412) 『소쇄원사실』 5, 고암공, 「실기」, p.165.

그런데 정유재란 당시 창평을 점령한 일본군은 소쇄원에 몰려들어와 닥치는 대로 불을 질렀다. 불타는 소쇄원을 뒤로한 채, 양천운은 가족들과 함께 황급히 피란 길에 오르게 되었다. 전란이 끝나고 피란지에서 돌아온 양천운은 잿더미로 불타 버린 소쇄원을 보고 놀라지 않을 수 없었다.

명원이던 소쇄원은 왜군들에 의해 참혹하게 파괴되어 그 흔적이 사라지고 말았다. 불에 탈 수 있는 것은 모조리 불에 타 가시덩굴로 뒤덮여 있었고, 기거할 만한 곳은 한 군데도 없을 지경이었다. 모두 쑥대밭이 되고 무너진 돌로 가득차 날벼락 그 자체의 참화였다.

뿐만 아니라, 소쇄원 사람들이 사는 창암촌 마을마저도 화마에 휩쓸려 그을린 연기 자욱이 만연했다. 일본군의 만행을 피하기 위해 마을 사람들

양천운이 다시 지은 소쇄원의 광풍각

이 모두 도망갔고, 그 가운데 상당수는 체포되거나 사살되어 돌아올 수 없었기 때문에, 마을도 텅 빌 수밖에 없었다.

일본군에 의해 불타 버린 소쇄원을 복구하는 데에 앞장선 인물이 바로 양천운이다. 그는 "침계문방枕溪文房이라 불리는 광풍각光風閣이 1597년에 병화로 불탔기에 1614년(광해군 6) 4월에 중수하였다."고 하여, 소쇄원의 대표적 건물인 광풍각을 중수하는 데에 주도적 역할을 하였다. 물론 광풍각만 중수한 것은 아닐 것이고, 소쇄원 안의 모든 건물과 조경도 이때에 복구하였을 것이다.

그러나 여러 채의 거대한 건물을 중수하기란, 막대한 물자가 소요되기 때문에 그리 쉬운 일이 아니리라는 것은 쉽게 상상하고도 남는다. 그래서 그는 선조가 물려준 이 유산을 즉시 복구해야 할 것임을 뻔히 알면서도, 방대한 재력이 수반되는 임목林木과 인력人力을 구하기가 어려워 차일피일 미루다 오늘에 이를 수밖에 없었고, 그 점에 대해서 스스로 부끄러운 생각을 갖고 있었다. 이러한 그의 심정은 그가 남긴 아래의 중수 상량문에 잘 묘사되어 있다.

불초자 천운은 재주가 부족하여 집안을 다스릴 재간도 없다. 더구나 사람으로서 반드시 복구해야 할 것임을 번연히 알면서도 오늘에 이르기까지 하니 부끄럽기 그지없다. 그러나 나무를 베어 깎고 다듬어 일으켜 세울 만한 임목을 구할 길이 막연하여 이날저날 미루다 오늘에 이른 것이다. 그런데 다행히도 이제 임목을 얻게 되었으니 이 어찌 기쁘지 않겠는가.[413]

따라서 소쇄원 중수는 막대한 공사비 때문에 누군들 팔을 걷고 쉽게 나설 일이 아니어서 착공이 지연될 수밖에 없었다. 이때 "별로 재주는 없으나 내가 감당해야겠다고 다짐하고 스스로 일을 시작하니 책임이 무겁기만 하다"고 하여, 마침내 양천운이 발벗고 나섰던 것이다.

　그 결과 그는 임목을 가까스로 구하여 불탄 지 17년이 지난 1614년에야 소쇄원을 중수할 수 있었다. 정유재란 때에 함께 불탄 면앙정은 57년이 지난 1654년에 다시 지어졌으니,[414] 소쇄원은 일찍 재건되었다고 볼 수 있다. 여기에는 "이 모든 것은 친구들의 따뜻한 동정과 염려 덕분이니 고맙고 눈물이 날 정도로 감회가 깊다."고 본인이 술회한 것처럼, 주변 인사들의 후원이 크게 작용하였다. 실제 그의 가문의 재력은 특별히 내세울 만한 형편이 아니었던 것으로 보인다. 그의 「행장」에서, 그가 아들과 조카들에게 "우리 집은 효도를 전해오며 본래부터 (재산을 나눠 주는) 문서가 없고 다만 선군자가 입으로 일러 주신 대로 기준을 정하였으니 부조父祖를 욕되게 하지 말라"고 훈계하였듯이, 그의 집안은 재산을 나누어줄 만한 문서가 없을 정도로 재력이 빈한하였다.

　주변 인사들의 후원은 그의 넓은 인적 관계 때문에 가능한 일이었다. 양천운은 일찍이 사마시司馬試에 합격한 인재로서, 중앙과 전국 각지에 많은 지인들을 두고 있었다. 그리고 왜란 종전 후 대부분의 세월을 고향 창평에서 보내면서 현지의 친구들을 사귀고 제자들을 양성하고 있었다. 바로

■ ■ ■

413) 「소쇄원사실」 4, 「소쇄원계당중수상량문」, pp.123~126.
414) 「면앙집」 6, 부록, 연보(「한국문집총간」 26, p.282).

그런 인간 관계가 소쇄원을 중수하는 데에 보탬이 되었을 것이다.

이상에서 살펴본 것처럼, 소쇄원의 건립은 16세기에 양산보와 그의 아들 양자징에 의해 거의 일단락되었다. 그리고 왜란으로 불탄 소쇄원을 양천운이 17세기에 중수하였으니, 소쇄원은 양산보→양자징→양천운 3대에 걸쳐 건립 · 유지되었다고 볼 수 있다.[415]

■ ■ ■

415) 그렇지만 소쇄원의 보수와 관리는 계속되지 않을 수 없었다. 양산보의 5대손인 양택지梁擇之(호 당산)에 의해 소쇄원이 다시 한번 중건되었다. 양택지는 양천운의 증손자(양천운→몽우→진섭→택지)이지만 장손 쪽의 양진행에게 입양된 인물이다. 이때 공사는 1717년에 이루어졌고, 광풍각 상량문은 역시 양천운의 증손자 양채지가 지었다(『소쇄원사실』 13, 「광풍각중수상량시」, p.410). 이러한 중건 결과를 새긴 「소쇄원도瀟灑園圖」 목판이 조판되어 오늘날까지 전해오고 있다.

　　양산보의 5대손들은 집권 서인(노론)의 유명 인사인 김창협 · 창흡 형제의 문인으로 조정만 · 김진옥 등과 교유하였다. 이들에 의해 '소쇄원가'는 새로운 중흥의 길을 걷게 되었고, 이때에 『소쇄원사실』, 「묘지명」 · 「행장」, 그리고 소쇄원 중건, 「소쇄원도」 등이 연이어 나왔던 것이다.

3 소쇄원에서의 사회 활동

(1) 한천정사 건립

  양천운은 학문이나 문장 능력에 있어서 수준급이었다. 그의 「행장」에는 "공은 경서나 백가의 글에 능통하지 않은 것이 없었고 문장을 만들 때에 막힘이 없었다. 찾아와 배우겠다는 자가 있으면 자랑스럽게 가르쳐 주며 싫증을 내지 않았다"고 하여, 그의 학문 수준이 높았고 후진 양성 태도도 진지하였음을 알 수 있다. 양천운의 학자적 능력과 자질이 다소 높게 칭송된 듯하지만, 가학으로 배운 아버지의 학문 수준이 높았고 그가 성균관에서 활발하게 활동한 것으로 보아, 이는 결코 과장된 표현은 아닐 것이다.

  그는 고향에 있을 때에 소쇄원이나 소쇄원 뒷산에 있는 한천정사寒泉精舍에서 학문을 연구하거나 후학을 양성하였을 뿐만 아니라 손님도 맞이하였다. 그는 학구당에 참여하기도 하여 높은 학문 수준을 유지하고, 활발한 사회 활동을 행하였다.

소쇄원은 특정인의 전유물이라기보다는 문중 전체의 활동 공간이었다. 그렇지만 당시의 적장자 중심의 가족 질서 속에서, 소쇄원에 대한 영향력 은 장자 계열이 다소 우세하였을 것이다. 그런데 양천운은 소쇄원 건립자 양산보의 장남이 아니라 차남의 아들이다. 그러므로 그가 독자적인 활동 을 하기에 소쇄원은 다소 한계가 있을 수밖에 없다. 새로운 활동 공간이 필요했음이 분명해 보인다.

이러한 형편 때문에 양천운은 한천정사 또는 한천초당이라고 불리는 개인 서재를 별도로 새로 짓고 생활하였다. 그가 이를 언제 건립하였는지 에 대해서는 자세히 알 수 없지만, 상당히 이른 시기로 추정된다. 그가 일 찍이 광해군 대에 서울에 올라가 성균관에 입교하려 하거나 관직에 나아 가려 하다가, 자신과 정치적 입장이 다른 북인—대북 세력이 1613년 무렵 에 폐모론을 주장하자 낙향하였다. 바로 이 무렵에 소쇄원을 중건하고 한 천정사를 건립하였을 것으로 추정된다. 당대의 서인측 인사들 가운데 북 인—대북의 정국 운영에 불만을 품고 낙향하여 정사나 누정을 건립하고 은거한 사람이 한둘이 아니다.

장성 출신 망암 변이중의 아들 변경윤邊慶胤(1574~?)이 양천운에게 보낸 시에 의하면, 양천운이 화암花巖이라는 바위 위에 집을 지어 몸을 숨기고 출입문을 은폐하고 소나무에 기대어 멀리서 폭포를 바라보고 있다 하였 다.[416] 이 시는 남원 출신 임란 의병장 양대박의 아들로 장성 현감에 재임

■ ■ ■

416) 『소쇄원사실』 11, 영주공, 「현재야작차제호운」, p.321.

(1617~1620) 중[417]인 양경우梁慶遇(1568~?)와 장성 관아에서 함께 읊은 것이다. 이로 보아 양천운이 한천정사를 세운 까닭은 그의 할아버지 양산보가 그랬던 것처럼 은거지를 마련하기 위해서였을 것이다.

한천정사는 소쇄원 뒷산의 야산을 개간하여 건립되었다. 인근 광주 출신으로 생원시를 합격한 오세신吳世臣(본관 해주)[418]이 한천초당에서 지어 양천운에게 준 시에 따르면,

산기슭 다듬어 원포園圃를 여니
푸른 숲은 작은 언덕을 둘렀네.
그대는 능히 세상을 알고 숨었으니
나 또한 한가로이 놀 수 있게 되었도다.
시내는 가늘게 흘러 구슬소리를 내고
소나무는 차가워 가을을 무시하네.
앉아서 구경을 실컷 하노니
산 위의 해는 서쪽으로 기울도다.
그대 집에 좋은 경치 많다는 말을 듣고
우연히 흥이 나서 이렇게 찾아왔네.
제자들의 글소리가 어지러워지지 않도록
숲 속의 꾀꼬리가 노래 부르지 않게 하소서.[419]

■ ■ ■

417) 『장성읍지』, 선생안(『읍지』 4, p.47).
418) 『광주읍지』, 인물, 사마.
419) 『소쇄원사실』 11, 영주공, 「제척장양상사한천초당」, p.347.

라고 하여, 양천운은 한천정사를 사람 손이 닿지 않은 소쇄원 뒤 산기슭을 깎아서 지은 것으로 보인다. 그의 아버지(양자징)와 작은아버지(양자정)의 서재인 고암정사와 부훤당은 소쇄원 경내에 있는데, 그의 서재는 멀리 떨어진 곳에 건립되었다.

양천운이 지은 광풍각 중수문에 따르면, 소쇄원에서 오솔길을 지나 등나무 넝쿨이 뻗어 있는 곳에는 간혹 사람이 지나다닌 발자취가 드문드문 눈에 띄나, 다른 곳에는 사람의 그림자는 찾아볼 수 없고 이따금씩 다람쥐 녀석이 손님의 가슴을 놀라게 할 따름이라고 하였다. 이를 통해서 보아도, 그가 지은 한천정사 터는 원래 사람 손이 거의 닿지 않은 미간지였음이 분명하다.

그런데 이곳은 이전에 절터였다고 전한다. 이 얘기는 밭으로 변한 이곳에서 불상이 나왔기 때문에 믿을 만한 전언이라고 보인다. 폐사된 지 오래되어 양천운이 개간할 당시는 황무지나 다름없었다. 그 절이 한천사寒泉寺여서 양천운이 정사 이름을 '한천정사'로 명명했을 것 같지만, 주자학을 존숭하여 주자가 공부했던 한천정사와 연관시켰다는 지적도 있어 음미해 볼 만하다.[420]

양산보가 소쇄원을 지을 때에도 사람이 와 닿지 않은 곳에 터를 정하였다. 16~17세기 엘리트들이 그들의 활동 공간(정자 · 정사 · 별서 등)을 신축할 때에 미간지에 터를 잡는 것이 일반적이었는데, 그러한 활동은 곧 개간 사업의 일환이어서 논밭을 함께 개간하기도 하였다. 따라서 양천운도 한천

■ ■ ■

420) 김대현, 「방암 양경지의 『소쇄원30영』 연구」, 『한국언어문학』 45, 한국언어문학회, 2000, p.40.

정사를 지으면서 주변의 미간지를 개간하여 밭으로 활용하였던 것이다.

한천정사는 소쇄원과 양자징이 말년에 은둔했던 고암굴 사이에 있다. 그리고 소쇄원을 통과하여 한천정사에 접근할 수 있고, 한천정사는 소쇄원으로부터 그리 멀지 않은 곳에 있었다. 그가 이런 곳에 한천정사를 세운 까닭은 아버지의 유업을 잇고, 소쇄원을 찾아오는 손님도 만나기 위해서였을 것이다.

한천정사를 착공한 지 얼마 지나지 않아 상당한 수준의 건축과 토목 공사가 완료되었다. 이때에도 소쇄원 중건 때와 마찬가지로 주변 인사들의 지원이 적지 않았을 것으로 여겨진다. 그는 진사시 동기나 성균관 동문, 그리고 내외 인척 등 많은 지인을 전국 각지에 두고 있었다. 아들 장례식 때에 멀리서 김상헌이 부의를 보냈고, 1630년 8월에 이덕형李德泂이 상喪 (역병으로 전 년에 죽은 장남 몽희를 지칭한 것 같음)을 당한 것을 애통해하며 혼사 婚事에 익기溺器(요강) 1개를 보냈다.[421] 바로 이들이 소쇄원에 적지 않은 경제적 지원을 하였을 것이다.

특히 양천운은 창평과 그 인근 출신 인사들과 폭넓게 교유하였다. 그는 서울에 있을 때나 고향에 있을 때에 환향하는 이들 지인들에게 잊지 않고 시를 지어 보내 친분을 유지하였다. 뿐만 아니라 소쇄원이나 한천정사에 초청하여 그들과 시문 창화唱和를 열기도 하였다. 바로 이들도 소쇄원의 후원자가 되었을 것인데, 서울에서 낙향한 나주 출신 임회林檜(1562~1624)가 1623년 11월에 먹 1정을 양천운에 보낸 것이 그 한 사례가 될 것이다.[422]

■ ■ ■

421) 『소쇄원사실』, 11, 영주공, 제현간독, 「사형형사장」, p.355.
422) 『소쇄원사실』, 11, 영주공, 제현간독, 「사형형사장」, p.353.

그런가 하면 창평에 있을 때에는 인근 수령들과도 돈독한 관계를 유지하였다. 1615년부터 1618년까지 광주 목사를 역임한 홍명원洪命元(1573~1623, 본관 남양)의 아들 홍처후洪處厚(1599~1673)가 그에게 보낸 편지에 따르면, "선친이 전에 광주 목사를 역임할 때에 어르신과 우리 가문에 서로 뗄 수 없는 인연이 있었다는 것을 들었습니다"[423]고 하였다. 양천운과 광주 목사 홍명원은 각별한 관계였음을 알 수 있다.

양천운이 주고받은 시 가운데는, 광주 목사 조희일, 동복 현감 강위재姜渭載, 순창 현감 안복선安復善, 장성 현감 양경우梁慶遇[424] 등 인근 고을 수령들을 기다리거나 그들과 만나 술잔을 기울인 것에 관한 시들이 여러 편이다. 바로 이 수령들이 양천운의 든든한 후원자였을 것이다. 당시에 수령들이 인근 친족이나 지인들에게 관아의 공공 재물을 지원하는 것은 흔히 있는 일이었는데, 그러한 행위를 '선물경제膳物經濟'라고 정의하기도 한다.[425]

본인의 노력과 지인들의 후원에 힘입어 한천정사의 공사는 순조롭게 진척되었다. 그리하여 한천정사에는 시냇물이 소리를 내며 흐르고, 소나무와 죽림이 울창하여 작은 언덕을 이루고, 새소리도 끊이지 않았다. 경치가 아름다워 능히 세상을 등지고 한가로이 노닐 수 있는 곳이었다. 이제 그는 소쇄원으로 나가지 않아도, 소쇄원보다 깊은 그곳에서 바깥일을 잊은 채 한가로이 책을 볼 수 있었다.[426]

■ ■ ■

423) 『소쇄원사실』 11, 영주공, 제현간독, 「상문장」, p.352.
424) 『소쇄원사실』 11, 영주공, pp.318~320.
425) 이성임, 「16세기 양반사회의 "선물경제"」, 『한국사연구』 130, 한국사연구회, 2005.

소쇄원의 내원과 외원을 나누는 오곡문

　　양천운은 한천정사에서 학문 연구에 몰두하였다. 한천사寒泉舍를 읊은
양경지의 『소쇄원 30영』에 의하면,

　　　　명승지에 작은 집을 지으니

　　　　민옹閔翁의 발자취 따를 수 있겠네.

　　　　경전의 뜻 깊고 깊은 맛

　　　　이 속에서 모두 이루어지겠지.[427)]

■ ■ ■

426) 『소쇄원사실』, 11, 영주공, 「기기암정자용홍명」, p.327.
427) 『방암유고』, 「근차중부가산삼십영운」.

라 하여, 양천운은 경치가 좋아 다른 곳에 가지 않고 한천정사에서 유교 경전의 깊고 넓은 뜻을 파악하는 데에 몰입하고 있었다.

자연히 좋은 경치를 벗삼는 묵객들이 한천정사에 줄을 잇고 있었다. 이곳을 방문한 인사로 오세신과 고용후가 확인된다. 또한 숲속의 꾀꼬리 소리가 제자들의 글 읽는 것을 방해하지 않을까 모르겠다는 오세신의 시구를 통해서, 양천운의 제자들이 한천정사에 모여들어 글을 읽고 있었음을 알 수 있다. 이러한 공간을 바탕으로 그는 주위의 많은 인사들과 친밀한 관계를 유지할 수 있었을 것이다.

이처럼 양천운은 그만의 독립 세계를 갖고자 미간지를 개간하여 한천정사를 지었다. 한천정사는 기거할 수 있는 주거 공간과 자연 조경을 갖추어 학문 연구와 후진 양성 및 손님 접대가 가능하였다. 그는 이러한 공간을 토대로 활발한 사회 활동을 폈지만, 그의 사후 한천정사는 사라졌고 현재 그 터는 밭으로 이용되고 있다.

(2) 호란 의병 봉기

호남 출신 인사들은 왜란에 이어 호란 때에도 활발한 의병 봉기를 하였다. 호란 때에는 정묘년과 병자년에 각각 의병을 일으켰다. 먼저 정묘호란 때의 의병 활동을 알아보도록 하겠다.

후금은 정묘호란을 일으켜 1627년(인조 5) 1월 13일에 평안도 의주를 공격한 후 남하하기 시작하였다.[428] 서쪽 지역의 장수들이 적의 기세를 보고

달아나는 모습에 분격한 나머지 호남 인사 수백 명이 의병을 일으켰다. 전방 지역에서의 의병은 1월 말부터 일어난 것 같으나, 후방 지역에서 가장 먼저 의병이 일어난 곳은 호남이었다.

『연려실기술』에 따르면, 1월 17일에 호남 사림 전 좌랑 오섬, 검열 김여옥, 정자 신응망, 학유 이상형 등이 의병을 일으키자는 통문을 관내에 보냈다. 그런가 하면 조경남의 『난중잡록』에 의하면, 1월 20일에 이들이 모두 서울에 있으면서 변란을 듣고 호남의 사족들에게 통문을 돌려 군인과 군량을 모집했다.

그 무렵 후금의 군병이 관서지방을 점령하자 국왕은 강화도로 떠날 채비를 하면서 삼남 지방에 호소사號召使를 파견하여 의병을 규합하도록 독려하였다. 이에 양호호소사兩湖號召使로 임명된 김장생金長生(1548~1631)이 연산에 막부를 설치하고 격문을 보내니,[429] 많은 전라도 의병들이 소모에 응하였고, 보성 출신 안방준安邦俊(1573~1654)과 광주 출신 고순후高循厚가 양호의병진의 의병장으로 여러 사람들에 의해 추대되었다.

김장생은 세자 일행과 함께 공주를 거쳐 전주에 들어와 행궁行宮(임금이 거둥할 때 머무는 별궁)을 설치하고 전력 보강에 박차를 가하니 특히 호남 지역에서 많은 양곡이 올라왔다. 김장생은 또 3도체찰사 이원익李元翼과 함께 세자 숙위에 전념하였다. 이때 안방준도 의병진을 거느리고 김장생과 함께 전주 행궁에 들어가 무군사撫軍司에서 이원익을 배알하기까지 하였

■ ■ ■

428) 김종원, 「정묘호란」, 『한국사』 29, 국사편찬위원회, 1995.
429) 『정묘거의록』, 호소사격문.

다. 양호의병진은 여산에서 청주를 거쳐 충청도 의병을 규합하여 전력을
증강한 후 강화도로 들어가려고 하였으나, 2월 말에 화의가 진행되자 강
화도행을 중지하고 해산을 명하였다.

　이때 조직된 양호의병진의 구성을 『정묘거의록』에 의거하여 정리하면
아래와 같다.

〈표 14〉 정묘호란 양호 의병진

```
號召使 : 金長生
副　使 : 宋興周(？)
從　事 : 尹栓(이성)
參　謀 : 宋爾昌(회덕), 宋國澤(회덕), 柳楫(김제)
義兵將 : 安邦俊(보성), 高循厚(광주)
義穀將 : 金德宇(무장), 金峻業(전주)
列邑召募有司 : 회덕 - 宋甲祚
　　　　　　　광주 - 奇廷獻, 鄭敏求, 申澤, 朴之孝, 李德養, 李成春, 柳玶, 朴
　　　　　　　　　　忠廉, 寄義獻, 高傅立, 高傅敏, 柳述, 高傅弼, 朴琮, 尹潁,
　　　　　　　　　　房明達, 李道, 李鼎泰, 李用賓, 李守白
　　　　　　　무장 - 吳益昌, 姜時彦
　　　　　　　고창 - 柳鐵堅, 金汝聲, 安晉, 徐駟男
　　　　　　　흥덕 - 李起文 李元男 黃以厚 宋廷濂 宋廷湅 鄭好禮
　　　　　　　태인 - 金灌
　　　　　　　전주 - 梁夢說, 金聲夏
　　　　　　　남원 - 房元震
　　　　　　　나주 - 羅海鳳, 梁曼容
　　　　　　　김제 - 柳泰亨, 趙必達, 柳棹, 高鳳翼
　　　　　　　영광 - 辛惟一, 辛應純, 金餘慶, 丁錢, 姜渙, 丁濟元, 金塡, 李弘謙
　　　　　　　고산 - 具瑩
　　　　　　　장성 - 金淑命
　　　　　　　부안 - 金垓, 金以謙
　　　　　　　남평 - 崔身獻
　　　　　　　보령 - 金海壽
　　　　　　　연산 - 李復吉
```

이 기록에 의하면, 정묘호란 당시 창평 지역에서 창의한 인물은 한 명도 없다. 창평의 지역적 사정이나 인적 구성으로 보아, 그들이 침묵할 리가 없었을 텐데, 왜 거동하지 않는지에 대해서는 현재 알 길이 없다. 아마 인근 담양, 순창, 동복, 화순 등지에서도 거병하지 않은 것으로 보아, 모종의 사연이 있었을 것이다.

양천운이 죽기 1년 전 1636년(인조 14년) 12월 9일에 청나라 대군이 압록 강을 건너 침입하는 병자호란이 발발했다. 청군이 물밀 듯이 밀려와 방어 군을 물리치고 서울에 육박하자, 세자는 14일에 강화도로 피란가고, 국왕 은 15일에 남한산성으로 들어갔다.

청의 침입 소식이 전해지자 전국 여러 곳에서 의병이 봉기했다. 그런데 의병이 조직적으로 구성된 곳은 후방 지역인 호남이었다. 호남 출신 옥과 현감 이흥발李興浡, 대동 찰방 이기발李起浡, 순창 현감 최온崔蘊, 전 한림 양 만용梁曼容, 전 찰방 유즙柳楫 등 5인은 "우리 호남은 본래 충의의 고장으 로 임진왜란 때에 의열이 이미 드러났다."[430]고 하며, 자진하여 의병 모집 에 앞장섰다.

16일에 청군 선발대가 남한산성까지 이르자, 다급해진 조정은 명나라 에 원병을 요청한 후 각 도의 감사와 병사에게 근왕군을 모집하라고 하달 하였다. 그리고 의병을 규합하고 군량·무기를 수집하여 청의 침략군을 무찌르라는 교서도 12월 19일에 남한산성에서 하달되었다.

■ ■ ■

430) 『호남병자창의록』 1, 오현격문. 『호남병자창의록』은 병자호란 때에 기병한 호남 의병에 관한 기록이 다. 이는 1770년(영조 46)에 1차, 1798년(정조 22)에 2차, 그리고 1932년에 3차 간행되었다. 이처럼 세 차례나 간행된 이유는 많은 인사들이 누락되었기 때문이라고 한다.

이에 호남 의병군의 기병 움직임은 더욱 박차를 가하게 되었다. 25일에 의병 주도자 5인은 여산에 모여 모의청募義廳을 설치하고 도내에 격문을 보내니, 각 고을에서 도유사都有司와 유사有司를 정하며 일제히 궐기하였다. 조수성曹守誠·조황曹慌은 화순에서, 유평柳玶(梁千里의 사돈)은 광주에서, 안방준安邦俊은 보성에서, 김선金璇·나해봉羅海鳳은 나주에서, 김원건金元健·황정직黃廷稷은 남원에서 거병하였다. 이외에 창평을 포함한 호남 각지에서도 병사를 모으고 군량과 군기를 취합하여 여산 모의청으로 집결하였다.

호남 의병진은 소모사召募使로 공주에 가 있는 대사간 정홍명(정철의 아들)을 대장으로 추대하였다. 이때 정홍명은 6,000명의 병력을 이끌고 수원·용인 일원에 주둔하고 있는 전라 감사 이시방과 합세하려 하였으나,[431] 분조分朝 호소사號召使의 명을 받들고 호남 해읍海邑 순찰길에 올랐다. 그러자 호남 의병 5현과 제읍 도유사들이 1637년 1월에 단독으로 의병을 이끌고 여산을 출발하였다. 청주를 거쳐 과천에 이르렀을 때, 국왕이 남한산성에서 항복했다는 소식을 듣고 통곡하며 해산한 후 귀향할 수밖에 없었다.[432]

1월 22일에 강화도가 무너지고, 30일에 인조는 마침내 남한산성에서 나와 청군에 항복하고 말았다. 그러므로 호남 의병은 12월 25일 기병하여 다음해 1월 30일에 해산하였으니, 비록 실전에 투입되지는 않았지만 35일 정도 활동한 셈이다.

■ ■ ■

431) 당시 전라도 근왕군은 청군을 대파하는 전과를 올렸으나, 곧이어 철수하였다(이장희, 「병자호란」, 『한국사』 29, 1995, pp.283~284).
432) 『호남병자창의록』 1, 창의사적.

이렇게 하여 거병한 곳은 전주, 임실, 남원, 곡성, 구례, 광양, 순천, 옥과, 창평, 광주, 남평, 능주, 화순, 동복, 낙안, 흥양, 보성, 장흥, 해남, 무안, 함평, 나주, 영암, 영광, 장성, 고창, 무장, 흥덕, 정읍, 부안, 고부, 태인, 김제, 만경, 익산, 진안, 순창, 장수, 운봉 등 39곳이다.

창평에서는 격문을 받은 지 이틀 만인 27일에 도유사 오이두吳以斗가 서명하여 모의청에 도착하였다. 이때 거병을 약속한 도유사는 『호남병자창의록』 1차본(1770년)에는 오이두를 포함하여 남수南燧, 조수曹璲, 유동기柳東紀, 현적玄績, 양천운梁千運, 이중겸李重謙, 안처공安處恭, 남이녕南以寧 등 모두 9인이다. 그런데 3차본(1932년)에는 임득열林得悅, 조부曹溥, 곽성구郭聖龜 등 3인이 추가되어 모두 12인이 창의하였다고 기록되어 있다.[433]

그런데 여산 모의청에 도착한 이는 1차본에 남수, 남이녕, 조수, 유동기, 현적, 이중겸, 안처공, 오이두, 유현 등 9인, 그리고 2차본에 양천운, 오이규, 김위, 임득열 등 4인이 추가되어 모두 13명이다. 창의 당시 창평 도유사로 모의청에 직접 합류했느냐, 아니면 다른 방법으로 합류했느냐에 따라[434] 시각차가 존재하겠지만, 어떠하든 창평에서 병자호란 의병에 참여한 인사는 양천운을 포함하여 모두 15명인 셈이다.

양천운은 죽기 1년 전에 발발한 병자호란 때에 69세의 노구를 이끌고 향리 인사들과 의병을 일으켰다. 그가 당시 어떤 활동을 하였는지에 대해

■ ■ ■

433) 『호남병자창의록』 1, 열읍유사제현명록.
　　『호남병자창의록』 3, 열읍제공사실, 창평.
434) 임득열은 외숙인 정홍명을 따랐고, 조부는 전라 감사 이시방에게 병량을 지원했고, 곽성구는 체찰사 종사관 김광혁에게 군병과 곡물을 지원했을 뿐 직접 호남 의병진에 가담하지는 않았다.

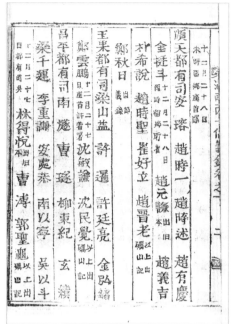

十二月二十八日
未時晋州邑首從

順天都有司姜瑢 趙時一 趙時述 趙有慶

金挺斗
十二月二十
八日酉時留
鄕所崔

趙元謙
本以上
礪山出

趙義吉

崔希說 趙時聖 崔好立 趙晋老
礪山以上
記

鄭秋日
義出
錄

玉果都有司梁山盖 許遄 許廷亮 金弘繕

鄭雲鵬
十二月二十七日
卯座首晋書署
沈敏謙 沈民覺
少山以上
記

昌平都有司南燧 曹璨 柳東紀 玄以績

粱千運
十二月二十
七日都有司吳
林得悅
本以上
記
李重耭 安處恭 南以亨 吳以斗

曹溥 郭聖龜
礪以上
記

양천운의 호란 의병 활동이 기록되어
있는 『호남병자창의록』

서는 자료가 없어 자세히 알 수 없다. 여산 모의청까지 갔고, 직접 출병하였는지에 대해서도 더더욱 확신할 수 없다. 아마 노환 때문에 육체적인 활약은 불가능하였을 것으로 보여진다.

이는 그의 「행장」을 통해서 확인할 수 있다. 즉, "병자년의 병란이 일어났을 때에는 공이 이미 늙고 병들어 근왕勤王을 할 수 없자 바깥사랑으로 나아가 거처하며 슬픔을 이기지 못하였다"고 하였다. 따라서 그가 창평의 도유사였지만, 노환 때문에 직접 출병하지는 못하고 대신 거읍적인 창의를 독려하며 가솔이나 군량을 보냈을 것으로 추측된다. 이런 사정 때문에 함께 창의한 남수·안처공 등은 『호남절의록』에 등재되었지만 그는 누락되었고, 여산 모의청에 도착한 사실이 2차본에 등장한 것 같다. 그렇다 하더라도 창평 지역에서 활발한 향촌 활동을 펼치고 있는 그가 활약의 정도를 떠나 창의에 참여했다는 사실만으로도 동지와 군기·군량을 규합하는 데에 큰 힘이 되었을 것이다.

이처럼, 양천운은 잠깐 동안의 서울 생활을 제외한 대부분의 세월을 고향인 창평에서 생활하며 소쇄원을 관리하고, 한천정사를 건립하고, 학구당에 참여하는 등 활발할 향촌 활동을 펼쳤다. 그러한 활동을 토대로 그는 병자호란 때에 의병을 일으키기도 하였다. 그러나 그는 직접 출병하여 임금을 보호하지 못한 죄책감을 이기지 못하고 두문불출하다, 갑자기 병을 얻어 그해 11월(족보에는 9월)에 70세를 일기로 세상을 떠났다.

맺음말

소쇄원가는 제주를 본관으로 하고, 제주에서 통일신라 조정에 들어온 양순을 먼 시조始祖로 삼고 있고, 고려 초 인물인 양보숭을 파조派祖라고 한다. 양산보의 직계 조상인 유격장군파는 고려 초기부터 고위 관직을 역임하여 상당한 세력을 형성하고 있었던 것으로 보이며, 조선시대에 들어와서도 그러한 위상을 유지한 명문 가문이었다. 특히 능주로 이거한 양팽손 가계는 과거를 거쳐 고위직을 역임하고 많은 후학을 양성하여 호남을 대표하는 명문가로 성장하였다. 양팽손은 조광조와 함께 활약하다 실각한 후 그의 유배 생활과 시신을 거둔 인물로 유명하다.

양산보 선대는 대체로 나주 북동쪽 복룡동에서 거주하였던 것으로 보인다. 이곳은 광주와 인접한 영산강의 지류 황룡강 서쪽 유역이다. 그런데 양산보의 조부 양윤신이 두 아들을 데리고 16세기 초에 평안도 영변으로 이주한 후 돌아오지 않아, 가문이 위기를 맞게 되었다. 이 위기를 타개하기 위해 최씨 부인은 남은 자녀들을 거느리고 친정으로 추정되는 광주 창교촌으로 이주하였다. 창교는 위치상 복룡동 바로 아래에 있으나 일제강점기에 함께 광주로 편입될 정도로 복룡동과 하나의 생활권이었기 때문에, 최씨 부인의 이주는 가문의 성쇠에 별다른 영향을 미치지는 않았다.

이로 인하여 양산보 가계는 광주 생활을 시작하였으나, 그 기간은 매우 짧았다. 그렇지만 황룡강을 사이에 두고 창교촌 건너편에 위치한 인접 '양과동' 사람들과 양씨가가 맺은 짧은 인연은 깊고도 길어, '소쇄원가'의 초기 성장에 큰 밑바탕이 되었다. '양과동'은 고려시대에 양과부곡이 있었던 곳으로, 당시 이곳에는 서산 유씨, 경주 최씨, 장택 고씨, 함양 박씨 등 신진사류들이 여러 마을에 터를 잡고 있었다. 이들은 일찍부터 '양과동약'이라는 동약을 실시하고 과거 합격 후 관직에 진출하여 활발한 사회 활동을 펼치고 있었다. '소쇄원 사람들'은 창평으로 이주한 뒤에도 '양과동' 사람들과 깊은 교유를 하거나 중첩된 혼인 관계를 맺었다. 그 가운데 설강 유사의 서산 유씨가와 제봉 고경명의 장택 고씨가가 가장 대표적이라고 할 수 있다.

양산보의 아버지 양사원은 복룡동에서 담양 출신의 신평 송씨를 부인으로 맞아들였다. 그녀는 세종 대에 회례사로 일본을 다녀온 적이 있는 송희경의 증손녀다. 양사원은 아버지 양윤신이 평안도로 떠난 후 어머니 경주 최씨와 함께 외가인 창교촌으로 이주하여 아들 양산보를 낳고, 짧은 광주 생활을 청산하고 처가와 가까운 창평으로 다시 이주하였다. 창평에 들어온 양사원은 매부가 사는 마을 옆에 새로이 창암촌이라는 마을을 열었다. 그 후 그의 후손들은 창암촌에 세거하며 조선의 명원인 소쇄원을 건설하고, 동족마을을 이룩하며 돈독한 족적 기반을 구축하였다.

양사원의 장남으로 태어난 양산보는 광주에서 창평으로 이주한 지 1세대 만에 소쇄원을 건립하고 명사들과 교유하여 명문가로서의 기반을 다졌다. 여기에는 그의 처가(광산 김씨)와 외가(신평 송씨), 그리고 친족(양팽손 가계)과 학연(조광조 제자)의 후원과 영향이 컸고, 증암천 유역에 포진되어 있는 명문가들(창녕 조씨, 경주 정씨, 연일 정씨)과 나눈 교유도 적지 않은 바탕이 되었다. 그는 4남 2녀를 두어 광주, 장성, 창평, 동복 일원의 엘리트들과 결혼시키거나 수학하도록 하였다.

양산보는 아버지의 손에 이끌려 10대에 당대 최고의 학자이자 정치가인 조광조 문하에 들어가 성리학 기본서를 수학하였고, 개혁 세력의 일원으로 분류되어 현량과라는 과거에 추천되기도 하였다. 그렇지만 그는 꿈을 펼치기도 전에 17세라는 젊은 나이에 스승과 동료들이 줄줄이 죽거나 쫓겨나는 기묘사화를 겪었다. 참화를 체험한 그는 그 길로 전라도 능주로 유배가는 스승을 따라 서울 생활을 청산하고 고향에 내려왔다. 조정에서 여러 번 관직을 제수하려 하였지만, 당시를 도의가 서 있지 않는 세상으로 여기어 출사를 단념한 채 고향에서 일생을 마쳤다.

고향에 내려온 그는 20세를 막 넘긴 1520년대 중반부터 소쇄원을 짓기 시작하였다. 인근 지역 별서 가운데 보기 드물게 빠른 시기에 착공된 소쇄원은 1540년대에 거대한 원림으로 완성되었다. 20여 년간 소쇄원 건립에 투입된 열정은 그의 관직 진출을 가로막았고, 김인후가 남긴 『소쇄원 48영』 시는 대역사의 기념사와 같은 것이었다. 그는 성리학자였지만 자유분방한 성품이어서 노장사상에도 심취하였다. 소쇄원에는 그러한 그의 철학과 사상이 곳곳의 공간과 시설에 담겨 있는데, 오곡문이나 애양단 등이 그것이다. 소쇄원에는 주인과 손님이 기거할 수 있는 부속 건물이 갖춰져 있을 뿐만 아니라, 맑은 물과 아름다운 수목 및 기이한 바위가 곁들여져 있어 사람의 몸과 마음을 신선의 세계로 이끈다.

이러한 소쇄원의 사상적·자연적 공간 구성은 소쇄원을 전국적인 최상급 명원으로 이름나게 하였다. 그리하여 소쇄원은 사람들의 발길을 사로잡는 데 충분하여 당대 유명 인사들이 빈번하게 출입하였다. '소쇄원 사람들'은 물론이고 이곳을 거쳐간 사람들은 소쇄원에서 은둔 생활에 그치지 않고 도학사상을 연구하고 구현하기 위해 고뇌의 나날을 보냈다. 그러한 결과 그들은 당대의 뛰어난 문학가이면서 절의 사상가로 또는 왕도정치 실천가로 활약하였다. 가령, '소쇄원가'의 양천운·안영은 국란을 극복하기 위해 의병 봉기를 하였고, 양자징·양자정은 연마한 성리학을 토대로 활발한 향촌 활동을 하였고, 양천경·양천회·양택지·양학연은 절의를 내세워 국내 주요 정치사에 뛰어들기도 하였다. 그런가 하면 김인후와 고경명의 잦은 출입은 그들의 사상적 역량과 사회적 기반을 다지는 바탕이 되기도 하였다.

그런데 소쇄원을 출입한 사람들은 대체로 무등산에서 발원하여 영산강으로 합류하는 '증암천권'을 생활 기반으로 두고 있었다. 명산을 끼고 있는 증암천의 맑은 물은 사람을 모으고 키우는 젖줄 역할을 하여 견고한 지연地緣을 형성하였다. 그리고 그들은 혈연과 학연으로 연결되어 광주와 창평의 대표적 인물로 호남 사림 사회를 이끌었다. 명원 소쇄원, 맑은 물

증암천, 명산 무등산의 '아름다운 결합'이 지역 인재 산실의 역할을 하였던 것이다.

양산보는 이주 1세대 만에 광대한 소쇄원을 건립하여 지역 엘리트들의 활동 공간으로 제공하는 '수완'을 발휘했다. 그의 '수완'이란 풍부한 경제력이나 화려한 관력이 아닌, 고고한 절의정신과 깊은 도학사상에 있었다. 당대 명사들의 잦은 출입은 소쇄원의 위상을 끌어올리는 데에 크게 기여하여 '소쇄원가'를 지역 명문가로 부상하게 한 또 다른 원동력이 되었다.

양산보의 장남 양자홍은 일찍 죽었지만, 차남 양자징은 아버지가 일군 가문의 위상을 계승·유지하는 데에 큰 역할을 하였다. 양자징은 하서 김인후의 차녀와 스무 살이 넘은 나이에 결혼하였으나, 그녀는 후사 없이 죽고 말았다. 그리하여 그는 광산 김씨와 다시 결혼하여 3남 3녀를 두었다. 그런데 셋째 아들을 제외한 모든 자녀들이 정쟁과 전쟁으로 비운에 일생을 마친 슬픈 사연을 안게 되었다. 첫째 아들 양천경(진사시 향시 합격)과 둘째 아들 양천회(생원시 합격)는 '정여립 사건' 때에 동인을 강력하게 처벌해야 한다는 상소를 올려 정국을 소용돌이치게 하였다. 그로 인해 호남 출신이 포함된 동인의 지도자급 인사들이 줄줄이 처벌을 받았지만, 서인이 몰락하고 송강 정철의 사주에 의한 무고로 밝혀져 두 형제는 30세 내외의 젊은 나이에 목숨을 잃고 말았다. 그러나 고문에 의한 허위자백이라고 주장하는 서인의 반격도 만만치 않아 실체적 진실은 밝혀지지 않은 채 애꿎은 양씨가 두 아들만 불쌍하게 되어 버렸다. 엘리트 대열에 들어섰던 두 젊은이가 불의에 세상을 떠남으로써, '소쇄원가'는 적지 않은 위기를 맞지 않을 수 없었다.

곧 이어 발발한 왜란 때에는 양천경의 부인 함풍 이씨와 장남을 제외한 어린 3남매(몽린, 몽기, 딸) 모두가 수군 장수 와키자카 야스하루에게 붙들려 일본에 끌려가 여러 곳을 전전하다 20년 만에 30대 성인이 되어 통신사에게 발견되어 그들과 함께 돌아오는 비운을 맞았다. 귀국 후 함풍 이씨는 70세 가까이 장수하였고, 몽린과 몽기는 가까운 친족에게 입양된 후 결혼까지 하였다. 그리고 양자징의 장녀는 부부가 함께 왜적을 만나 목숨을 잃었고, 차녀 사위 안영은 고경명과 함께 창의하여 금산전투에서 순절하였고, 막내 사위 또한 광해군 때에 일가족이 연루된 옥사로 귀양을 가서 죽었다. 연이은 정쟁과 전란으로 승승장구하던 가세에 빨간불이 들어오고 말았다. 다행히 셋째 아들 양천운이 생존하여 '소쇄원가'의 재건에 노력하였다.

양자징 가족은 이처럼 슬픈 역사를 지니었지만, 양자징 본인은 매우 활발한 사회 활동을 하였다. 그는 과거에 응시하여 합격하지는 못했지만, 천거에 의해 50세가 다 되어 가는 나이에 하위직인 목청전과 연은전 참봉을 역임하였다. 그리고 다시 천거에 의해 60세 전후에 경상도 거창과 충청도 석성 현감을 역임하였다. 그는 거창 현감 재임시 선정을 베풀어 비교적 장기간 석성 현감에 재임하였으나 뜻하지 않은 두 아들의 죽음으로 현감을 그만두고 고향에 내려왔다. 고향에 내려온 그는 두문불출하다 임진왜란을 맞고 노환으로 의병에 참여하지도 못한 채 일생을 마쳤다.

그는 창평의 유지들과 학구당이라는 학당을 건립하는 데에 주도적 역할을 하여 지역 인재 육성에 이바지하였다. 이 학구당은 건실한 교육 기반에 학사 규정을 두어 운영되었는데, 이는 당시 조선에서 유례를 찾기 힘든 모범적인 사례였다. 그리고 소쇄원 안에 고암정사라는 서재를 두어 후진 양성에 나서기도 하였다. 이러한 활동으로 인해 그에게는 많은 지인들이 있었고, 제자 또한 적지 않았다. 그 제자들이 나중에 양자징을 향사하는 사우를 건립하거나 필암서원에 양자징을 배향하도록 하자는 운동을 펼치기도 하였다.

양자징은 어려서 아버지로부터 공부를 배웠고, 열 살이 되기 전부터 소쇄원을 찾아온 김인후에게서 학문을 배운 후, 20대에는 순창 훈몽재에 머물고 있는 김인후를 찾아가 본격적으로 수학하였다. 특히 김인후는 동복에서 유배 생활을 하고 있는 최산두를 찾아가 학문을 배우기 위해 동복을 왕래하는 도중에 소쇄원을 자주 들렀고, 양산보는 그를 친구처럼 맞이하였다. 이러한 인연으로 양자징은 김인후의 사위가 되었고, 김인후으로부터 심오한 학문을 전수받아 그의 수제자가 되어 스승의 행장을 지었을 뿐만 아니라, 대원군 때에 호남에서 훼철되지 않은 3개 서원 가운데 하나로 호남 유일의 문묘 배향자인 김인후를 모시는 필암서원에 배향되는 행운을 안기도 하였다.

양산보의 셋째 아들은 양자정이다. 양자정은 70세를 넘긴 1597년 정유재란 때에 사망한 것으로 보인다. 그의 사망과 관련해서는 논란이 있지만, 소쇄원을 지키기 위해 피란을 가지 않고 소쇄원에 남아 있다가 일본군에게 억울한 최후를 맞은 것으로 추측된다. 그런 점 때문에 일부 족보에만 사망 연도가 기록되어 있다. 양자정과 그의 두 아들은 이웃 출신인 경주 정씨 및 광산 김씨와 중첩된 혼인이나 학연 관계를 맺었고, 그 관계는 지속되어 양자징의 서원 배향을 주장할 정도로 가문의 위상 유지에 큰 바탕이 되었다. 그러나 양자정의 두 아들 가운데 장자는 일찍 죽었고, 차자는 후사가 없어 일본에서 돌아온 조카를 입양받았기 때문에, 양자정 후손의 이후 활동은 영세한 수준에 머물고 말았다.

양자정은 어려서 아버지와 김인후로부터, 그리고 성장하여 임억령으로부터 공부를 배워 상당한 수준에 이르렀다. 그러한 학문적 식견을 토대로 고향에 남아 학구당 창건과 운영에 형과 함께 핵심적인 역할을 하였을 뿐만 아니라, 소쇄원 경내에 부훤당을 지어 자신의 활동 공간으로 삼았다. 특히 부훤당은 고암정사와 함께 소쇄원 경내에 있어 소쇄원을 건립한 아버지에 대한 효성을 잇고, 형제간에 우애를 다지는 효우정신의 발현이었다. 이러한 사회 활동으로 그에게도 많은 제자와 지인들이 있었다.

양자정의 지인으로 대표적인 사람은 김성원과 고경명이었다. 그는 김성원과 고경명 모두와 인척 관계이기도 했지만, 절친한 친구로서 소쇄원·환벽당·서하당·식영정, 그리고 서봉사를 무대로 돈독한 우정을 나눴다. 특히 고경명은 정치적인 어려움에 처하여 20년 가까이 고향 광주에 낙향하여 있을 때에 아예 향리인 압보촌을 떠나 소쇄원 아래로 이주하여 정신적 안위를 찾았다. 그러한 과정에서 고경명은 '소쇄원 사람들'을 그의 제자로 두었을 뿐만 아니라, 안영과 함께 담양에서 창의하여 운명을 같이 하기도 하였다.

양자징의 3남 3녀 가운데 유일하게 셋째 아들 양천운만이 온전하게 생존하여 정쟁과 전란으로 위기에 빠진 '소쇄원가'를 재건하였다. 양천운은 두 형들이 '정여립 사건'의 여파로 일찍 세상을 떠나는 바람에 장남과 다름없었다. 양천운은 전라도 금구 출신의 안동 김씨와 결혼하여 몽우 1남을 두었는데, 그는 태인에서 그곳 출신과 혼인하여 활발한 사회 활동을 하며 일생을 보냈다. 양천운은 이어 동복 출신의 창원 정씨와 결혼하여 3남을 두었는데, 이들은 아버지와 함께 소쇄원에서 생활하였고, 그 후손들이 뒤에 선대의 행장, 묘지명, 묘갈명, 문집, 족보를 작성하였을 뿐만 아니라, 소쇄원을 중수하여 '소쇄원가'의 중흥에 다시 한번 노력하였다.

양천운은 형들과 함께 성혼 문하에서 수학한 후 진사시에 합격하였다. 왜란이 끝나고 선조 대 말기에 상경하여 성균관에 입교하려 하였지만 서인 출신으로서 집권 북인 세력과 정치적 입장이 맞지 않아 바로 낙향하였다. 그리고 광해군 대에도 상경하였지만 여전히 북인 세력이 정국을 주도하고 있는데다가 이이첨이 폐모론을 주장하자 다시 창평으로 내려와 소쇄원을 중건하고 자신의 서재인 한천정사를 건립했다. 인조반정으로 서인이 집권하자 또 다시 상경하여 성균관에 입교하였고, 성균관 대사성의 천거로 동몽교관과 사헌부 감찰 등을 연임하였다. 그러나 연로한 나이에다 창원 정씨와의 사이에 태어난 장남 몽희가 병환으로 죽자, 서울에 올라간 지 1년여 만에 고향으로 내려와 일생을 마쳤다.

임진왜란 때에 그는 의병에 참여하려 하였지만, 노부모를 잘 모시라는 고경명의 만류로 뜻을 이루지 못하고 집으로 돌아왔다. 이때 그는 소쇄원에 있으면서 아버지, 어머니, 부인, 그리고 의병으로 출진한 매형을 차례로 저 세상으로 보냈다. 정유재란 때에 '소쇄원가'는 엄청난 전화를 입고 말았다. 전라도 점령을 제일 목표로 하여 물밀 듯이 밀려오는 일본군에 의해 삶의 터전인 소쇄원과 창암촌 마을이 불에 타 파괴되었고, 작은 아버지와 첫째 누이 부부가 피살되었고, 형수와 세 조카 등 가족 4명이 일본으로 납치되었기 때문이다. 특히 창평에 진입한 일본군은 군소 장수 휘하 부대로 매우 잔인한 만행을 자행하였다. 이에 그도 멀리 피란을 가 겨우 목숨을 부지할 수 있었다. 그는 전쟁이 끝나고 피란지에서 돌아온 후 정쟁과 전란으로 혼자 남아 의지할 곳 없는 형수, 조카, 누이들을 극진히 거두어 구호하였다. 일본에서 20년 만에 돌아온 형수와 조카들의 자활도 그의 몫이었다. 그리고 불타버린 마을과 소쇄원을 중수하여 생활의 터전을 다시 일군 데에도 그는 주도적 역할을 하였다.

양천운은 잠깐 동안의 서울 생활을 제외한 대부분의 세월을 소쇄원에서 생활하였다. 소쇄원에는 당대의 명사들이 출입하였고, 그는 그들과 깊은 관계를 유지하였다. 그렇지만 그만의 독립 세계를 갖고자 미간지를 개간하여 한천정사를 별도로 지었다. 한천정사는 기거할 수 있는 주거 공간과 자연 조경을 갖추어 학문 연구와 후진 양성 및 손님 접대가 가능하였다. 그리고 그는 학구당에도 참여하여 향리 인사들과 학문을 교류하였다. 이러한 활발한 향촌 활동 결과 그는 호남 지역에 많은 지인을 두었을 뿐만 아니라, 전국 곳곳에 진사시 합격 동기생과 성균관 동문 수학자 및 관직 동료를 두었다. 이렇게 형성된 튼튼한 인맥을 토대로 그는 소쇄원 중건시 적지 않은 물적 지원을 받았고, 병자호란 때에 노구를 이끌고 창평을 대표하여 의병을 일으키기도 하였다.

부 록

연 표

1424년(세종 6)	서봉사, 교종 주요 사찰로 분류
1451년(문종 1)	광주향안 조직
1482년(성종 13)	조광조(양산보 스승) 출생
1488년(성종 19)	양팽손(양산보 친족) 출생
1493년(성종 24)	송순(양산보 내종형) 출생
1496년(연산군 2)	임억령 출생
1501년(연산군 7)	김윤제(양산보 처남) 출생
1502년(연산군 8)	양윤신(양산보 조부), 평안도 영변으로 이주
1503년(연산군 9)	양산보(양사원 장자) 출생
	유사 출생
1506년(중종 1)	중종반정
1510년(중종 5)	김인후(양자징 장인), 장성 대맥동에서 출생
1511년(중종 6)	양윤신, 평안도 영변에서 사망
1517년(중종 12)	양산보, 조광조 문하에 입문
1518년(중종 13)	조여심 출생(양자징과 함께 학구당 창건 주도)
1519년(중종 14)	양산보, 현량과에 추천됨
	기묘사화 발생(조광조 사사)
	양산보 낙향
1521년(종종 16)	양자홍(양산보 장자) 출생
1523년(중종 18)	양자징(양산보 차남) 출생
1525년(중종 20)	양산보, 소쇄정을 건립하기 시작한 것으로 추정됨
	김성원 출생

1526년(중종 21)	김인후, 담양에 있는 송순을 찾아가 수업
1527년(중종 22)	양자정(양산보 3남) 출생
	양산보 부인 광산 김씨 사망
	김인후, 동복에 있는 최산두를 찾아가 수업(소쇄원 들르기 시작)
	조희문(양자징 동서) 출생
1528년(중종 23)	김인후, 「소쇄정즉사」라는 시를 지음
1532년(중종 27)	양자징의 둘째 부인 광산 김씨 출생
1533년(중종 28)	송순, 면앙정 건립
	고경명 출생
1534년(중종 29)	송순, 「외종 동생 양산보의 소쇄정에서」라는 시를 지음
1535년(중종 30)	김인후, 거상중인 최산두를 찾아가 조위
1536년(중종 31)	최산두, 유배지 동복에서 사망
	정철, 서울 장의동에서 출생
1540년(중종 35)	창평 현령 이수, 양산보 천거하려 함
1542년(중종 37)	전라 감사 송순, 소쇄원 증축 지원
1543년(중종 38)	조희문, 김인후의 장녀와 결혼
1544년(중종 39)	양자징, 김인후의 차녀와 결혼한 것으로 추정함
	양천리(양자홍 장자) 출생
1545년(명종 즉)	양팽손 사망
	을사사화
	김윤제, 환벽당 건립
1547년(명종 2)	양자호(양산보 서자) 출생
1548년(명종 3)	양자징 처 울산 김씨 사망(1550년에 김인후가 제문 지음)
	양천심(양자홍 차남) 출생
	김인후, 「소쇄원48영」 지음
	김인후, 순창 점암촌에 초당을 짓고 은거(양자징도 점암촌에서 수학)
	유사, 황룡강변에 호가정 지음
1551년(명종 6)	정철, 부친을 따라 서울에서 창평으로 이거(16세)
1552년(명종 7)	양산보, 효부 지음

	양산보, 천거되었으나 사양함
1556년(명종 11)	양산보, 송희경의 『일본행록』을 남원 출신 오상에게서 얻어서 송순에게 줌
1557년(명종 12)	양산보, 소쇄원에서 사망
	김대기 출생
1558년(명종 13)	조홍립 출생
1559년(명종 14)	『일본행록』 발간
1560년(명종 15)	양천경(양자징 장남) 출생
	김인후, 장성 자택에서 사망
	김성원, 식영정 건립(임억령 거주 시작)
1561년(명종 16)	양자징, 김인후의 행장 지음
1562년(명종 17)	전라 감사 윤인서, 소쇄원 방문
1563년(명종 18)	양천회(양자징 차남) 출생
	고경명, 낙향한 후 소쇄원 들르기 시작
1564년(명종 19)	옥과 선비, 김인후를 제향하는 영귀사 건립
1565년(명종 20)	안영(양자징 사위) 출생
1567년(명종 22)	안동 김씨(양천운의 첫째 부인) 출생
1568년(선조 1)	양천운(양자징 3남) 출생
	김인후 문집 발간(양자징은 교정 보는 일을 맡음)
	임억령 사망
1569년(선조 2)	양자징, 향시 합격(고경명이 축하 시를 지어줌)
	고경명, 양자징·자정에게 형제의 효우가 두텁다는 시를 지어줌
1570년(선조 3)	양자징, 전라 감사 정종영에 의해 천거
	양자징, 목청전 참봉 제수(고경명·김성원 축하 시)
	양자징, 창평 사림과 학구당 건립
	고경명, 양자정에게 「기지암」이라는 시 지어줌(평무들 앞 은행정 거명)
1571년(선조 4)	유사 사망
1572년(선조 5)	김윤제 사망

1574년(선조 7)	양자정, 부훤당 완공
	고경명, 무등산 유람 후 소쇄원 방문
1575년(선조 8)	사림, 동인과 서인으로 분당
1577년(선조 10)	유평(유사 손자) 출생
	고용후(고경명 아들) 출생
1578년(선조 11)	조희문 사망
	고부천(고경명 손자) 출생
1579년(선조 12)	양자징, 영의정 박순에 의해 천거
	김덕령, 서봉사에서 친구들과 공부함
1580년(선조 13)	양자정, 학구당 당장 취임
1581년(선조 14)	양자징, 경상도 거창 현감 제수(박광전 · 정철 축하 시)
	양몽웅(양천경 장남) 출생
	정철, 전라도 관찰사 부임
1582년(선조 15)	송순 사망
1583년(선조 16)	양몽린(양천경 차남) 출생
	창원 정씨(양천운의 두 번째 부인) 출생
1585년(선조 18)	정철, 창평으로 낙향(50세), 송강정 건립
1588년(선조 21)	양자정, 김성원에게 석류나무 선물
	양천회, 생원시 합격
	양몽인(양천경 3남) 출생
1589년(선조 22)	양자징, 충청도 석성 현감 제수(조헌이 축하함)
	정여립 사건
	양천회, 동인 처벌을 요구하는 상소 올림
	양천경, 광주향교에서 유생들과 함께 동인을 처벌해야 한다는
	상소 올림
	양몽우(양천운의 첫째 부인 장남) 출생
1590년(선조 23)	양자정, 김성원과 식영정 · 환벽당에서 탁열연회 개최
	양천경, 양형과 함께 동인 정언신 처벌 요청 상소
	양천경, 강해와 함께 역적의 수괴 길삼봉이 최영경이라고 상소

	양천운, 진사시 합격
	장성 선비(변성온 등), 김인후 사우 지음
1591년(선조 24)	양천경·천회 사망(동인을 처벌해야 한다는 상소가 정철의 사주에 의한 무고로 밝혀져 장살당함)
	조헌, 양천경·천회의 사망을 애도함
1592년(선조 25)	임진왜란
	안영(양자징 사위), 의병 봉기·금산전투 사망
	고경명, 금산전투에서 사망
	정홍명 출생
1593년(선조 26)	양천운의 첫째 부인 안동 김씨 사망
	양자정, 「거빈봉철」이라는 시를 지음
	정철 사망
1594년(선조 27)	양자징 사망
	조여심 사망
1595년(선조 28)	임회, 양자징 묘지명 지음
1596년(선조 29)	양자징의 둘째 부인 광산 김씨 사망
1597년(선조 30)	정유재란, 일본군 창평에 밀려옴
	양천심, 의병 봉기
	소쇄원, 일본군의 방화로 소실
	양자정, 소쇄원에서 일본군에 피살(?)
	오급(양자징 사위), 부인과 함께 일본군에 피살
	양천경의 부인과 3자녀, 수군 장수 와키자카에게 납치되어 일본으로 끌려감
1598년(선조 31)	와키자카, 귀국하여 아와지 영주로 돌아옴(양천경 일가족도 함께 간 것으로 보임)
1601년(선조 34)	포충사 건립(안영 배향)
1603년(선조 36)	포충사 사액서원으로 승격
1608년(선조 41)	오이규 출생
1609년(광해군 1)	정종명(정철 아들), 양천경이 고문으로 허위 자백했다고 상소

	와키자카, 이요의 대영주로 옮김
1612년(광해군 4)	양몽우, 진사시 합격
1613년(광해군 5)	이이첨, 계축옥사 일으킴(양천운 낙향 추정)
	서호갑(양자징 사위), 옥사에 연루되어 귀양가 죽음
	양몽린 사망
1614년(광해군 6)	양천운, 정유재란으로 불탄 광풍각 중수
1616년(광해군 8)	양천요(양천운의 둘째 부인 3남) 출생
1617년(광해군 9)	양천경의 부인과 3자녀, 통신사 일행과 함께 20년 만에 귀국
	『동국신속삼강행실』 발간(양자징의 사위 안영 수록)
1620년(광해군 12)	전라 유생, 양자징 사우 건립 소청
	창평향교 중수
1621년(광해군 13)	양몽우, 태인에서 동지들과 송정 건립(10현으로 활동)
1622년(광해군 14)	양자호 사망
1623년(인조 1)	양천심 사망
	양천운, 성균관 입학, 대사성 이경함에 의해 천거됨
	임회, 양천운에게 먹을 선물로 보냄
	죽림재 중수
1624년(인조 2)	정홍명(정철 아들), 양천경이 고문으로 허위 자백했다고 상소
	광주 목사 조희일, 소쇄원 방문
1625년(인조 3)	양천운, 담양 부사 윤천구와 무등산 여행
1627년(인조 5)	정묘호란
1628년(인조 6)	양천운, 동몽교관에 제수(이후 사헌부 감찰 역임)
1629년(인조 7)	양몽희(양천운 장남), 역병으로 사망
1631년(인조 9)	김대기 사망
1635년(인조 13)	조희일, 양자징의 묘갈명 지음
	양몽웅 사망
	양몽우 사망
1636년(인조 14)	고부천 사망
	병자호란

1637년(인조 15)	양천운, 오이두 등과 함께 창평에서 의병 봉기
	양천운 사망
	함평 이씨(양천경 부인), 일본에서 귀국 후 생존하고 있는 것으로
	보임
1640년(인조 18)	조홍립 사망
1645년(인조 23)	유평 사망
1648년(인조 26)	고용후 사망
1649년(인조 27)	양진태(양몽요 차남) 출생
1650년(효종 1)	정홍명 사망
1653년(효종 4)	오이규 사망
1654년(효종 5)	정유재란으로 불탄 면앙정 중수
1662년(현종 3)	김인후 사우가 필암이라는 사액을 받음
	양경지(양진수 장남) 출생(『방암집』이라는 문집 남아 있음)
1665년(현종 6)	양천운의 둘째 부인 창원 정씨 사망
1671년(현종 12)	양몽요 사망
	정민하 출생
1674년(현종 15)	양제신, 평안도 영변에 가서 양윤신 묘에 성묘
1678년(숙종 4)	이민서, 양산보의 행장 지음
1682년(숙종 8)	박세채, 양산보의 묘갈명 지음
1684년(숙종 10)	송시열, 양산보의 행장 지음(양진태의 부탁)
1685년(숙종 11)	송시열, 양자징의 행장 지음
1686년(숙종 12)	양진태, 능주 친족과 족보 발간
1689년(숙종 15)	양경지, 강진 만덕사에서 박광일·중회와 함께 송시열을 뵘
1690년(숙종 16)	기정익, 양천운 행장 지음
1696년(숙종 22)	양경지, 사마시에 합격하고 『소쇄원 30영』 지음
1697년(숙종 23)	호남 유생, 양자징을 필암서원에 배향할 것을 요청
1703년(숙종 29)	호남 유생, 양자징 등을 필암서원에 배향할 것을 요청
1714년(숙종 40)	양진태 사망
1717년(숙종 43)	양채지, 광풍각 중수

	김창흡, 소쇄원 방문
1726년(영조 2)	이의현, 양천운의 묘지명 지음
1728년(영조 4)	양채지, 정민하와 함께 의병 계획함(무신란)
1731년(영조 7)	『소쇄원사실』 처음 발간
1734년(영조 10)	양경지 사망
1754년(영조 30)	정민하 사망
1755년(영조 31)	「소쇄원도」 조판
	『소쇄원사실』 발간
1770년(영조 46)	호남병자창의록 발간
1771년(영조 47)	양학연, 김인후를 문묘에 배향하자는 상소 올림
1786년(정조 10)	양자징, 필암서원에 배향
1793년(정조 17)	창평 읍내가 고읍리에서 현재 위치로 이동
1796년(정조 20)	김인후, 문묘에 배향됨
1799년(정조 23)	『호남절의록』 발간(양자징 사위 안영 수록)
1825년(순조 25)	양산보를 배향하는 도장사 건립
1868년(고종 5)	도장사 훼철
1895년(고종 32)	창평이 담양과 함께 남원부 관할로 편성됨
1896년(고종 33)	창평이 전라남도로 편성됨
1903년(광무 7)	『소쇄원사실』 발간
1914년	창평군, 담양군으로 통합
1972년	소쇄원, 전라남도 지방문화재 제5호 지정
1976년	광주댐 완공
1983년	소쇄원, 국가지정문화재 사적 제304호 승격
1995년	양제영, 『소쇄원시선』 발간
2000년	한국 가사문학관 개관
2004년	소쇄원 웹 사이트(www.soswaewon.org) 개설
2005년	입장료 징수 시작

참고문헌

:: 자료 ::

『간양록』
『경국대전』
『계음집』
『고봉집』
『광산김씨족보』
『광주목지』
『광주읍지』
『광주향교지』
『국조인물고』
『금계집』
『금성읍지』
『기묘록보유』
『난중잡록』
『눌재집』(박상)
『눌재집』(양성지)
『담양문헌집』
『대동여지도』
『대동지지』
『도곡집』
『島津家文書』
『동국여지지』
『동문선』

『동사상일록』
『만덕집』
『만운집』
『만죽헌집』
『면앙집』
『방암유고』
『백호전서』
『부상록』
『사가집』
『서산유씨족보』
『서하당유고』
『석천시집』
『석헌집』
『설강유고』
『설월당집』
『성소부부고』
『세종실록지리지』
『소쇄원사실』
『송강집』
『송암유고』
『송암집』
『송자대전』

『승정원일기』
『시서유고』
『신증동국여지승람』
『신평송씨족보』
『양과동향약』
『여지도서』
『영남읍지』
『울산김씨족보』
『월계선생유집』
『월성세고』
『월파집』
『유서석록』
『율곡전서』
『은봉전서』
『일재집』
『임진왜란 종군기』
『전고대방』
『전라도지도』
『정묘거의록』
『정암집』
『정충록』
『제봉집』

『제주양씨족보』   『창평학구당안』   『해동지도』
『조선왕조실록』   『청사집』   『해상록』
『佐賀縣史料集成』 古文書   『최신재선생실기』   『허백당집』
　　編 3, 佐賀縣立圖書館,   『추탄집』   『脇坂記』
　　1958.   『충장공유사』   『호구총수』
『죽음집』   『통문관지』   『호남병자창의록』
『죽천집』   『평안도읍지』   『호남읍지』
『중봉집』   『필암서원지』   『호남절의록』
『증보문헌비고』   『하서전집』   『호남창평지』
『지봉유설』   『하천유집』   『호서읍지』
『지지당유고』   『학봉집』
『창녕조씨족보』   『학포선생문집』

:: 연구서 ::

고영진, 『조선중기 예학 사상사』, 한길사, 1995.
고산연구회, 『광주의 전설』, 광주시, 1990.
국립광주박물관, 『무등산 충효동 가마터』, 1991,
김경수, 『광주 땅 이야기』, 향지사, 2006.
김성기, 『면앙송순시문학연구』, 국학자료원, 1998.
김성우, 『조선중기 국가와 사족』, 역사비평사, 2001.
김영헌, 『김덕령 평전』, 향지사, 2006.
김우기, 『조선중기 척신정치연구』, 집문당, 2000.
김정인, 『조선중기 사림의 기문연구』, 국학자료원, 2003.

노영구 역, 『양반』, 강, 1996.

목포대학박물관 · 전라남도, 『전남의 서원 · 사우』 I, 1988.

무등역사연구회, 『광주 · 전남의 역사』, 태학사, 2001.

박선홍, 『무등산』, 다지리, 2003.

박은숙, 『고경명 시 연구』, 집문당, 1999.

박은숙, 『16세기 호남한시연구』, 월인, 2004.

박준규, 『호남시단의 연구』, 전남대 출판부, 1998.

박준규 · 최한선, 『시와 그림으로 수놓은 소쇄원 사십팔경』, 태학사, 2000.

백승종, 『한국사회사연구』, 일조각, 1996.

소재영 · 김태준 편, 『여행과 체험의 문학』, 민족문화문고, 1985.

손승철 역, 『근세 한일관계사 연구』, 이론과 실천, 1990.

순천시사편찬위원회, 『순천시사』, 1997.

송준호, 『조선사회사연구』, 일조각, 1987.

안진오, 『호남유학의 탐구』, 이회, 1996.

육군본부, 『한국군제사』 근세조선후기편, 1977.

윤학준, 『나의 양반문화탐방기』 1.2, 길안사, 1994.

윤희면, 『조선시대 서원과 양반』, 집문당, 2004.

이병휴, 『조선전기 기호사림파연구』, 일조각, 1984.

이수건, 『영남사림파의 형성』, 영남대, 1984.

이수건, 『한국중세사회사연구』, 일조각, 1984.

이수건, 『영남학파의 형성과 전개』, 일조각, 1997.

이종묵, 『조선의 문화공간』 1, 휴머니스트, 2006.

이중연, 『책의 운명』, 혜안, 2001.

이채연, 『임진왜란 포로실기 연구』, 박이정, 1995.

이태진, 『한국사회사연구』, 지식산업사, 1986.

이형석, 『임진전란사』 중, 신현실사, 1974, p.987.

임형택, 『실사구시의 한국학』, 창작과비평사, 2000.

전남대박물관 · 전라남도 · 담양군, 『담양군 문화유적 학술조사』, 1995.

전라남도, 『전남의 향교』, 1987.

정기호 외, 『소쇄원 긴 담에 걸린 노래』, 태림문화사, 1998.

정동오, 『전남의 조경문화』, 전라남도, 1988.

정두희, 『조광조』, 아카넷, 2000.

정만조, 『조선시대 서원연구』, 집문당, 1997.

정익섭, 『개고 호남가단연구』, 민문고, 1989.

정재훈, 『소쇄원』, 대원사, 2000.

조원래, 『임진왜란과 호남지방의 의병항쟁』, 아세아문화사, 2000.

조원래, 『임진왜란사 연구』, 아세아문화사, 2005.

천득염, 『한국의 명원 소쇄원』, 발언, 1999.

최이돈, 『조선중기 사림정치구조연구』, 일조각, 1994.

최재남, 『사림의 향촌생활과 시가문학』, 국학자료원, 1997.

최진옥, 『조선시대 생원진사연구』, 집문당, 1998.

최효식, 『임란기 경상좌도의 의병항쟁』, 국학자료원, 2004.

홍희유, 『조선교육사』, 박이정, 1998.

貫井正之, 『秀吉と戰つた朝鮮武將』, 六興出版, 1992.

金正柱編, 『韓來文化の後榮』, 韓國資料研究所, 1962.

內藤雋輔, 『文祿·慶長役における被擄人の研究』, 東京大學出版會, 1976.

北島万次, 『朝鮮日日記·高麗日記』, そしえて, 1982.

北島万次, 『豊信政權の對外認識と朝鮮侵略』, 倉書房, 1990.

北島万次, 『壬辰倭亂と秀吉·島津·李舜臣』, 校倉書房, 2002.

善生永助, 『朝鮮の聚落』, 朝鮮總督府, 1933.

有馬成甫, 『朝鮮役水軍史』, 海と空社, 1942.

佐藤和夫, 『海と水軍の日本史』, 原書房, 1995.

仲尾宏, 『朝鮮通信使と壬辰倭亂』, 明石書店, 2000.

:: 연구논문 ::

강주진, 「일본행록 해제」, 『국역 해행총재』 Ⅷ, 민족문화추진회, 1975.

고영진, 「16세기 호남 사림의 활동과 학문」, 『남명학연구』 3, 경상대 남명학연구소, 1993.

고영진, 「17세기 전반 호남사족의 학문과 사상」, 『한국사학사연구』, 1997.

고영진, 「이황학맥의 호남 전파와 유학사적 의의」, 『퇴계학과 한국문화』 32, 경북대 퇴계연구소, 2003.

구덕회, 「선조대 후반 정치제체의 재편과 정국의 동향」, 『한국사론』 20, 서울대 국사학과, 1988.

금장태, 「하서 김인후의 수양론」, 『하서 김인후의 사상과 문학』 2, 하서기념회, 2000.

김광철, 「정암 조광조의 정치사상」, 『부산사학』 7, 부산사학회, 1983.

김기빈, 「임란시 피부 문인의 체험적 문학의 고찰」, 『한국한문학연구』 21, 한국한문학회, 1998.

김대현, 「방암 양경지의 『소쇄원30영』 연구」, 『한국언어문학』 45, 한국언어문학회, 2000.

김덕진, 「통신사 사행록 보이는 호남출신 왜란 피로인」, 『전남문화재』 11, 전라남도, 2004.

김돈, 「중종조 기묘사화피화인의 소통문제와 정치세력의 대응」, 『국사관논총』 34, 국사편찬위원회, 1999.

김동수, 「16~17세기 호남 사림의 존재형태에 대한 일고찰」, 『역사학연구』 Ⅶ, 전남대 사학회, 1977.

김동수, 「전남지역의 누정조사 연구」(Ⅰ), 『호남문화연구』 14, 전남대 호남문화연구소, 1985.

김문자, 「16~17세기 조일관계에 있어서의 피로인 귀환」, 『상명사학』 8·9, 상명사학회, 2003.

김문택, 「16~17세기 나주지방의 사족동향과 서원향전」, 『청계사학』 11, 청계사학회, 1994.

김상오, 「하서 김인후의 생애와 문묘종향의 경위」, 『전북사학』 5, 전북대 사학회, 1981.

김영빈 외, 「별서에 관한 연구」(1), 『연구논문집』 30, 대구효성가톨릭대학교, 1985.

김영태, 「불교」, 『한국사』 26, 국사편찬위원회, 1995.

김용덕, 「정여립 연구」, 『한국학보』 4, 일지사, 1976.

김용선, 「고려시대의 가계기록과 '족보'」, 『이기백선생고희기념 한국사학론총』, 일조각, 1994.

김우기, 「16세기 호남 사림의 중앙정계 진출과 활동」, 『한국중세사논총』, 2000.

김종원, 「정묘호란」, 『한국사』 29, 국사편찬위원회, 1995.

김항수, 「16세기 사림의 성리학 이해」, 『한국사론』 7, 서울대 국사학과, 1981.

민덕기, 「임진왜란에 납치된 조선인의 귀환과 잔류로의 길」, 『한일관계사연구』 20, 한일관계사학회, 2004.

박순, 「조선전기 광주지방의 향약과 동계」, 『동서사학』 5, 한국동서사학회, 1999.

박익환, 「15세기 광주향약의 향규약적 성격」, 『김창수교수화갑기념사학론총』, 1991.

박준규, 「한국의 누정고」, 『호남문화연구』 17, 전남대 호남문화연구소, 1987.

백승종, 「조선전기의 사림정치와 하서 김인후」, 『하서 김인후의 사상과 문학』, 하서학술재단, 2005.

송웅섭, 「중종대 기묘사림의 구성과 출신배경」, 『한국사론』 45, 서울대 국사학과, 2001.

송웅섭, 「기묘사화와 기묘사림의 실각」, 『한국학보』 119, 일지사, 2005.

송정현, 「필암서원연구」, 『역사학연구』 10, 전남대 사학회, 1981.

양병이 외, 「선비문화가 조선시대 별서정원에 미친 영향에 관한 연구」, 『한국정원학회지』 21-1, 한국정원학회, 2003.

오종일, 「소쇄원 양산보의 의리사상」, 소쇄처사 탄신 500주년 기념 학술대회, 전남대학교, 2003.

오항녕, 「일재 이항의 생애와 학문」, 『남명학연구』 3, 경상대 남명학연구소, 1993.

우인수, 「정여립 모역사건의 진상과 기축옥의 성격」, 『역사교육론집』 12, 역사교육학회, 1988.

유일지, 「선조조 기축옥사에 대한 고찰」, 『청구대학논문집』 2, 청구대학교, 1959.

윤병희, 「조선 중종조 사풍과 소학」, 『역사학보』 103, 역사학회, 1984.

윤희면, 「조선 후기 양반사족의 향촌지배」, 『호남문화연구』 25, 전남대 호남문화연구소, 1997.

이강오, 「태인 고현향약에 대한 소고」, 『향토사연구』 4, 한국향토사연구전국협의회, 1992.

이동희, 「전북 순창의 훈몽재와 하서 김인후」, 『전주사학』 9, 전주대 역사학연구소, 2004.

이병휴, 「도학정치의 추구」, 『한국사』 28, 국사편찬위원회, 1996.

이병휴, 「여말선초의 과업교육」, 『역사학보』 67, 역사학회, 1975.

이성무, 「선초의 성균관 연구」, 『역사학보』 35·36, 역사학회, 1967.

이성임, 「16세기 양반사회의 "선물경제"」, 『한국사연구』 130, 한국사연구회, 2005.

이수건, 「고려·조선시대 지배세력 변천의 제시기」, 『한국사 시대구분론』(차하순 외), 소화, 1994.

이수건, 「조선전기 성관체계와 족보의 편찬체제」, 『수촌박영석교수화갑기념한국사학논총』 상, 1992.

이원순, 「임진·정유재란시의 조선부로노예문제」, 『변태섭박사화갑기념 사학논총』, 삼영사, 1985.

이장희, 「정묘병자호란의병고」, 『건대사학』 4, 건국대학교 사학회, 1974.

이장희, 「정묘병자호란시 의병 연구」, 『국사관논총』 30, 국사편찬위원회, 1991.

이장희, 「병자호란」, 『한국사』 29, 1995.

이장희, 「왜란 중의 사회상」, 『한국사』 29, 국사편찬위원회, 1995.

이종묵, 「집안으로 끌어들인 산수」, 『한국 한문학연구의 새 지평』(이혜순 외 엮음), 소명출판, 2005.

이찬욱, 「16C 사림파 문학의 자연관」, 『인문학연구』 35, 중앙대, 2002.

이해준, 「조선후기 영암지방 동계의 성립배경과 성격」, 『전남사학』 2, 전남사학회, 1988.

이해준, 「기묘사화와 16세기 전반의 호남학파」, 『전통과 현실』 2, 고봉학술원, 1991.

이해준, 「조선후기 하서 김인후의 선양활동」, 『하서 김인후의 사상과 문학』 2, 하서기념회, 2000.

이향준, 「양산보의 소쇄기상론」, 『호남문화연구』 32·33, 전남대 호남문화연구소, 2003.

이훈, 「일본과의 관계」, 『한국사』 32, 국사편찬위원회, 1997.

이희권, 「정여립 모반사건에 대한 고찰」, 『창작과 비평』 10-3, 창작과 비평사, 1975.

이희환, 「정유재란시의 남원성 전투에 대하여」, 『전북사학』 7, 전북대 사학회, 1983.

정두희, 「조선초기 지리지의 편찬」, 『역사학보』 70, 역사학회, 1976.

정영문, 「송희경의 『일본행록』 연구」, 『온지론총』 14, 온지학회, 2006.

정익섭, 「호남가단을 배경으로 한 하서 김인후 연구」, 『하서 김인후의 사상과 문학』, 하서기념회, 1994.

정진영, 「사족의 향촌지배조직 정비」, 『한국사』 31, 국사편찬위원회, 1998.

정홍준, 「임진왜란 직후 정국의 추이와 북인정권의 성립」, 『사총』 34, 고려대 사학회, 1988.

조원래, 「16세기초 호남 사림의 형성과 사림정신」, 『금호문화』 8월호, 1989.

조원래, 「사화기 호남 사림의 학맥과 김굉필의 도학사상」, 『동양학』 25, 단국대 동양학연구소, 1995.

천득염·한승훈, 「소쇄원의 구성요소 고찰」, 『전남문화재』 7, 전라남도, 1994.

최영희, 「일본의 침구」, 『한국사』 12, 국사편찬위원회, 1981.

최재석, 「가족제도」, 『한국사』 25, 국사편찬위원회, 1994.

한명기, 「광해군대의 대북세력과 정국의 동향」, 『한국사론』 20, 1988.

홍성욱, 「선초 응제 누정기의 심미의식 연구」, 『한국한문학 연구의 새 지평』(이혜순 외 엮음), 소명출판, 2005.

木部和昭, 「萩藩における朝鮮人捕虜と武士社會」, 『歷史評論』 593, 歷史科學協議會, 1999.

米谷均, 「朝鮮通信使と被虜人刷還活動について」, 『對馬宗家文書 朝鮮通信使紀錄』 別冊(中), ゆまに書房, 1999.

米谷均, 「17세기 日·朝關係에서의 朝鮮 被虜人의 送還」, 『사명당 유정』, 지식산업사, 2000.

中村質, 「壬辰丁酉倭亂の被虜人の軌跡」, 『한국사론』 22, 국사편찬위원회, 1992.

찾아보기